新能源汽车职业教育产教融合创新教材

新能源汽车底盘技术与检修

（配实训工单与习题）

主　编　陈　雷　徐　伟

副主编　李雪峰　许　栋　曹江卫　彭卫锋

参　编　孙　超　刘　波　杨　力　盛雪莲　王文涛

随书资源

机械工业出版社

本书根据职业教育工作过程系统化教学的特点，将内容按照"教学目标—情境引入—知识学习—技能操作"等环节进行编排。全书按照"走进新能源汽车、新能源汽车传动系统技术及检修、新能源汽车行驶系统技术及检修、新能源汽车转向系统技术及检修、新能源汽车制动系统技术及检修、新能源汽车底盘线控技术及检修"分成6个学习场、17个学习情境，每个学习场对应1套习题，每个学习情境对应1份实训工单，全书配有电子课件。

　　本书利用17个学习情境的教学内容所蕴含的24个思政元素，构建了"职业精神、职业素养、职业道德、哲学思维、文化精神、创新精神"6个思政培养目标，并构建课程思政矩阵。此外，每个学习情境都突出了"以学生为中心"，强调学生的"学"，并结合企业岗位实际需求，突出对学生实践技能与职业素养的培养。其中重点和难点内容配以视频或微课进行讲解。

　　本书可供高职高专院校、中职中专院校及技师学院等汽车专业师生使用，也可作为汽车技术人员的培训教材和参考用书。

图书在版编目（CIP）数据

新能源汽车底盘技术与检修 ： 配实训工单与习题 / 陈雷，徐伟主编. -- 北京 ： 机械工业出版社，2024．9（2025.1重印）. (新能源汽车职业教育产教融合创新教材). -- ISBN 978-7-111-76514-1

Ⅰ. U469.707

中国国家版本馆CIP数据核字第202451EU73号

机械工业出版社（北京市百万庄大街22号　邮政编码100037）

策划编辑：齐福江　　　　　　　责任编辑：齐福江
责任校对：樊钟英　张　薇　　　封面设计：张　静
责任印制：常天培
北京铭成印刷有限公司印刷
2025年1月第1版第2次印刷
184mm×260mm·18.25印张·414千字
标准书号：ISBN 978-7-111-76514-1
定价：69.90元（含实训工单与习题）

电话服务　　　　　　　　　　网络服务
客服电话：010-88361066　　　机 工 官 网：www.cmpbook.com
　　　　　　010-88379833　　　机 工 官 博：weibo.com/cmp1952
　　　　　　010-68326294　　　金 书 网：www.golden-book.com
封底无防伪标均为盗版　　　机工教育服务网：www.cmpedu.com

前言

　　新能源汽车底盘技术与检修是高职院校汽车制造类、汽车维修类专业的一门专业核心课程。为加快建设新形态教材，适应结构化、模块化专业课程教学和教材出版要求，本书采用工作手册式的新形态方式编写，配套资源丰富、呈现形式灵活、信息技术应用适当，是一种可听、可视、可练、可互动的融媒体教材。

　　本书根据职业教育工作过程系统化教学的特点，将内容按照"教学目标—情境引入—知识学习—技能操作"等环节进行编排。全书总计6个学习场、17个学习情境，每个学习场对应1套习题，每个学习情境对应1份实训工单。编写时，突出"以学生为中心"，强调学生的"学"，并结合教学实际情况、企业岗位实际需求、课程思政教学改革要求，突出对学生实践技能与职业素养的培养。

　　本书在编写过程中，突出以下特点：

　　1. 紧密围绕汽车专业教育教学改革的要求，将习近平新时代中国特色社会主义思想和党的二十大精神融入书中，坚持尊重劳动、尊重知识、尊重人才、尊重创造。

　　2. 遵循职业教育教学规律和人才成长规律。以企业实际案例为载体，融入新技术与新工艺，注重操作规范与标准要求，满足项目学习、案例学习、模块化学习等不同学习方式要求。

　　3. 丰富并合理编排教材内容。教材内容设计逻辑严谨、梯度明晰、图文并茂。配套课件、微课、动画等大量融媒体资源，可通过扫码观看，提高学生学习兴趣，降低学生学习难度。

　　4. 校企联合、校校联合组成教材编写团队。主编具有高级职称，主审是业内资深专家，生产型与维修型企业技术人员和多所高职院校的中青年骨干教师参与教材编写或提供直接、间接的帮助。

　　5. 课程思政体系。利用17个学习情境的教学内容所蕴含的24个思政元素，构建了"职业精神、职业素养、职业道德、哲学思维、文化精神、创新精神"6个思政培养目标。

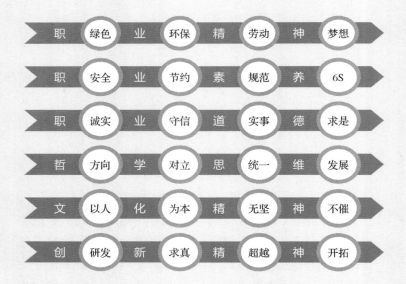

本书由常州工业职业技术学院陈雷、徐伟任主编；由常州工业职业技术学院李雪峰、许栋，河北机电职业技术学院曹江卫，常州工程职业技术学院彭卫锋任副主编；枣庄职业学院孙超，陕西工业职业技术学院刘波，常州工业职业技术学院杨力、盛雪莲，华胜集团常州华策店技术总监王文涛参与编写。感谢北京理想汽车有限公司赵长友、比亚迪汽车常州王朝店技术总监高云飞为本书的编写提供帮助。

本书可供高职高专、中职中专及技师学院等汽车专业师生使用，也可作为汽车技术人员的培训教材和参考用书。

由于编者水平有限，本书难免有不当之处，恳请读者批评指正。

编　者

目录

Contents

学习场三

新能源汽车行驶系统技术及检修

——

学习场一
走进新能源汽车

学习情境一　新能源汽车认知

➡ 教学目标

知识目标：

1. 了解新能源汽车发展史
2. 掌握新能源汽车定义与分类
3. 掌握新能源汽车结构组成

能力目标：

1. 具有识读新能源汽车各种标识的能力
2. 具有识读新能源汽车识别代码的能力

素养目标：

1. 培养学生开拓进取的创新精神
2. 培养学生绿色环保的职业精神

➡ 情境引入

　　自 1834 年第一辆电动汽车诞生，新能源汽车已成为未来汽车的发展方向。新能源汽车对环境污染小，具有绿色环保等特点，有助于"双碳"目标的实现。2020 年 11 月，国务院办公厅印发《新能源汽车产业发展规划（2021—2035 年）》，要求深入实施发展新能源汽车国家战略，推动中国新能源汽车产业高质量可持续发展，加快建设汽车强国。截至 2023 年底，我国新能源汽车保有量达 2041 万辆。那么新能源汽车是如何分类的？其结构又是怎样的？

➡ 知识学习

一 新能源汽车发展史

（一）纯电动汽车发展史

1. 电动汽车的诞生

美国人托马斯·达文波特（Thomas Davenport）于 1834 年制造出第一辆直流电机驱动的电动车，但因技术不成熟，该车仅能行驶小段距离，且车速不超过 6km/h。1837 年，托马斯因这项技术获得了美国电机行业的第一个专利。1873 年，英国人罗伯特·戴维森（Robert Davidson）用一次电池作为动力，发明了世界上第一辆可供使用的电动车，但该车无法充电。1881 年，法国人古斯塔夫·特鲁夫（Gustave Trouvé）发明了以铅酸电池为动力、且可充电的三轮电动车，最高车速可达 12km/h。1899 年，德国人费迪南德·波尔舍（Ferdinand Porsche）发明了轮毂电动机，以替代当时在车上普遍使用的链传动，随后开发了名为"Lohner-Porsche"的电动车，该车采用铅酸电池作为动力源，由前轮内的轮毂电动机直接驱动。随后，波尔舍在该车后轮上也装载了轮毂电动机，由此诞生了世界上第一辆四轮驱动的电动车，如图 1-1-1 所示。

图 1-1-1　Lohner-Porsche 电动车

2. 电动汽车的发展停滞

在 20 世纪中期，电动车突然停止了发展，其原因主要包含两个方面：一是电动车续驶不足的弱势逐渐凸显，电动车在每次行驶前都需长时间充电，而燃油车无需顾虑续驶问题；二是石油开采提炼技术迅速发展，燃油车续驶里程远远超过电动车，燃油车价格远远低于电动车。

3. 电动汽车的复苏

日益增多的燃油汽车，导致温室气体的排放愈加严重。此外，多年来人类对地球资源的开采，使得许多能源已经接近枯竭。在能源和环境的双重压力下，电动汽车的发展与技术研究被提上日程。随着电动汽车续驶里程的提升和充电的便捷化，电动汽车产销量迎来了大幅增长。

以 2022 年全球电动汽车市场为例，美国特斯拉销量 90 万辆，占全球电动汽车销量的 14%。其次是比亚迪，销量 60 万辆，占全球电动汽车销量的 9%。排名第三至第十的品牌分别是大众、上汽通用五菱、宝马、日产、雷诺、丰田、奥迪和沃尔沃。图 1-1-2 是特斯拉 Model S，图 1-1-3 是比亚迪宋 PLUS 新能源。

据《世界能源展望》报告，到 2030 年，世界能源系统将发生重大变化，全球电动汽车的数量将是现在的近 10 倍。随着电池、电控、电机、智能网联、大数据与云计算等技术的发展，未来电动汽车将成为智慧型汽车。

图 1-1-2　特斯拉 Model S

图 1-1-3　比亚迪宋 PLUS 新能源

（二）混合动力汽车发展史

1901 年，德国人波尔舍将汽油发电机组搭载在纯电动汽车上，解决了电动汽车续驶里程短的问题，于是世界上第一台混合动力汽车出现了，如图 1-1-4 所示。随着变速器的改进以及用户对车辆性能需求的增加，混合动力汽车的弱点暴露了出来，如成本高、最高车速低。于是，混合动力汽车进入冬眠期，一直到 1960 年现代电子电气技术发展起来，才开始为混合动力汽车赋予新的生机。

从世界范围看，日本混合动力汽车技术居世界领先地位。2023 年 8 月，工业和信息化部等七部门联合印发《汽车行业稳增长工作方案（2023—2024年）》，文件中重提鼓励混合动力市场发展。目前我国各大汽车企业都在进行混合动力汽车研发，如比亚迪、吉利、长城、奇瑞、长安等，其中比亚迪 DM-i 混动技术在国内处于领先水平，如图 1-1-5 所示。

图 1-1-4　世界上第一辆混合动力汽车

（三）氢燃料电池汽车发展史

世界上第一辆可使用的氢燃料电池汽车由美国通用汽车公司制造，于 1968 年问世，该车以厢式货车为基础，装载了最大功率为 150kW 的燃料电池组，续驶里程为 200km。2008 年北京奥运会上，清华大学自主研发的氢燃料电池大巴服务了马拉松赛事，成为我国氢燃料电池汽车的一次重要展示。2014 年，丰田 Mirai 成为全球首款商业销售的氢燃料电池乘用车，标志着氢燃料电池汽车进入了一个新阶段，如图 1-1-6 所示。2022 年 4 月，长安汽车旗下新能源汽车品牌深蓝开展技术分享活动，长安深蓝或率先量产中国首款氢燃料电池轿车 C385。

图 1-1-5　比亚迪海豹 DM-i 轿车

图 1-1-6　丰田 Mirai 轿车

二　认识新能源汽车

新能源汽车分类

（一）定义

新能源汽车是指采用非常规的车用燃料作为动力来源（或使用常规的车用燃料、采用新型车载动力装置），综合车辆的动力控制和驱动方面的先进技术，形成的技术原理先进，具有新技术、新结构的汽车。

（二）分类与结构组成

新能源汽车有很多种分类方式，下面介绍两种常见的分类方式。

1. 按油电分配比例分类

ICE：仅由内燃机驱动的汽车，100% 的动力能源来自内燃机输出。

HEV：油电混合动力汽车，通常情况下，电力输出能量占到电力与内燃机总能量的 25% 左右。

PHEV：插电式混合动力汽车，因为此类汽车可以通过外部电网获取电能，电力输出一般较高，占到 45% 左右。

BEV：纯电动汽车，驱动车辆的动力全部是电能。

2. 按驱动系统获取能源方式分类（图 1-1-7）

新能源汽车按驱动系统获取能源方式分为两种类型：一是以电力驱动技术为主的电动汽车；二是在内燃机基础上研发以替代燃料技术为主的替代燃料汽车，如氢能源汽车、液化石油气（LPG）燃料汽车等。对于燃料电池汽车、太阳能汽车、超级电容汽车等，也可归类到电动汽车类型中，主要原因在于此类汽车的能源最终都是转换成电力的形式存储在汽车中或者直接通过电机驱动车辆。

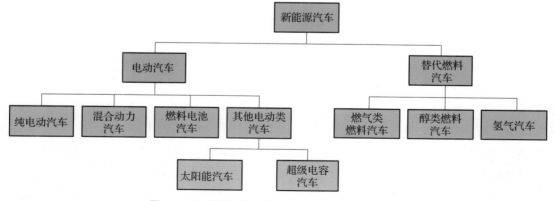

图 1-1-7　新能源汽车按驱动系统获取能源方式分类

（1）电动汽车

新能源电动汽车从动力系统结构的角度可以分为纯电动汽车、混合动力汽车、燃料电池汽车及其他电动类汽车，如太阳能汽车和超级电容汽车等。

1）纯电动汽车。纯电动汽车即完全采用电力驱动的汽车，其利用驱动电机来驱动车辆，由电驱动子系统、能源子系统和辅助控制子系统 3 个部分组成，如图 1-1-8 所示。

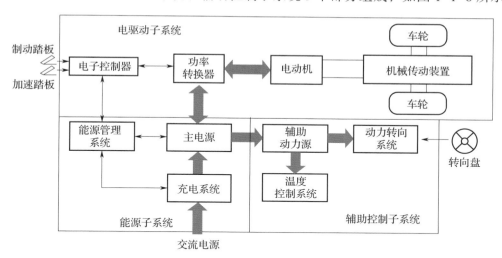

图 1-1-8 纯电动汽车基本结构

电驱动子系统由电子控制器、功率转换器、电动机、机械传动装置和车轮组成，主要作用是根据制动踏板传感器和加速踏板传感器传来的驾驶员动作信息，控制功率转换器将能源子系统提供的电能输送到电动机，电动机将电能转换为机械能，驱动车轮旋转。

能源子系统由主电源、能源管理系统和充电系统组成，能源管理系统主要对充电过程和用电过程进行有效的管理，监控电源的使用情况。当车辆进行制动时，能源管理系统和电子控制器共同控制电动机转为发电机工作状态，将制动能量通过机械传动装置传输给发电机，产生电流向主电源充电。

辅助控制子系统由动力转向系统、温度控制系统和辅助动力源组成，辅助动力源将主电源提供的电压转换成车内各辅助系统（转向系统、空调系统、其他辅助系统）所需要的电压，为其提供电能。

2）混合动力汽车。混合动力汽车是指那些采用传统燃料，同时配以电机来改善低速动力输出和燃油消耗的车型。按照燃料种类的不同，可分为汽油混合动力和柴油混合动力两种。目前我国汽车市场上，混合动力汽车的主流是汽油混合动力。

3）燃料电池汽车。燃料电池汽车是指以氢气、甲醇等为燃料，通过化学反应产生电能，依靠电机驱动的汽车。燃料电池的能量来源于氢气和氧气化学反应产生的电能。燃料电池的化学反应过程不会产生有害产物，因此，燃料电池汽车是无污染的汽车。燃料电池的能量转换效率比内燃机要高 2~3 倍，从能源的利用和环境保护方面分析，燃料电池汽车是一种理想的汽车。燃料电池汽车基本结构如图 1-1-9 所示。

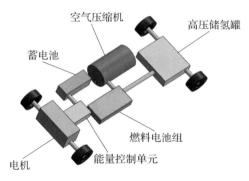

图 1-1-9 燃料电池汽车基本结构

4）超级电容汽车。超级电容汽车采用了超级电容储能装置。利用双电层原理制成的大容量电容称为超级电容，利用超级电容储能的装置就称为超级电容储能装置。超级电容汽车动力系统基本结构原理如图1-1-10所示，超级电容存储的电能配合电池的电能，经过逆变器加载到电机上，实现对车辆的驱动。

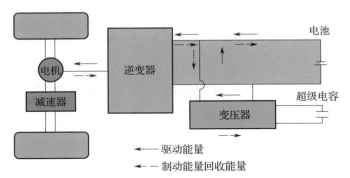

图1-1-10　超级电容汽车动力系统基本结构

（2）替代燃料汽车

1）燃气类燃料汽车。燃气类燃料汽车简称燃气汽车，是指用压缩天然气（CNG）、液化石油气（LPG）和液化天然气（LNG）作为燃料的汽车。燃气汽车由于其排放性能好、可调整汽车燃料结构、运行成本低、技术成熟、安全可靠等优点，被世界各国公认为是当前最理想的替代燃料汽车。目前，燃气仍然是世界汽车代用燃料的主流，在我国替代燃料汽车中占到90%左右。

燃气汽车可分为3种类型，即专用气体燃料汽车、两用燃料汽车和双燃料汽车。专用气体燃料汽车是以液化石油气、天然气或煤气等气体作为发动机燃料的汽车，如天然气汽车、液化石油气汽车等。天然气汽车可以充分发挥天然气理化性质特点，价格低、污染少，是较为清洁的汽车；两用燃料汽车是指具有两套相对独立的供给系统，一套供给天然气或液化石油气，另一套供给天然气或液化石油气之外的燃料，两套燃料供给系统可分别但不可共同向气缸供给燃料的汽车，如汽油/压缩天然气两用燃料汽车、汽油/液化石油气两用燃料汽车等；双燃料汽车是指具有两套燃料供给系统，一套供给天然气或液化石油气，另一套供给天然气或液化石油气之外的燃料，两套燃料供给系统按预定的配比同时向气缸供给燃料，在气缸中混合燃烧的汽车，如"柴油-压缩天然气"双燃料汽车、"柴油-液化石油气"双燃料汽车等。

2）醇类燃料汽车。乙醇俗称酒精，因此，使用乙醇为燃料的汽车，也称为酒精汽车。如果采用生物乙醇作为燃料，则可以称为生物燃料或生物乙醇汽车。用乙醇代替石油燃料的历史悠久，无论是在生产上还是在应用上其技术都已经很成熟。在汽车上使用乙醇，可以提高燃料的辛烷值，增加氧含量，使得燃烧更充分，进而降低废气中有害物质的含量。

3）氢气汽车。氢气汽车也称氢动力汽车或氢燃料汽车，是一种真正实现零排放的交通工具，排放出的是纯净水，具有无污染、零排放，燃料储量丰富等优势。因此，氢气汽车是传统汽车最理想的替代方案。但是从制造成本而言，与传统动力汽车相比，氢气汽车成本至少要高出20%。

识读新能源
汽车标识

➡ 技能操作

一 识读新能源汽车各种标识

（一）识读外观标识

可通过汽车尾部和翼子板识别新能源汽车，如纯电动汽车通常标识有 EV 字样，混合动力汽车通常标识有 Hybrid 或 H 字样。

（二）识读车牌标识

根据国务院《节能与新能源汽车产业发展规划（2012—2020 年）》规定，新能源汽车专用号牌主要用于纯电动汽车、插电式混合动力汽车和燃料电池汽车。

新能源汽车专用号牌分为小型新能源汽车专用号牌与大型新能源汽车专用号牌，号牌尺寸为 480mm×140mm，其中小型新能源汽车专用号牌为渐变绿色，大型新能源汽车专用号牌为黄绿双拼色，汉字、数字和字母颜色均为黑色。表 1-1-1 所示为新能源汽车专用号牌样式。

新能源汽车专用车牌号码为 6 位数。小型新能源汽车专用号牌编码规则是：省份简称（1 位汉字）+ 发牌机关代号（1 位字母）+新能源汽车分类代号 + 序号（5 位），其中新能源汽车分类代号，"D"代表纯电动新能源汽车，"F"代表非纯电动新能源汽车，序号的第一位可以使用字母或者数字，后四位必须使用数字。大型新能源汽车专用号牌编码规则是：省份简称（1 位汉字）+ 发牌机关代号（1 位字母）+ 序号（5 位）+ 新能源汽车分类代号，其中序号的 5 位必须使用数字，新能源汽车分类代号中，"D"代表纯电动新能源车，"F"代表非纯电动新能源汽车。

表 1-1-1　新能源汽车专用号牌样式

车型	号牌样式	项目	特征
小型新能源汽车	苏A·D12345 苏A·F12345	尺寸	480mm×140mm
		底样	渐变绿色
大型新能源汽车	苏A·12345D 苏A·12345F	尺寸	480mm×140mm
		底样	黄绿双拼色

（三）识读车辆铭牌标识

车辆铭牌置于车辆前部易于观察的地方，一般位于前机舱盖下面和前排乘客侧 B 柱上。车辆铭牌是标明车辆基本特征的标牌。纯电动汽车铭牌主要包括车辆品牌、整车型号、驱动电机型号、驱动电机峰值功率、动力电池系统额定电压、动力电池系统额定容量、最大允许总质量、乘坐人数、车辆识别代码、制造年月、制造国及厂名等，如图 1-1-11 所示。

图 1-1-11　车辆铭牌标识

混合动力汽车铭牌除标注纯电动汽车铭牌的内容外，还要标注发动机型号、发动机最大净功率、发动机排量等。

二　识读新能源汽车识别代码

新能源汽车车辆识别代码一般在以下五个位置：一是前风窗玻璃的右下角；二是门铰链柱、门锁柱上；三是发动机舱中；四是仪表盘左侧；五是机动车行驶证的车架号栏中。

车辆识别代码由三部分组成：第一部分是世界制造厂识别代号（WMI），其按照 GB 16737—2019 规定，由 3 位数字或字母组成，该代号需经申请、批准和备案后才能使用；第二部分是车辆特征代号（VDS），其按 GB 16735—2019 规定，由 6 位数组成，用于说明一种车辆的基本特征；第三部分是车辆指示部分（VIS），如图 1-1-12 所示。

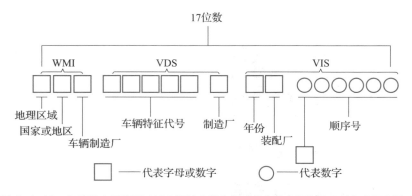

图 1-1-12　年产量大于等于 1000 辆的完整车辆或非完整车辆制造厂的汽车识别代码

对年产量小于 1000 辆的完整车辆或非完整车辆制造厂。车辆识别代号的第一部分为世界制造厂识别代号（WMI）。第二部分为车辆说明部分（VDS）。第三部分的三、四、五位与第一部分的三位字码一起构成世界制造厂识别代号（WMI），其余五位为车辆指示部分 (VIS)。如图 1-1-13 所示。

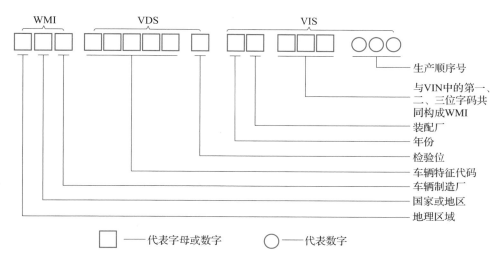

图 1-1-13　年产量小于 1000 辆的完整车辆或非完整车辆制造厂的汽车识别代码

学习情境二　新能源汽车底盘认知及高压防护

教学目标

知识目标：

1. 掌握新能源汽车底盘组成
2. 掌握新能源汽车传动系统分类与组成
3. 掌握新能源汽车行驶系统组成
4. 掌握新能源汽车转向系统组成
5. 掌握新能源汽车制动系统组成
6. 了解新能源汽车底盘先进技术和发展趋势

能力目标：

1. 具备识别新能源汽车底盘组成部件的能力
2. 具备使用高压防护工具的能力
3. 具备识读高压防护标识的能力

素养目标：

让学生学会选择正确的人生发展方向

情境引入

　　一辆比亚迪秦新能源汽车驶进汽车维修站，据车主反映，该车行驶过程中，底盘出现异响。后经维修人员检查发现，该车存在变速器跳档等故障。维修站的维修人员小王将该车用举升机举起后，发现新能源汽车底盘外观与内燃机汽车底盘外观区别不大。同学们，你们知道新能源汽车底盘是什么样的吗？

➡ 知识学习

一　新能源汽车底盘

（一）组成

新能源汽车底盘是整个车身的载体，起到支撑车身及零部件，并传递动力、回收能量的作用。与传统内燃机汽车底盘结构划分方式相同，新能源汽车底盘也是由传动、行驶、转向和制动四大系统组成的，如图 1-2-1 所示。

图 1-2-1　新能源汽车底盘四大系统

（二）新能源汽车底盘与内燃机汽车底盘的区别

新能源汽车底盘与内燃机汽车底盘有一定区别，见表 1-2-1。一是车身设计自由度更大；二是高度电气化和集成化，大大减少零部件数量，使得底盘占据空间变小，进而增大了汽车内部空间；三是电池包固定在底盘下部，汽车重心降低，提高了汽车操控性。

表 1-2-1　新能源汽车和内燃机汽车的底盘对比

类型	自由度	内部空间	重心	集成化
内燃机汽车	低	小	高	低
新能源汽车	高	大	低	高

二　新能源汽车传动系统分类与组成

新能源汽车传动系统的功用是将发动机或电机的动力（转矩）按要求传递到驱动轮上，使地面对驱动轮产生驱动力，进而使汽车能在起步、变速及爬坡等工况下正常行驶。新能源汽车传动系统的组成因驱动形式和发动机（或电机）安装位置而异。

（一）纯电动汽车传动系统

1. 分类

根据驱动系统的组成和布置形式，纯电动汽车分为机械传动型、无变速器型、无差速器型及电动轮型四种。

（1）机械传动型纯电动汽车　机械传动型纯电动汽车的结构如图 1-2-2 所示。它是以燃油汽车发动机前置、后轮驱动的结构为基础发展而来的，保留了内燃机汽车传动系统的布置方式，不同之处是将内燃机换

新能源汽车
传动系统

成了电动机。这种结构可保证纯电动汽车的起动转矩及低速时的后备功率。因其对驱动电机要求低，故可选择小功率电动机。

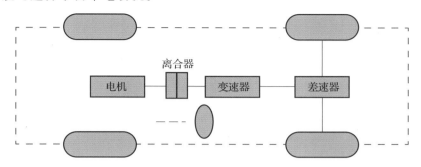

图 1-2-2　机械传动型纯电动汽车结构

（2）无变速器型纯电动汽车　无变速器型纯电动汽车的一种结构如图 1-2-3 所示。该结构的最大特点是取消了离合器与变速器，采用固定速比减速器，通过控制电机来实现变速功能。这种结构的优点是机械传动装置的重量轻、体积小，但是对电机的要求比较高，不仅要求电机具有较高的起动转矩，而且要求具有较大的后备功率，以确保纯电动汽车的起步、爬坡、加速等动力性能。

无变速器型纯电动汽车的另外一种结构如图 1-2-4 所示。这种结构和传统燃油汽车的发动机横向前置、前轮驱动的布置方式相似。它把电机、固定速比减速器以及差速器集成为一个整体，两根半轴连接驱动车轮。这种结构在小型电动汽车上应用非常普遍。

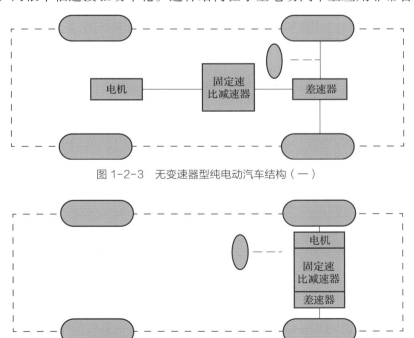

图 1-2-3　无变速器型纯电动汽车结构（一）

图 1-2-4　无变速器型纯电动汽车结构（二）

（3）无差速器型纯电动汽车　无差速器型纯电动汽车的结构如图 1-2-5 所示。这种结构采用两台电机，通过固定速比减速器来分别驱动两个车轮，能够实现对每个电机转速的独立调节。当汽车转向时，可通过电机的电子控制系统控制两个车轮的差速，达到转向的目的。此种结构的电机控制系统非常复杂。

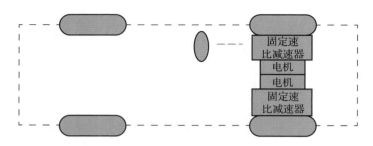

图 1-2-5　无差速器型纯电动汽车结构

（4）电动轮型纯电动汽车　电动轮型纯电动汽车的一种结构如图 1-2-6 所示。这种结构将电机直接安装在驱动轮内（也称轮毂电机），可进一步缩短电机至驱动轮之间的动力传递路径，减少能量在传递路径上的损失，为实现纯电动汽车的正常工作，还需增加一个减速比较大的行星齿轮减速器，将电机转速降低至理想的车轮转速。

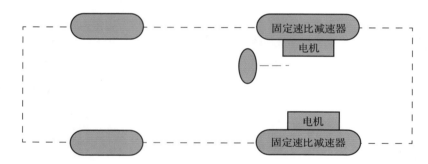

图 1-2-6　电动轮型纯电动汽车结构（一）

电动轮型纯电动汽车的另一种结构如图 1-2-7 所示。这种结构将低速外转子电机的外转子直接安装在车轮的轮缘上，去掉减速齿轮，所以电机和车辆的驱动车轮之间没有任何机械传动装置，无机械传动损失，能量传递效率高、空间利用率大。但是这种结构对于电机的性能要求较高，要求其具有很高的起动转矩以及较大的后备功率，以确保车辆可靠工作。

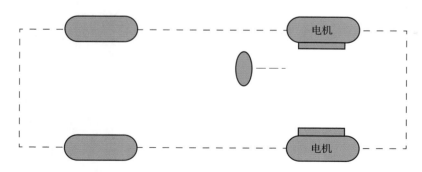

图 1-2-7　电动轮型纯电动汽车结构（二）

2. 驱动方式

纯电动汽车的驱动系统由驱动电机和驱动操纵系统共同组成，结构形式不同，采用的驱动系统也不同。纯电动汽车的驱动系统有集中驱动方式和轮毂驱动方式两种。任何一种电机都可以与不同的传动系统组合成集中驱动方式或轮毂驱动方式，并组成不同形式的纯电动汽车。

（1）集中驱动方式　集中驱动方式的纯电动汽车主要由电机、变速器和差速器等组成。它采用单电机驱动代替内燃机驱动，而其他都采用传统内燃机汽车的零部件及结构，故设计制造成本低，但传动效率低，一般用于小型电动车辆。按有无变速器可分为传统型和电机驱动桥型，而电机驱动桥型又可分为电机驱动桥组合型和电机驱动桥整体型两种。

1）传统型：传统型驱动系统主要由电机、变速器、差速器、半轴等组成。它用电机替代发动机，但仍然采用内燃机汽车的传动系统，包括离合器、变速器、传动轴和驱动桥等总成，结构复杂，效率低，不能充分发挥电机的性能。传统驱动模式有电机后置、驱动桥前置，电机后置、驱动桥后置等多种形式。其结构如图1-2-8所示。

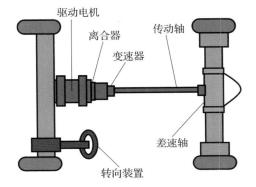

图1-2-8　传统型纯电动汽车底盘驱动方式示意图

2）电机驱动桥型：电机驱动桥组合型驱动方式也称为"平行式电机-传动装置组合式驱动系统"。它是在电机输出端的外壳下部，安装减速器和差速器，动力经过左右两个半轴来驱动车轮，其结构如图1-2-9所示。这种平行式电机-传动装置组合式驱动系统结构紧凑，安装、使用和维护都十分方便。它有电机前置、驱动桥前置，电机后置、驱动桥后置等驱动模式。

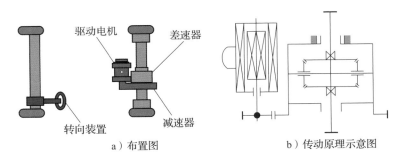

a）布置图　　　　　　　　b）传动原理示意图

图1-2-9　纯电动汽车底盘电机驱动桥型示意图

电机驱动桥整体型驱动系统又可分为同轴式驱动系统和双联式驱动系统。

同轴式驱动系统的电机是一种空心轴电机，在电机一端的外壳中安装传动装置的减速齿轮和差速齿轮。差速器带动左右两个半轴，其中右半轴通过电机的空心轴与车轮相连，左半轴通过左端外壳与车轮相连接。电机与传动装置组合成一个整体驱动桥，形成"机电一体化"的驱动桥传动系统，使纯电动汽车的传动系统更加紧凑，非簧载质量大大减轻，有利于提高车辆的平顺性。

双联式驱动系统取消了齿轮传动机构，完全实现"机电一体化"的传动方式。它由左、右两个电机直接通过半轴带动车轮转动。左、右两个电机由中央控制器的电控差速模块控制，形成机电一体化的差速器，使驱动系统的结构简化，质量明显减轻，它要比一般机械式差速器可靠和轻便。

（2）轮毂驱动方式　轮毂电机驱动系统可以布置在纯电动汽车的两个前轮、两个后轮或四个车轮的轮毂中，成为前轮驱动、后轮驱动或四轮驱动的纯电动汽车。

轮毂电机驱动系统有两种结构：一种是内定子外转子结构，其外转子直接安装在车轮的轮缘上，由于这种结构没有机械减速机构实现减速，因此通常要求电机为低速电机；另一种是内转子外定子结构，其转子作为输出轴与固定减速比的行星齿轮变速器的太阳轮相连，而车轮轮毂与其齿圈连接，这样能提供较大的减速比，放大其输出转矩。两种结构轮毂电机驱动系统的结构示意图如图 1-2-10 所示。

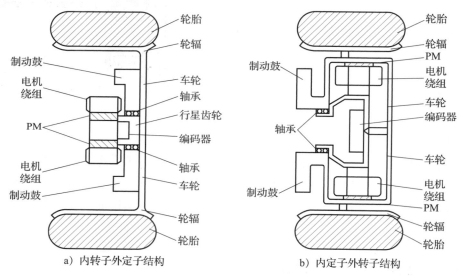

a）内转子外定子结构　　　　b）内定子外转子结构

图 1-2-10　轮毂电机驱动系统结构示意图

（3）增程式纯电动汽车　增程式纯电动汽车是一种配有外接充电和车载供电功能的纯电动汽车（也可将其归类于混合动力汽车）。其装载的电池满足日常行车的动力需求，当超出了电池电量供应范围时，其他动力源可为电池组充电，继续驱动车轮行驶。电池组可由地面充电桩或车载发动机充电。整车运行模式可根据工作需要分纯电动模式和增程模式。增程式纯电动汽车的工作模式与插电式混合动力汽车非常类似，两者都可以工作在纯电动模式下，且电池组都具有外接充电方式和发动机充电方式。

（二）混合动力汽车传动系统

混合动力汽车传动系统组成可根据动力系统结构形式分类看出，相对于纯电动汽车，混合动力汽车传动系统增加了变速器，与传统内燃机汽车传动系统相差不大。混合动力汽车按不同的分类标准有多种类型。

1. 按照动力系统结构形式分类

混合动力汽车按照动力系统结构形式可分为串联式、并联式、混联式和复合式四类。

（1）串联式混合动力汽车（SHEV） 如图1-2-11所示为串联式混合动力汽车动力系统结构，车辆的驱动力只来源于电动机，主要由发动机（内燃机）、发电机、电池组（含逆变器）、电动机、减速机构和驱动轮等组成。结构特点是发动机带动发电机发电，电能通过电动机控制器输送给电动机，由电动机驱动汽车行驶。另外，动力电池也可以单独向电动机提供电能驱动汽车行驶。这种混合动力系统在城市公交车上使用较多。

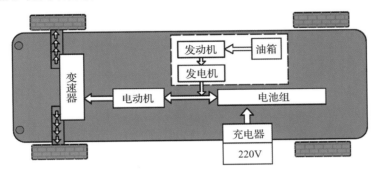

图 1-2-11 串联式混合动力汽车动力系统

（2）并联式混合动力汽车（PHEV） 并联式混合动力汽车动力系统结构如图1-2-12所示，车辆的驱动力由电动机及发动机同时或单独供给，主要由发动机、电池组（带逆变器）、电动机、减速机构、变速器和驱动轮等组成。它的结构特点是可以单独使用发动机或电动机作为动力源，也可以同时使用电动机和发动机作为动力源驱动汽车行驶。

并联式混合动力系统结构简单、成本低，适用于多种行驶工况，尤其适用于复杂的路况，所以在轿车上应用较多。

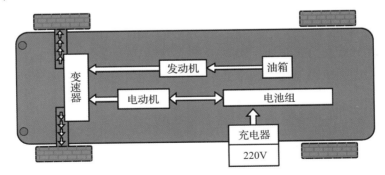

图 1-2-12 并联式混合动力汽车动力系统

（3）混联式混合动力汽车（CHEV） 混联式混合动力汽车同时具有串联式、并联式驱动方式，如图1-2-13所示。它的结构特点是可在串联混合模式下工作，也可在并联混合模式下工作，同时兼具了串联式和并联式的特点。由于这种类型的混合动力系统可以设计成用发动机驱动前轮，用电动机驱动后轮，所以适用于四轮驱动的车辆，目前在丰田普锐斯车型上应用较多。

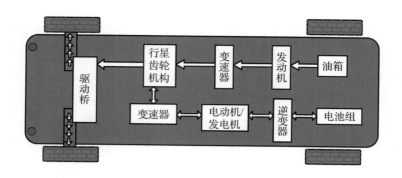

图 1-2-13　混联式混合动力汽车动力系统

（4）复合式混合动力汽车　如图 1-2-14 所示，复合式混合动力汽车结构更复杂，难以把它归于上述三种中。其结构与混联式混合动力汽车相似，因为它们都有起发电机和电动机作用的电机，两者的主要区别在于复合式混合动力汽车中的电动机允许功率流双向流动，而混联式混合动力汽车中的发电机只允许功率流单向流动。双向流动的功率流可以有更多的运行模式，这对于采用三个驱动动力装置的复合式混合动力汽车而言是可以实现的。复合式混合动力汽车同样具有结构复杂、成本高的缺点。现在有些新型的混合动力汽车也采用双轴驱动的复合式系统。

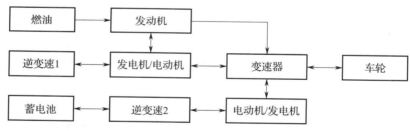

图 1-2-14　复合式混合动力汽车简化结构

为了实现混联式或复合式的混合驾驶模式，发动机与发电机 / 电动机之间以及电动机与变速器之间必须进行机械连接，其中的机械连接装置可选择行星齿轮机构。

2. 按照混合度分类

根据我国汽车行业标准中对混合动力汽车的分类和定义，将混合动力汽车按照电动机峰值功率（电动机的瞬间最大功率）占发动机功率的百分比分为微混、轻混、中混和重混四种。

3. 按照能否外接电源充电分类

按此分类方法，混合动力汽车分为插电式混合动力汽车和非插电式混合动力汽车。

三　新能源汽车行驶系统

（一）功用

1）接收传动系统传来的发动机 / 电动机转矩，通过驱动轮与地面间的附着作用产生驱动力。

2）承受车辆的总重量，传递并承受路面作用于车轮各个方向上的反作用力及其转矩。

3）缓和不平路面对车身造成的冲击和振动，保证车辆平顺行驶。

4）与转向系统协调配合，控制车辆的行驶方向。

（二）组成

行驶系统的基本组成主要取决于汽车经常行驶路面的性质，绝大多数汽车都行驶在比较坚实的路面上，采用通过车轮与地面接触的轮式行驶系统。新能源汽车轮式行驶系统一般由车架（或承载式车身）、车桥、车轮和悬架等组成，如图1-2-15所示。

车架（或承载式车身）是全车装配与支撑的基础，它将汽车的各相关总成连接成一个整体并与行驶系统共同支撑整车的重量，车轮分别装在前桥和后桥上，支撑着车桥和整车。车桥与车架之间通过弹性系统悬架进行连接，以便减少车辆在行驶中受到的各种冲击和振动。

图 1-2-15　新能源汽车轮式行驶系统组成

四　新能源汽车转向系统

（一）定义

转向系统指的是由驾驶员操纵，能够实现转向轮偏转和回位的一套机构。当驾驶员需要改变汽车的行驶方向时，可操纵转向轮绕主销轴线偏转一定角度，直到新的行驶方向符合驾驶员的要求时，再将转向轮恢复到直线行驶位置。

（二）功用

1）使汽车根据驾驶员的意愿改变行驶方向。

2）使汽车直线行驶时保持稳定。

汽车只有保持正确的行驶方向，才能将人员送到目的地和保证乘客安全，同样，在日常的工作与学习中，有时方向比努力更重要，正如《战国策·魏策四》中一个人想要去往楚国，却驾车朝着北方而行，走到半路遇到季梁，季梁对他说："你方向始终错下去，赶路的条件越好，离楚国的距离就会越远"。

（三）分类

汽车转向系统按转向动力源的不同可分为机械转向系和动力转向系，其中机械转向系以驾驶员的人力作为转向动力源，动力转向系除了驾驶员的人力外，还以汽车的动力作为辅助转向能源。动力转向系可分为液压式、气压式和电动式。新能源汽车通常采用电动动力转向系统。

（四）组成

汽车转向系统通常由转向操纵机构、转向执行机构和转向传动机构三大部分组成。其中，转向操纵机构包括转向盘、转向轴、万向节、转向传动轴；转向执行机构主要是指转向器，如齿轮齿条式转向器和循环球式转向器；转向传动机构包括转向摇（垂）臂、转向直（纵）拉杆、转向节臂、转向梯形臂、转向横拉杆等。对于电动动力转向系统，其还包括转矩传感器、车速传感器、电动机、电磁离合器、减速机构、电子控制单元等。

五　新能源汽车制动系统

（一）定义

新能源汽车制动系统是指对汽车某些部位（主要是车轮）施加一定的力，从而对其进行一定程度的强制制动的一系列专用装置。

（二）功能

1）使行驶中的汽车按照驾驶员的要求进行强制减速甚至停车。

2）使已停驶的汽车在各种道路条件下（包括在坡道上）稳定驻车。

3）使下坡行驶的汽车速度保持稳定。

（三）组成

新能源汽车制动系统由制动操纵机构（制动踏板等）、制动传动机构（制动管路等）、制动供能机构（真空助力器、制动主缸、制动轮缸等）、制动执行机构（制动器）、制动指示灯（常规制动指示灯、制动磨损异常指示灯、ABS 警告灯、驻车制动指示灯）组成。

（四）分类

汽车制动系统较为复杂，随着科技的进步，功能越来越完善，制动性能逐步提高，制动系统的种类也越来越多，具体的分类见表 1-2-2。

表 1-2-2　制动系统分类

按功能分	按介质分	按伺服分	按电子系统分
行车制动系统	机械式	真空助力	ABS
驻车制动系统	液压式	真空增压	ASR
应急（或第二）制动系统	气压式	气压助力	ESP
辅助（或安全）制动系统	电磁式	气压增压	EBD
	组合式		EPB
			EBS

（五）性能要求

对汽车制动系统的要求主要体现在汽车的制动性能上。汽车制动性能是汽车安全行驶的重要保证，汽车制动时若出现"制动距离过长，制动时间过长，制动拖滞，制动摆振，制动跑偏，制动侧滑，下长坡时制动恒定性差"等问题，均会严重影响汽车行驶的安全性。具体要求见表1-2-3。

表1-2-3 对汽车制动系统的要求

指标名称	指标含义	其他
制动效能	汽车在水平良好路面上，以一定初速度制动到停车的制动距离或制动时汽车的减速度	制动性能最基本的评价指标
制动效能的恒定性	汽车高速行驶或下长坡连续制动时，制动效能保持的程度	抗热衰退性和抗水衰退性
制动方向稳定性	汽车在制动时，不发生跑偏、侧滑而失去转向能力的性能	

六 新能源汽车底盘技术与发展趋势

（一）底盘技术

1. 电池车身一体化技术

传统的电池包集成方式是由电芯组成模组，再由模组构成电池包，最后将电池包安装到车身地板上。目前新的研究方向是将电芯直接集成到车身上，从而能够最大限度地提升空间利用率，并可在相同的空间内布置更多的电池，提升电池电量，达到增加续驶里程的目的。CTC（Cell to Chassis）技术是一种电池集成方案，其直接将电芯集成在地板框架内部，将地板上下板作为电池壳体，使用地板的上下板代替电池壳体和盖板，与车身地板和底盘一体化设计。

与CTC技术类似，比亚迪汽车研发了车身一体化（CTB）技术，其直接将传统电池变成"底盘"，成为白车身的一部分，这就使得新能源汽车底盘结构大大简化，减少了很多焊接工艺，成本进一步降低。采用CTB技术之后，整车主要有以下三个方面优势：一是安全性提升，如搭载CTB技术的比亚迪海豹轿车，将刀片电池和高强度车身融为一体，电池成为车身整体的一个大结构件，在车辆受到冲击比较大的碰撞时，电池整体可以传递并吸收能量，大大提升车辆的安全性；二是舒适性提升，电池与车身地板融为一体之后，有效减小了车身振动，增加了车辆在垂直方向的空间，减少了车辆受到的风阻；三是操控性提升，整车强度得到增强，车辆在各种路况下的形变量变小，高速过弯时的侧倾也变小，车身变得更加稳定。

2. 全线控技术

线控技术是指将驾驶员的操作动作经过传感器转变成电信号实现传递控制，替代传统机械系统或者液压系统，并由电信号直接控制执行机构以实现控制目的。全线控技术是在底盘上集成整车动力、制动、转向、热管理及三电系统，实现独立的底盘系统，达到上下车体分离，从而可适应多种动力总成和多级别车型，具备高拓展性、高通用率等优势，可提高车型开发效率，并有效降低开发成本。

3. 滑板底盘技术

最初滑板底盘的概念是由通用汽车提出的。2002 年北美国际车展，通用汽车推出了"滑板底盘"的概念，如图 1-2-16 所示。"滑板底盘"不同于传统燃油车底盘，它的车身与底盘分开，底盘与动力系统集成在一个 6in（1in=25.4mm）厚的滑板形底盘上。车上没有离合器，没有转向盘，也没有仪表板，车辆总体重心得到降低，最大限度增加了车内空间。驱动系统和控制系统都设计在底盘上，采用了线控技术，使车辆操控系

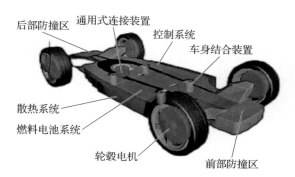

图 1-2-16 滑板底盘结构组成概念图

统、制动系统和其他车载系统都通过电子控制而非传统机械方式来实现，其车身仅为单纯的可替换外壳，车身与底盘仅通过软件接口连接，全面实现了底盘的"电动化"，大大提升了车辆底盘的集成度和平整度。

（二）发展趋势

1. 轻量化

在新能源汽车总质量中，电池质量占 30%，车身与配件占 70%，底盘轻量化有助于提高汽车的性能和能源效率。车身材料中，未来新能源汽车对轻质合金材料和高强度钢的需求量将逐步上升。新能源汽车底盘对铝合金、镁合金的需求越来越多。

2. 精简化

有些新能源汽车底盘取消了离合器及变速器，将电机布置在前后轴，电机提供动力，经传动轴传递至主减速器。采用上述方案后，精简了汽车传动系统布置，提高了动力传递效率，并有效减轻了汽车质量。

3. 电子化

当前新能源汽车底盘上应用的电控系统越来越多，如防抱死制动系统（ABS）、牵引力控制系统（ASR）、车身电子稳定系统（ESP）、自适应巡航控制系统（ACC）、泊车辅助系统（PLA）、车道偏离和驾驶员警示系统（LDWS）、胎压监测系统（TPMS）、可调阻尼控制系统（ADC）等，这些电控系统大大提高了汽车的主动安全性和驾驶舒适性。

4. 低碳化

为实现"双碳"目标，世界各大汽车公司都在研发环保型材料和汽车零部件，如低滚动阻力轮胎、绿色轮胎、不含铅的车轮平衡块等，新能源汽车底盘技术正朝着绿色环保的方向发展。

➡ 技能操作

一　高压防护工具使用

在制造、维护新能源汽车时具有高电压触电风险。如图 1-2-17 所示，新能源汽车的主要高电压部件集中在动力电池组、高压导线、高压电分配单元、逆变器、高压压缩机以及高压 PTC 加热器。在维修新能源汽车的高压系统时必须使用电工专用绝缘工具。

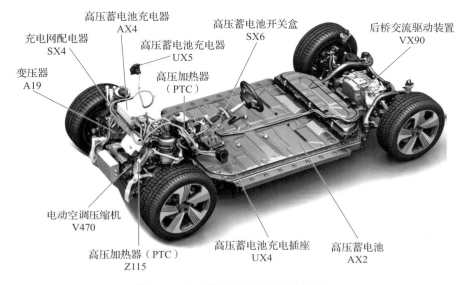

图 1-2-17　新能源汽车高压部件位置图

（一）个人防护设备

防止触电的个人防护设备主要有绝缘手套、护目镜、绝缘安全鞋以及非化纤材质的衣服。

1. 绝缘手套

用于高电压车辆维修的绝缘手套如图 1-2-18 所示。绝缘手套具有两个基本性能：一是能承受 1000V 以上的工作电压；二是具备抗碱性，当工作中接触来自高电压动力电池组的化学物质时，能防止这些物质对人体组织造成伤害。绝缘手套需定期检验，且在每次使用前必须进行安全检查。检查方法是向手套内吹入一定量的空气，观察手套是否有漏气现象。

2. 护目镜

护目镜如图 1-2-19 所示，新能源汽车检修时需佩戴护目镜，以防止电池液飞溅。高电压车辆维修用的护目镜应该具有侧面防护功能，防止维修过程中产生的电火花对眼睛造成伤害。

3. 绝缘安全鞋

绝缘安全鞋（靴）的作用是使人体与地面绝缘，防止电流通过人体与大地之间构成通路，对人体造成电击伤害。新能源汽车底盘高压部件维修时需穿绝缘安全鞋，如图1-2-20所示。

图 1-2-18　绝缘手套

图 1-2-19　护目镜

图 1-2-20　绝缘安全鞋

4. 非化纤工作服

维修高电压系统时，必须穿非化纤类工作服。化纤类工作服会产生静电，并且当发生火灾事故时，化纤会在高温环境下粘连人体皮肤，对维护人员产生严重的二次伤害。

此外，个人防护设备还包括绝缘钩和绝缘垫等。如图1-2-21、图1-2-22所示。

图 1-2-21　绝缘钩

图 1-2-22　绝缘垫

（二）绝缘检修设备

新能源汽车检修中使用的检测仪器有绝缘电阻表和电流钳等。

1. 绝缘电阻表

新能源汽车行驶过程中部件间会出现相互碰撞、摩擦、挤压等现象，将导致高压电路与车辆底盘之间的绝缘性能下降。因此需对新能源汽车底盘的电气绝缘性能进行实时检测，可使用专用的绝缘测试仪器，如绝缘电阻表。测量高压电缆及零部件对车身的绝缘电阻是否位于规定值范围内。

绝缘电阻表有数字式绝缘电阻表和手摇式绝缘电阻表两种，可用来测量大电阻和绝缘电阻，因其计量单位是（MΩ），故又称兆欧表，图1-2-23所示是手摇式绝缘电阻表，图1-2-24所示是数字式绝缘电阻表。现如今，多采用数字式绝缘电阻表。

选用绝缘电阻表时，规定绝缘电阻表的电压等级应高于被测物的绝缘电压等级。测量额定电压在500V以下的设备或线路的绝缘电阻时，可选用500V或1000V绝缘电阻表；

测量额定电压在 500V 以上的设备或线路的绝缘电阻时，应选用 1000~2500V 绝缘电阻表；测量绝缘子时，应选用 2500~5000V 绝缘电阻表。

 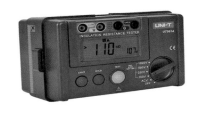

图 1-2-23　手摇式绝缘电阻表　　　　图 1-2-24　数字式绝缘电阻表

（1）绝缘电阻表使用方法　在指针不为零的情况下，匀速摇（约 120r/min），指针就会稳定在表盘的某个位置，根据表盘的显示数值和空格，可读出所测线路的绝缘电阻。

（2）绝缘测试步骤　绝缘测试只能在不通电的电路上进行，测试之前先检查熔断丝，其步骤如下：

①将测试探头插入"+"和"−"端子。

②将旋钮转至"INSULATION"（绝缘）位置。当开关调至该位置时，仪表将启动电池负载检查。如果电池未通过测试，显示屏下部将出现"电池"符号。在更换电池前不能进行绝缘测试。

③按"RANGE"选择电压。

④将探头与待测的电路连接，仪表会自动检查电路是否通电。

⑤主显示位置显示"−−−"，直到按下 INSULATION TEST 按键，此时将获得一个有效的绝缘电阻读数。

⑥如果电路电压超过 30V（交流或直流），主显示区会显示电压超过 30V 以上的警告，同时显示高压符号，测试被禁止，必须立即关闭电源。

2. 数字式电流钳

在新能源汽车维修与诊断时，常需测量导线中的电流。由于驱动系统的导线（如逆变器与电动机之间）存在较大的交变电流，因此必须使用钳形电流表进行间接测量。目前常用的数字式电流钳，其工作部分主要由一只电流表和穿心式电流互感器组成。穿心式电流互感器铁心制成活动开口且成钳形，所以称为电流钳，是一种无需断开电路就可直接测量电路交流电流的携带式仪表。

（1）工作原理　电流钳的工作原理是建立在电流互感器工作原理上的，它是一种无需断开电路就可直接测量电路交流电流的携带式仪表，当放松扳手铁心闭合后，根据互感器的原理在其二次绕组上产生感应电流，从而指示出被测电流的数值。当握紧钳形电流表扳手时，电流互感器的铁心张开，被测电流的导线进入钳口内部作为电流互感器一次绕组。

（2）电流测量步骤 ①估算电流大小，选择正确的档位与电流类型。如需测量电机三相中的一相电流，选择交流电流挡。②打开电流钳，将被测量线路放入电流钳口之中。测量时电流钳应保持钳口闭合，否则将测量出不正确的电流，如图 1-2-25 所示。③启动被测量装置，读取电流值。④如需测量一个变化的电流，应在上述步骤的基础上按下"MAX"键后再启动电流钳。

图 1-2-25 数字式电流钳

3. 绝缘工具

绝缘工具与一般工具不同，它的表面覆盖有绝缘性材料，其中绝缘梅花和呆扳手只有一侧有工作接触面。绝缘工具在通电状态下作业时，可防止人体触电，以保证操作人员的安全，如图 1-2-26 所示。

绝缘工具

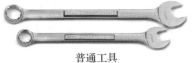
普通工具

图 1-2-26 绝缘工具与普通工具的对比

二 高压防护标识识读

（一）警告标牌及禁止标识

警告标牌及禁止标识需在检修过程中规范使用，其可提醒新能源汽车维修人员当前处于何种危险状态，并明确禁止哪些操作，具体如图 1-2-27 所示。

（二）高压部件安全标识

新能源汽车高压部件均贴有安全标识，具体如图 1-2-28 所示。

高压部件警告

高压线束标识

禁止充电

禁止接通

禁止接近

严禁烟火

高压危险

蓄电池危险

安全隔离警告栏

安全锁

高压部件警告

图 1-2-27 新能源汽车检修中的警告标牌及禁止标识

图 1-2-28 新能源汽车高压部件安全标识

学习场二
新能源汽车传动系统技术及检修

学习情境一　纯电动汽车减速驱动桥检修

➡ 教学目标

知识目标：

1. 纯电动汽车减速驱动桥的组成
2. 主减速器分类、组成与功用
3. 差速器分类、组成与功用
4. 掌握万向传动装置的功用、组成、分类及应用场景
5. 掌握万向节的分类、组成与工作特性
6. 掌握传动轴的功能、组成、分类与布置形式

能力目标：

1. 具有拆卸与维护纯电动汽车减速驱动桥的能力
2. 具有拆装纯电动汽车减速器总成的能力
3. 具有检修差速器的能力
4. 具有拆装与检修万向传动装置的能力
5. 具有拆卸传动轴的能力
6. 具有检修半轴的能力

素养目标：

1. 培养学生的辩证思维能力，了解矛盾的对立与统一
2. 培养学生精益求精的工匠精神

➡ 情境引入

　　一辆比亚迪秦新能源轿车驶进汽车维修站，据车主反映，该车行驶过程中底盘不断传来异响声，后经初步检查发现，该车的减速器总成存在故障，你能排除该故障吗？

纯电动汽车
减速驱动桥

➡️ 知识学习

一　纯电动汽车减速驱动桥

　　纯电动汽车由于电机的起动转矩非常大，足以使静止的汽车起步并提速，因此在中小型货车和轿车上取消了变速器，不再需要变速器将起步转矩放大，就可以轻松推动汽车起步、加速。控制电机的转速即可实现电动汽车的变速，目前纯电动汽车大多采用单速变速器，也叫减速器。电机的转速通过变频器实现无级调节，再通过减速器、差速器直接传递到前轴或后轴上，进而传递动力到驱动轮。倒车时，将供给电机的交流电方向调反，电机即反转，从而驱动汽车倒退。

　　在取消变速器的传动系统中，其驱动桥为减速驱动桥，即电机、减速器和差速器成为一体式传动，如图 2-1-1、图 2-2-2 所示。

图 2-1-1　纯电动汽车减速驱动桥效果图

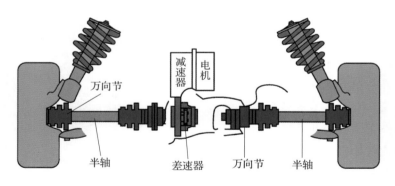

图 2-1-2　纯电动汽车减速驱动桥结构图

二　减速器总成

（一）功用与分类

　　减速器由一对或几对减速齿轮副组成，具有降速增矩的作用。在功率确定的情况下，增大转速必定会降低转矩，反过来，减小转速就会增大转矩，转速与转矩之间存在对立与统一的关系。实际上，自然界中的很多事物都存在对立与统一的关系，正如"矛盾的对立与统一"。

主减速器

1. 单级主减速器

单级主减速器仅有一对锥齿轮进行传动，主、从动锥齿轮常使用双曲面齿轮，如图 2-1-3 所示。单级主减速器具有结构简单、质量小、体积小、传动效率高等优点，其动力能满足中型以下货车和轿车的需求。

2. 双级主减速器

大多数情况下，双级主减速器的第一级用准双曲面齿轮或弧齿锥齿轮进行传动，第二级用圆柱齿轮传动，如图 2-1-4 所示。

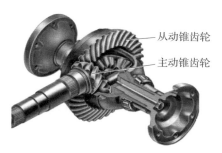

图 2-1-3 单级主减速器

3. 单速和双速主减速器

传动比固定的主减速器为单速主减速器，装有两个档位传动比的主减速器为双速主减速器。

双速主减速器与普通变速器相配合，可得到双倍于变速器的档位。双速主减速器的高低档减速比是根据汽车的使用条件、发动机功率及变速器各档速比的大小来选定的。大的主减速比用于汽车满载行驶或在困难道路上行驶，以克服较大的行驶阻力并减少变速器中间档位的变换次数；小的主减速比则用于汽车空载、半载行驶或在良好路面上行驶，以改善汽车的燃油经济性并提高平均车速。

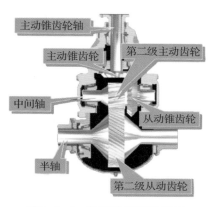

图 2-1-4 双级主减速器的结构

（二）工作原理

减速器动力传动机械部分依靠两级齿轮副来实现减速增矩，其按功用和位置分为五大组件：输入箱体、输出箱体、输入轴组件、中间轴组件、差速器组件，如图 2-1-5 所示。动力传递路线为：驱动电机→输入轴→输入轴轴齿→中间轴齿轮→中间轴轴齿→差速器半轴齿轮、左右半轴→左右车轮。

图 2-1-5 减速器动力传动机械部分结构

（三）安装位置

1. 前驱电机减速器

当纯电动汽车采用前驱形式时，减速器通常安装于前机舱下部，通过半轴驱动车辆的前轮行驶。目前，大多数新能源汽车采用这种布置形式，如吉利帝豪新能源汽车。

2. 后驱电机减速器

当纯电动汽车采用后驱形式时，减速器通常安装于后驱动桥上，通过半轴驱动车辆的后轮行驶。目前，只有少数新能源汽车采用这种布置形式，如大众 ID.3。

3. 四驱双电机减速器

当纯电动汽车采用四轮驱动形式时，前后驱动桥通常都安装有减速器，将来自前后驱动电机的动力输出给各驱动轮，如特斯拉 Model S。

4. 轮毂电机或轮边电机减速器

当纯电动汽车采用轮毂电机驱动时，减速器整合到轮毂内，减速机构一般由行星齿轮组成，省略了传动轴等结构；当纯电动汽车采用轮边电机驱动时，减速器同电机安装在各驱动轮旁边，通过传动轴驱动车辆。采用此种配置的电动汽车成本较高，如比亚迪仰望 U8。

三　差速器

（一）分类

差速器按其用途可分为轮间差速器和轴间差速器。轮间差速器装在同一驱动桥两侧驱动轮之间，而轴间差速器则装在多轴驱动汽车的各驱动桥之间。差速器按其工作特性可分为对称式锥齿轮差速器和防滑差速器，其中对称式锥齿轮差速器结构简单、工作平稳，应用比较广泛。

差速器

（二）对称式锥齿轮差速器

1. 结构组成

对称式锥齿轮差速器主要由四个行星齿轮、行星齿轮轴（十字轴）、两个半轴齿轮和差速器壳体等组成，如图 2-1-6 所示。

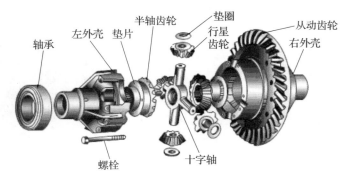

图 2-1-6　对称式锥齿轮差速器的结构

普通轿车传递的转矩较小，通常采用两个行星齿轮，相应的十字轴为一字轴，差速器壳做成两边开孔的整体式，如图 2-1-7 所示。

2. 工作原理

（1）差速器的动力传递路线　主减速器通过传动轴传递的动力通过主动锥齿轮、从动锥齿轮、差速器壳体、行星齿轮轴、行星齿轮、半轴齿轮和半轴传递给驱动轮。

（2）行星锥齿轮差速器的运动原理图　差速器壳与行星齿轮轴连成一体并由主减速器从动齿轮带动一起转动，其作为差速器的主动件，设其转速为 n_0。半轴齿轮为从动件，设其转速分别为 n_1 和 n_2。A、B 两点分别为行星齿轮与半轴齿轮的啮合点，C 点为行星齿轮的中心（图 2-1-8）。A、B、C 点到差速器旋转轴线的距离相等。图 2-1-8a 所示为俯视顶部行星齿轮示意图。

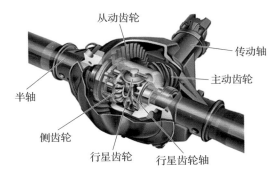

图 2-1-7　两个行星齿轮的对称式锥齿轮差速器结构

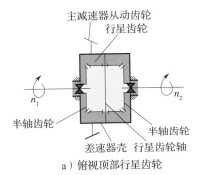
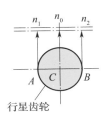
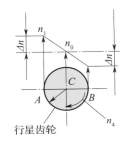

a）俯视顶部行星齿轮　　b）车辆在水平路面直线行驶时　　c）车辆转弯或两侧驱动轮条件不同时

图 2-1-8　差速器运动原理示意图

（3）车辆在水平路面直线行驶　两侧驱动轮没有滑转和滑移趋势，即两侧车轮转速相等时，两侧车轮施加于半轴齿轮反作用力相等，由于两半轴齿轮的直径相等，均为 r，故通过两啮合点 A、B 施加于行星齿轮的力也相等。行星齿轮相当于一个等臂的杠杆保持平衡，即行星齿轮不自转，而只随行星齿轮轴及差速器壳体一起公转，所以两半轴无转速差，$n_1=n_2=n_0$，差速器不起作用，如图 2-1-8b 所示。

（4）车辆转弯或两侧驱动轮条件不同　此时通过半轴及半轴齿轮反作用于行星齿轮两啮合点的力将不相等，从而破坏了行星齿轮的平衡，使得行星齿轮除了随差速器壳一起公转，还要绕行星齿轮轴自转。设其自转速度为 n_4，方向如图 2-1-8c 所示，则半轴齿轮 1 的转速加快，而半轴齿轮 2 的转速减慢。因 $AC=CB$，所以半轴齿轮 1 转速的增加值等于半轴齿轮 2 转速的减小值。设半轴齿轮转速的增减值为 Δn，则两半轴的转速分别为 $n_1=n_0+\Delta n$ 和 $n_2=n_0-\Delta n$。

（5）差速器的差速作用　汽车在转弯或其他工况下行驶，两侧车轮有滑转和滑移驱使行星齿轮发生自转，借行星齿轮的自转，使两侧车轮以不同的转速在地面上滚动，始终保证 $n_1+n_2=2n_0$。当任何一侧半轴齿轮的转速为零时，另一侧半轴齿轮的转速为差速器壳转速的两倍。当差速器壳转速为零时，若一侧半轴齿轮受其他外来力矩而转动，则另一侧半轴齿轮以相同的速度反转。

纯电动汽车传动系统中除了减速驱动桥，还有万向传动装置（含万向节）、传动轴、半轴等组成部件。

四　万向传动装置

（一）万向传动装置认知

1. 功用

万向传动装置能在汽车上任何一对轴间夹角和相对位置经常发生变化的转轴之间传递动力。

2. 组成

万向传动装置一般由万向节和传动轴组成，对于传动距离较远的分段式传动轴，为提高传动轴的刚度而增设中间支承，如图 2-1-9 所示。

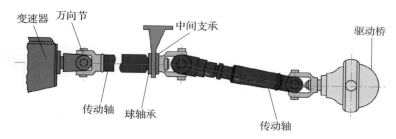

图 2-1-9　变速器与驱动桥之间的万向传动装置

3. 分类

万向传动装置主要通过万向节实现变角度传动。

按速度特性，万向传动装置可分为普通万向节、准等角速万向节和等角速万向节。

按刚度大小，万向传动装置可分为刚性万向节和柔性万向节。

4. 应用场景

（1）应用于转向驱动桥和断开式驱动桥　对于转向驱动桥，前轮既是转向轮又是驱动轮，因此，它应同时满足转向和驱动的要求，所以需要分段式半轴，汽车转向时两段半轴轴线相交且夹角是不断变化的，故必须用万向传动装置。在断开式驱动桥中，主减速器壳固定在车架上，桥壳是上下摆动的，也是分段式半轴，同样需要万向传动装置。

（2）应用于转向操纵机构　部分汽车的转向操纵机构受整车布局的约束，转向盘轴线与转向器输入轴线难以重合，所以在转向操纵机构中需使用万向传动装置。

（3）应用于汽车的转向杆及某些动力输出装置　万向传动装置不仅应用于汽车的传动系统，还应用于部分汽车的转向杆，放宽了转向机构的总体布置。在一些动力输出装置中也有所应用。

（4）应用于变速器（或分动器）与驱动桥之间　一般前置后驱汽车变速器（或越野车分动器）的输出轴线与驱动桥的输入轴线难以布置重合，并且汽车在负荷变化及在不平路面行驶时引起的跳动，也会使驱动桥输入轴与变速器输出轴之间的夹角和距离发生变化，故变速器输出轴与驱动桥输入轴之间必须用万向传动装置连接。

（5）应用于变速器与分动器之间　虽然变速器、离合器、分动器等都固定在车架上，并且其轴线也可以布置重合，但为避免制造、装配误差和车架变形等因素引起的轴线同轴度误差对传输动力的影响，其间也常装有万向传动装置。

（二）万向节

1. 十字轴式刚性万向节

在十字轴式刚性万向节中，相邻两轴的最大允许交角为 15°~20°。十字轴式刚性万向节在汽车上的应用最广，因为它具有结构简单、传动可靠等优点。

（1）组成　普通十字轴式万向节的结构如图 2-1-10 所示，其主要组成包括万向节叉、十字轴及轴承等。

两个万向节叉分别和主、从动轴相连，十字轴的四个轴颈分别装入万向节叉孔中。这样的结构使得从动轴跟随主动轴旋转而转动，同时又可环绕十字轴中心朝任意方向摆动。在十字轴轴颈与万向节叉孔之间装有由滚针和套筒组成的滚针轴承。

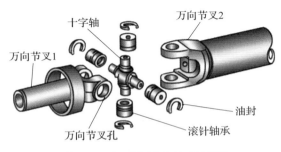

图 2-1-10　普通十字轴式万向节

（2）十字轴式万向节的不等速性与等速排列　十字轴式万向节运动过程中具有不等速性，也就是十字轴式万向节的主动叉处于等角速转动状态时，而从动叉进行不等角速转动，并且两转轴间所成夹角越大，其不等速性就越大。它的运动特性可以借助该万向节工作过程中两个经典位置进行解析：位置一为主动叉处于垂直位置，十字轴所在平面和主动叉轴保持垂直，位置二为主动叉处于水平位置，十字轴所在平面和从动叉保持垂直，如图 2-1-11 所示。

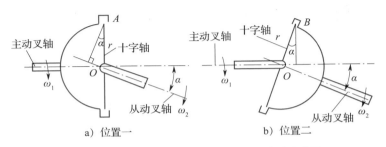

a) 位置一　　　　　　　　　　b) 位置二

图 2-1-11　十字轴式刚性万向节传动的角速度分析

设主动叉轴以角速度 ω_1 旋转，从动叉轴与主动叉轴的夹角为 α，从动叉轴的角速度为 ω_2，且十字轴的旋转半径 $OA=OB=r$。

当十字万向节位于如图 2-1-11a 所示位置时，因为主、从动叉轴在十字轴上 A 点的瞬

时线速度 v_A 相等，即

$$v_A=\omega_1 r=\omega_2 r\cos\alpha$$

所以 $\omega_2=\omega_1/\cos\alpha$，此时 $\omega_2 \geqslant \omega_1$。

当主动叉轴转动 90°至如图 2-1-11b 所示位置时，主、从动叉轴在十字轴上 B 点的瞬时线速度 v_B 相等，即

$$v_B=\omega_1 r\cos\alpha=\omega_2 r$$

所以 $\omega_2=\omega_1\cos\alpha$，此时 $\omega_2 < \omega_1$。

由以上分析得出，在主动叉轴处于等角速度旋转状态时，从动叉轴是以不等角速度进行旋转的，从图 2-1-11a 旋转到图 2-1-11b 位置，从动叉轴的角速度由最大值 $\omega_1/\cos\alpha$ 下降到 $\omega_1\cos\alpha$。主动叉轴继续旋转 90°，从动叉轴的角速度再次从最小值上升为最大值。由此可见，从动叉轴角速度变化周期是 180°，并且从动叉轴不等速特性随轴间夹角 α 的增大而增强。然而主、从动轴的平均转速是一样的，也就是主动轴旋转一圈，从动轴跟随旋转一圈。所谓不等速性是指从动轴在转动一周内其角速度不均匀。

2. 准等速万向节

（1）定义　准等速万向节是根据两个十字轴万向节实现等速传动的原理设计而成的，但只能近似实现等角速度传动。

（2）分类　常见的有双联式和三销轴式万向节。

（3）双联式万向节　双联式万向节在发动机前置、后轮驱动的汽车上应用比较广泛。它实际上是一套传动轴减缩至最小的双万向节传动装置。如图 2-1-12 所示，双联叉相当于同一平面内的两个万向节叉和传动轴。这两个万向节以相同角速度转动，一个万向节的加速和减速可以通过另一个万向节相等、方向相反的运动而抵消，避免了使用单个万向节而导致的波动。有的双联式结构采用球销等分度机构，等分万向节之间的传动轴夹角。目前汽车上采用的双联式万向节结构都已简化，将内半轴或外半轴轴承组件定位在壳体上，保证汽车直线行驶时万向节中心点位于主销轴线与半轴轴线的交点。

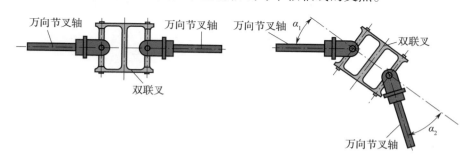

图 2-1-12　双联式万向节的原理图

（4）三销轴式万向节　三销轴式万向节主要由主动偏心轴叉、从动偏心轴叉、2 个三销轴、6 个滑动轴承和密封件等组成，如图 2-1-13 所示。三销轴式万向节的一大优势是相邻两轴允许有最大的交角，最大可达 45°。采用此万向节的转向驱动桥可使汽车获得较小的转弯半径，提高了汽车的机动性。

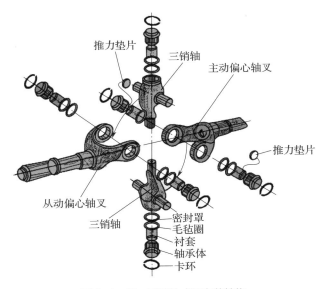

图 2-1-13　三销轴式万向节结构

3. 等速万向节

等速万向节是将轴间有夹角或相对位置有变化的两轴连接起来，并使两轴以相同的角速度传递动力的装置，它可以避免普通十字轴式万向节存在的不等速性问题。

（1）球叉式万向节　如图 2-1-14 所示，球叉式万向节主要由主动叉、从动叉、4 个传动钢球、定位钢球、定位销、锁止销等组成。主、从动叉分别与内、外半轴制成一体，叉内各有四条曲面凹槽，装合后形成两条相交的环槽，作为钢球的滚道，定位钢球装在两叉中心凹槽内，以固定中心。

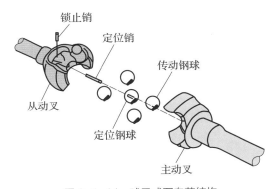

图 2-1-14　球叉式万向节结构

球叉式万向节结构简单，一般应用于转向驱动桥中，其允许轴间最大交角为 32°~38°，但由于工作时只有两个传动钢球传力，而另两个钢球则在反转时传力，因此钢球与滚道间的接触压力大、磨损快，影响其使用寿命，所以通常用于中、小型越野汽车的转向驱动桥上。

（2）球笼式万向节　球笼式万向节按其内、外滚道结构不同又分为单圆弧滚道（RF）型球笼万向节、V 型斜滚道（VL）型球笼万向节及球笼式双补偿万向节等。

以 RF 型球笼万向节为例，它主要由内球座、球笼、外球座及钢球等组成。内球座通过花键与中段半轴相连，用卡环、隔套和碟形垫圈轴向限位。内球座的外表面有六条曲面凹槽，形成内滚道。外球座与带外花键的外半轴制成一体，内表面制有相应的六条曲面凹槽，形成外滚道。六个钢球分别装于六条凹槽中，并用球笼使之保持在一个平面内，如图 2-1-15 所示。

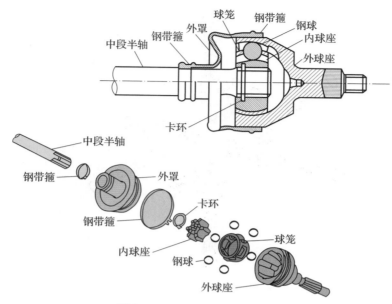

图 2-1-15　RF 型球笼式万向节

（3）三叉式等速万向节　如图 2-1-16 所示，三叉式等速万向节（也称三角式万向节）主要由三销总成和万向节套组成。三销总成的花键孔与传动轴内花键配合，三个销轴上均装有轴承，以减小磨损。万向节套的凸缘用螺栓联接，为防止润滑脂外露，万向节由防护罩封护，并用卡箍紧固。

4. 挠性万向节

挠性万向节是通过橡胶件将主从动轴叉交错连接而成的，如图 2-1-17 所示，它依靠橡胶件的弹性变形，能够实现转动轴线的小角度（3°～5°）偏转和微小轴向位移，吸收传动系中的冲击载荷和衰减扭转振动，具有结构简单、无须润滑等优点。

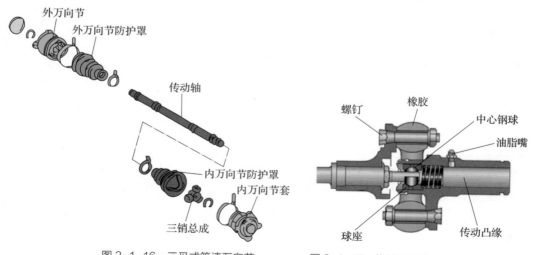

图 2-1-16　三叉式等速万向节　　　　图 2-1-17　挠性万向节

五　传动轴与中间支承

（一）传动轴

1. 功能

在万向传动装置中，传动轴主要起传递动力的作用。连接变速器（或分动器）和驱动桥是传动轴的重要功能，传动轴在转向驱动桥和断开式驱动桥中起到连接差速器和驱动桥的作用。

2. 组成

传动轴上设有滑动花键联结，由伸缩套和滑动花键轴组成。在汽车行驶过程中，变速器与驱动桥的相对位置时刻变化，通过该结构可以避免运动干涉，如图 2-1-18 所示，从而使传动轴的长度能随着传动距离的变化而变化。

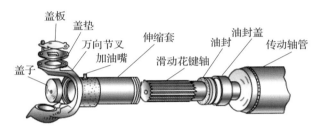

图 2-1-18　汽车传动轴结构

当传动距离较远时，为了避免因传动轴过长而使自振频率降低，高速时产生共振，故将传动轴分为两段。前段是中间传动轴，其后端部称为中间支承。后段是主传动轴，都是通过薄钢板卷焊制成。

3. 分类

传动轴有两种，实心轴和空心轴，但多为空心轴，从而减小传动轴的质量，节省材料，提高轴的临界转速、强度及刚度，一般用厚度为 1.5～3.0mm，且厚薄均匀的钢板卷焊制成，超重型货车是直接应用无缝钢管，而实心轴通常应用于转向驱动桥、断开式驱动桥及微型汽车的传动轴上。

4. 传动轴的布置形式及万向节的装配特点

因驱动桥与车架之间是弹性连接，故普通万向传动装置不可能在任何情况下都保证等速传动，一般只是汽车满载在水平路面行驶时近似等速。

（1）越野汽车的传动轴　越野汽车的传动轴布置包括从变速器到分动器，再从分动器到各驱动桥。在中驱动桥上装有中间支承，在满载情况下，变速器输出轴与分动器的各输出轴、中间支承的轴线、中驱动桥和后桥传动轴的输入轴接近平行。每个传动轴两端的万向节叉应装在同一平面内，以满足平行排列或等腰排列的等速条件。

（2）普通汽车的传动轴

1）单节式传动轴。在普通汽车上最简易的传动轴是单独一节，它的两端通过普通万向节分别和变速器与驱动桥相连。在装配时，传动轴两端的万向节叉所在平面相互重合，从而确保满载状态下达到等速传动的效果。

2）双节式传动轴。如图 2-1-19 所示，传动轴分为两段，即万向传动装置由 3 个万向节连接中间传动轴和主传动轴。它的装配方法有两种：一部分汽车变速器输入轴与中间传动轴布置不在一条直线上，当汽车满载时，两节传动轴大约在一条直线上，并且中间万向节没有改变角速度，同时前端万向节从动叉与后端万向节主动叉所在平面重合，即达到等速传动的条件，如图 2-1-19a 所示；另一部分汽车变速器输入轴与中间传动轴大约在一条直线上，仅需主传动轴达到等速传动条件即可，如图 2-1-19b 所示。

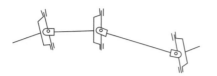 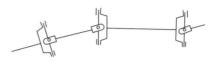

ａ）输入轴与中间传动轴不在一条直线上　　　ｂ）输入轴与中间传动轴大约在一条直线上

图 2-1-19　双节式传动轴万向节装配形式

（二）中间支承

在传动轴分段时，需要增设中间支承，一般是固定在车架横梁上。中间支承除对传动轴起支承作用外，还应能补偿传动轴轴向和角度方向的安装误差，以及汽车行驶过程中由于发动机窜动或车架变形等因素引起的位移。

驱动桥与半轴

六　半轴

（一）组成与分类

半轴的内端一般通过花键和半轴齿轮相连，外端和轮毂相连，如图 2-1-20 所示。半轴根据支承形式的不同，可分为全浮式支承和半浮式支承。

图 2-1-20　半轴的结构

（二）全浮式半轴支承

图 2-1-21 所示为全浮式半轴支承的结构示意图，它表明了汽车半轴外端与轮毂及桥壳的连接情况。半轴外端锻有凸缘，用螺栓紧固在轮毂上，轮毂用两个圆锥滚子轴承支承在半轴套管上。半轴套管与空心梁压配成一体，组成驱动桥壳。这种半轴支承形式，半轴与桥壳没有直接联系。半轴的内端用花键与差速器的半轴齿轮联结，半轴齿轮的毂部支承在差速器壳两侧轴颈的孔内，而差速器壳又以两侧轴颈直接支承在桥壳上。

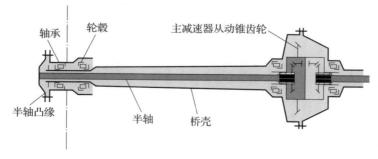

图 2-1-21　全浮式半轴支承结构示意图

（三）半浮式半轴支承

半浮式半轴的轴承在半轴与桥壳之间安装，车轮直接和半轴连接，车轮和桥壳之间没有直接联系，而支承于悬伸出的半轴外端，所以，地面作用于车轮的所有反作用力都须通过半轴外端的悬伸部分传达至桥壳，导致半轴外端不仅要传递转矩，还要承受车轮载荷和转弯时的横向载荷，半轴内端通过花键和半轴齿轮相连。

➡ 技能操作

任务实施前的准备工作：

1）在高电压车辆周围布置好明显的警示标识。

2）检查车辆，确保车辆无故障，主要是高压漏电类故障。

3）制作高压标识，用于在实训过程中标识高压部件。

一　减速驱动桥的拆卸与维护

（一）减速驱动桥的拆卸

1）抬升并适当支承车辆，拆卸左右前车轮和轮胎总成，适当支承前桥总成。

2）拆卸半轴轴承盖与前桥联接螺栓，并松开制动油管螺母，使用工具拉出半轴总成。

3）拆卸壳体固定螺栓，做好配对标记，使得在分解后重装时零件能按原位装配，用木棒从壳体中撬起并拿下主减速器总成。

4）松开从动锥齿轮固定螺栓，拆下从动锥齿轮。

5）拆卸差速器轴承，用专业工具冲出行星齿轮轴止动销。

6）取出行星齿轮轴、行星齿轮、半轴齿轮、半轴齿轮调整垫片等。

（二）减速驱动桥的维护

1. 一级维护

1）检查后桥壳是否有裂纹及异常渗漏，如有渗漏，应查明原因，并予以排除。

2）检查各处螺栓、螺母的联接是否可靠。

3）检查后桥壳体内的润滑油量是否合适，其油面应不低于检视孔下沿 15mm 处。

4）后桥壳的通气塞应保持畅通。

5）推动轮毂检查轴承的紧度时，应无明显手感上的旷量。

6）检视轮胎和半轴上的外露螺栓、螺母，不得有松动。

2. 二级维护

1）半轴应无弯曲、裂纹，键槽无过度磨损。当键槽有可视的磨损时，应左右半轴换位。

2）拆下轮毂，检查半轴套管是否有配合松旷和裂纹，各螺纹损伤不得超过 2 个螺纹。

3）检视后桥壳是否有裂纹。

4）放油后，拆下后桥壳盖，清除油污并检视齿轮、轴承及各处螺栓紧固情况，必要时可以更换齿轮和轴承。

5）检视减速器的油封有无漏油，凸缘螺母是否松动，检查减速器联接螺栓的紧固情况。

6）检查轮毂轴承的紧固情况，必要时按技术条件的要求拧紧。

二　纯电动汽车减速器总成拆装

（一）分解减速器

1）拆下减速器壳体。

2）拆下减速器盖固定螺栓，并用手取下固定螺栓。

3）用一字螺钉旋具撬开减速器壳体（动作轻柔），拆下减速器壳体。

注意事项 防止一字螺钉旋具损伤减速器壳体密封面，需使用胶带包裹一字螺钉旋具头部。

（二）拆卸减速器齿轮

1）拆下输入轴齿轮，并检查是否有损伤。

2）拆下中间轴齿轮，并检查是否有损伤。

3）拆下差速器齿轮，并检查是否有损伤。

注意事项 若输入轴齿轮、中间轴齿轮和差速器齿轮有损伤，需进行更换。

（三）装配减速器

1）安装减速器齿轮，安装前，需清理减速器前部壳体残余密封胶。

2）安装差速器齿轮。

3）安装中间轴齿轮。

4）安装输入轴齿轮，并检查各齿轮是否啮合良好。

注意事项 为便于安装齿轮，可在轴承接合面涂抹润滑油。

5）安装减速器壳体，安装前，需清理减速器后部壳体残余密封胶；再次涂抹新密封胶于减速器壳体密封面。

注意事项 可使用橡胶锤轻敲壳体，使各密封面接合紧密。

6）紧固减速器壳体固定螺栓，使用扭力扳手按规定力矩拧紧。

注意事项 完成拆装后，需整理工具，设备归位，清洁场地。

三　纯电动汽车减速器故障诊断与排除

（一）减速器无动力传递

当整车无动力输出时，检查减速器是否损坏，可按下列操作执行：

1）检查整车驱动电机是否运转正常，若运转正常，则执行第二步，若提示驱动电机故障，则先检查驱动电机故障原因。

2）整车上电，将变速杆置于N位，松开制动踏板，平地推车，检查车辆是否可以移动。或将整车放置到升降台上，转动车轮，检查是否能转动。若车辆可以移动或车轮可以转动，则执行第三步，若车辆不能移动或车轮不能转动，则执行第四步。

3）拆卸驱动电机与减速器联结部分，检查花键是否异常磨损，若减速器输入轴花键磨损，则需将减速器返厂维修。

4）若车辆不能移动或车轮不能转动，说明减速器内部轴系卡死，减速器需返厂维修。

（二）减速器异响

减速器产生异常噪声，主要原因与排除方法见表 2-1-1。

表 2-1-1　减速器异响故障的产生原因及排除方法

序号	故障原因	排除方法
1	润滑不足	按规定型号和油量添加润滑油
2	轴承损坏或磨损	对轴承进行更换
3	齿轮损坏或磨损	对齿轮进行更换

（三）减速器渗漏油

减速器发生渗漏油，主要原因与排除方法见表 2-1-2。

表 2-1-2　减速器渗漏油故障的产生原因及排除方法

序号	故障原因	排除方法
1	输入轴油封磨损或损坏	更换输入轴油封
2	差速器油封磨损或损坏	更换差速器油封
3	油塞处漏油	对油塞涂胶，按规定力矩拧紧
4	箱体破裂	更换箱体
5	油量过多由通气塞冒出	检查油位调整油量

四　差速器检修

1）差速器壳产生裂纹，应更换。

2）差速器壳与行星齿轮、半轴齿轮垫片的接触面应光滑、无沟槽，如有小的沟槽，可用砂纸打磨，并更换半轴齿轮垫片。

3）行星齿轮、半轴齿轮不得有裂纹，工作表面不得有明显斑点、脱落和缺损。

4）差速器壳体与轴承、差速器壳与行星齿轮轴的配合应符合原厂规定。

差速器检修

差速器安装

五　万向传动装置的装配与检修

（一）万向传动装置的装配

1. 清洁零件

待装配零件应完全清洗干净，特别是十字轴的油道、轴颈和滚针轴承，用干净的煤油清洗最佳，并用压缩空气进行干燥。装配时，需在轴颈和轴承上均匀涂抹适量的润滑脂。装配过程中应避免磕碰，并确保传动轴管两端点焊的平衡片没有脱落。

2. 核对零件的装配标记

应认真核对十字轴及万向节叉、十字轴及传动轴和滑动叉及花键轴管等的装配标记，按原标记装配。在安装滑动叉时，特别要保证传动轴两端万向节叉的轴承孔轴线位于同一平面上，其位置误差应符合原厂规定。

3. 十字轴的安装

十字轴上的润滑脂嘴要朝向传动轴以便注油，两偏置油嘴应间隔180°，以保持传动轴的平衡。U形固定螺栓的力矩严格执行原厂规定。

4. 安装传动轴伸缩节

应使传动轴两端万向节位于同一平面内，误差允许限度为±1°。

5. 机械安装

应尽可能保持传动轴两端分别和变速器输出轴、主减速器输入轴所成夹角相等，该夹角通常不可比原厂规定的角度大3°~5°。

6. 中间支承的安装

将中间支承轴承对正压入中间传动轴的花键凸缘内。在压入时，为确保轴承内圈挡边完好，不能用手锤敲打轴承。在拧紧中间支承前后轴盖上三个紧固螺栓时，需先支起后轮，在转动驱动轮时逐渐紧固，从而确保对正中心。

7. 加注润滑脂

用油枪加注汽车通用的锂基2号或二硫化钼锂基脂。注油时，既要充分又不过量，以从油封刃口处或中间支承的气孔能看到有少量新润滑脂被挤出为宜。

（二）万向传动装置的检修

1. 万向节叉、十字轴及轴承检修

1）检查十字轴轴颈表面是否存在疲劳剥落，若有磨损沟槽或滚针压痕深度在0.10mm以上，则应更换。

2）检查万向节叉和十字轴是否有裂纹，若有应更换。

3）检查滚针轴承油封是否失效、滚针是否断裂、轴承内圈是否疲劳剥落，若有应更换。

4）检查十字轴与轴承的最小配合间隙是否满足原厂规定，最大配合间隙应符合表2-1-3的规定，若不满足应调整或更换轴承。

表2-1-3　十字轴轴承的配合间隙　　　　　　　　　　　　（单位：mm）

十字轴轴颈直径	≤18	18~23	>23
最大配合间隙	符合原厂规定	0.10	0.14

2．球叉式等速万向节检修

钢球滚道不得有凹凸不平的情况，钢球不得有脱皮或烧蚀等现象。

3．球笼式等速万向节检修

1）万向节壳体、球笼、星形套若有裂纹或缺口，一般需更换。

2）球座磨损较轻，但配合感觉有松动时，需更换更大的钢球。

3）个别钢球磨损较严重，应全部更换。

六 传动轴的拆卸

1）将车辆停放在水平路面上，并楔住汽车的前后轮，以防在拆卸传动轴过程中汽车移动而造成事故。

2）在每个万向节叉的凸缘上做好标记，从而保证作业后装配复原，不然极易导致万向传动装置失去平衡，从而产生强烈振动和运转噪声。

3）从传动轴后端与驱动桥连接处开始，先拧松取下其与后桥凸缘联接的螺栓。

4）然后拧下其与中间传动轴凸缘联接的螺栓，拆下传动轴总成。

5）松开中间支承支架与车架的联接螺栓。

6）松下前端凸缘盘，拆下中间传动轴。

七 半轴检修

1）半轴花键应无明显的扭转变形。

2）半轴应进行隐伤检查，不得有任何形式的裂纹存在。

3）半轴花键的侧隙增大量较原厂规定不得大于 0.15mm。

4）以半轴轴线为基准，半轴中段未加工圆柱体径向圆跳动误差不得大于 1.3mm，花键外圆柱面的径向圆跳动误差不得大于 0.25mm，半轴凸缘内侧轴向圆跳动误差不得大于 0.15mm，若径向圆跳动超限，应进行冷压校正，轴向圆跳动超限，可车削端面进行修正。

学习情境二　混合动力汽车传动系统检修

➡ 教学目标

知识目标：

1．掌握混合动力驱动桥的组成、工作过程

2．掌握宝马混合动力主动变速器的组成、工作过程

3．掌握比亚迪 DM-i 混动系统变速器的组成、工作模式

4. 了解辛普森式与拉维娜式变速器的工作规律

5. 了解无级变速器组成、工作过程

6. 了解双离合变速器的分类与优缺点

能力目标：

1. 具备实操电子变速杆系统功能的能力

2. 具备混合动力汽车不传动故障检修的能力

3. 具备检查与更换自动变速器油的能力

4. 具备检修自动变速器打滑、换档冲击过大、升档过迟等故障的能力

素养目标：

培养学生节约能源的社会意识与责任

➡ 案例引入

　　一辆丰田混合动力轿车驶进维修站，据车主反映，该车行驶过程中底盘传来异响，后经初步检查发现，该车自动变速器存在故障。作为维修人员，应掌握自动变速器故障的诊断与排除能力，将检修合格的车辆交还车主。

➡ 知识学习

　　电机虽然拥有很宽的工作转速范围，但和发动机一样，电机也有最佳工作转速区间，高于或低于这一区间时效率就会下降。合理利用变速器，使电机工作在最佳转速区，对于提高工作效率具有十分重要的意义，因此，纯电动客车和混合动力车辆广泛采用自动变速器。

　　在电动客车上配装变速器，主要是为解决电机驱动力不足的问题。变速器可以改变电机输出转矩，提升电机动力。纯电动客车配装的变速器与燃油车型上的变速器相比是不同的，突出的特点是变速器档数由传统的 5 档、6 档简化成 2 档、3 档，电机和变速器之间可配有离合器，也可不配离合器。

　　当前，自动变速器（AT）和无级变速器（CVT）广泛地应用于混合动力轿车，自动机械式变速器（AMT）广泛应用于混合动力客车。混合动力汽车中变速器多与驱动电机连接或集成为一体，作为动力转换与传输的枢纽，具体布置情况与混合动力系统结构有关，可参见本书"学习场—学习情境二"相关内容。

　　混合动力汽车的能量利用率通常比传统燃油车高，因其结合了内燃机和电动机的优势，能够在不同的行驶条件下优化能量使用，这是对能源的一种节约。节约能源是当今世界的一种主流社会意识，是指尽可能减少能源消耗、提高能源利用率的一系列行为。

一 丰田混合动力变速驱动桥

混合动力汽车
变速驱动桥

（一）丰田混合动力汽车发展史

1. 第一代普锐斯混合动力汽车

经历的时间是 1997—2003 年。1997 年，世界第一款量产的混合动力汽车普锐斯搭载第一代混合动力系统（THS）上市，其搭载一台 1.5L 汽油发动机、永磁同步电机和 288V 镍金属氢化物（镍氢）电池组，配备电控无级式变速器（ECVT）（P110），镍金属氢化物（镍氢）电池组作为电源。

2. 第二代普锐斯混合动力汽车

经历的时间是 2003—2009 年。该款普锐斯搭载第二代混合动力系统（THS）。共搭载一台 1.5L 4 缸汽油发动机、永磁同步电机和 500V 镍金属氢化物（镍氢）电池组，配备 ECVT 变速器（P310）。2006 年 1 月该款普锐斯开始在中国销售。

3. 第三代普锐斯混合动力汽车

经历的时间是 2009—2015 年。该款普锐斯搭载第三代混合动力系统（THS），其采用全新 1.8L 发动机，电动传动系统依然配备了一台 ECVT 变速器（P410）。第三代普锐斯的电动机输出功率自 50kW 提升至 60kW，并将减速齿轮装入电动机内部，从而在提高输出功率的同时，降低了电动机本身的体积与质量。2012 年，第三代普锐斯混合动力汽车在中国上市。

4. 第四代普锐斯混合动力汽车

经历的时间是 2015—2022 年。2015 年，普锐斯搭载第四代混合动力系统（THS）在日本市场正式发售。发动机仍沿用型号为 2ZR-FXE 的 1.8L 自然吸气四缸发动机，功率相比上一代普锐斯有所下降，仍配备 ECVT 变速器（P610）。该车配有电子百叶窗式进气格栅，发动机热效率明显提升，达到 40%。

5. 第五代普锐斯混合动力汽车

第五代丰田普锐斯于 2022 年 11 月在日本正式发布，其采用 2.0L PHEV 插电式混合动力系统，通过高效燃油引擎与高输出锂离子电池的搭配，不仅实现 164kW 的功率输出，从静止加速到 100km/h 更是仅需 6.7s。

（二）第三代普锐斯混合动力汽车变速器（P410）

1. 结构及主要部件

丰田混合动力驱动方式将发动机、发电机和电动机通过一个行星齿轮装置连接起来，采用行星齿轮作为变速机构，可以实现电机与发动机动力的分配和无级变速，行星齿轮三个部件都是独立的。丰田混合动力变速器传动桥总成主要包括变速器传动桥减振器、电动机 MG1、电动机 MG2、复合行星齿轮机构（包括动力分配行星齿轮机构和电动机减速行星齿轮机构）、中间轴齿轮机构、差速器齿轮机构和油泵，如图 2-2-1 和图 2-2-2 所示。

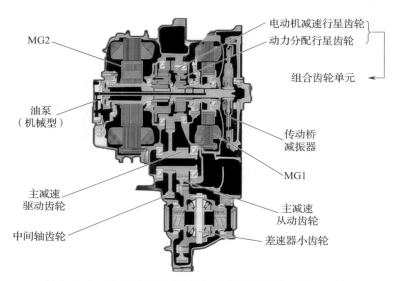

图 2-2-1　P410 变速器传动桥总成主要部件结构示意图（1）

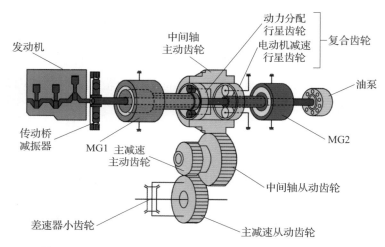

图 2-2-2　P410 变速器传动桥总成主要部件结构示意图（2）

（1）复合行星齿轮机构　复合行星齿轮机构包括动力分配行星齿轮机构和电动机减速行星齿轮机构，各行星齿圈与复合齿轮集成为一体。该复合齿轮还包括中间轴主动齿轮和驻车锁止齿轮，如图 2-2-3 所示。

动力分配行星齿轮机构由齿圈、行星齿轮、太阳轮及行星架组成。它将发动机传输的功率分为两部分：一部分用来直接驱动汽车；另一部分用来驱动 MG1 发电，所以 MG1 可作为发电机使用。作为动力分配行星齿轮机构的一部分，太阳轮与 MG1 相连，行星架连接到发动机输出轴上，齿圈通过中间轴主动齿轮与主减速器相连，如图 2-2-3 所示。

电动机减速行星齿轮机构位于 MG2 和动力分配行星齿轮之间，用于降低 MG2 的转速，以增加转矩。在此减速行星齿轮机构中，行星架固定，太阳轮与 MG2 相连，齿圈与动力分配行星齿轮机构的齿圈相连。MG2 的动力经过减速行星齿轮机构降速增矩后，也通过中间轴主动齿轮向主减速器输出，如图 2-2-4 所示。

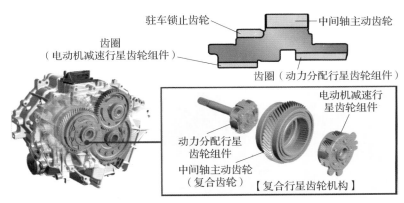

图 2-2-3　复合行星齿轮机构结构图

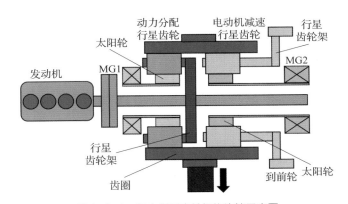

图 2-2-4　复合行星齿轮机构连接示意图

太阳轮、齿圈和行星齿轮架的连接情况如图 2-2-4 所示，齿轮组连接情况见表 2-2-1。

表 2-2-1　齿轮组连接情况

复合行星齿轮机构		连接情况
动力分配行星齿轮机构	太阳轮	MG1
	齿圈	复合齿轮（到车轮）
	行星齿轮架	发动机输出轴
电动机减速行星齿轮机构	太阳轮	MG2
	齿圈	复合齿轮（到车轮）
	行星齿轮架	固定

（2）MG1 和 MG2　丰田混合动力系统的电动机 MG1、MG2 是交流同步电机。该电机可持续高效地产生大转矩，同时可任意控制转速和转矩。另外它还拥有小型、轻量、高效等特点，具有优秀的动力性能，可进行灵活的起动、加速等各种操作。MG1 主要用于调速，MG2 主要作为驱动电机，2 个电机均可以作为发电机或电动机，如图 2-2-5 所示。

MG1 作为电动机，起动发动机，把发动机从静止拖动到 1000r/min 左右，然后发动机喷油点火；在发动机输出功率时，MG1 正转，作为发电机，对电池充电并对 MG2 供电；MG1 反转时，则作为电动机，消耗电能。若电池荷电状态（SOC）低时，MG2 则为发电机，对电池充电并对 MG1 供电，这种模式一般发生在定速巡航时。通过调节 MG1 的转速来实现发动机在某个高功率点运行，并随车速的变化，调节 MG1 的转速，实现行星齿轮无级减速功能。

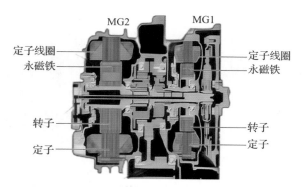

图 2-2-5 MG1 和 MG2 结构图

MG2 在 EV 模式运行时，作为电动机，可以独立驱动汽车；汽车加速和需要辅助功率时，可以作为电动机；汽车中等速度巡航时，发动机输出功率较低，MG1 反转作为电动机，MG2 作为发电机，对电池充电和对 MG1 供电；汽车制动时，MG2 可以发电；倒车时，MG2 可以反转驱动汽车。

（3）传动桥减振器 为了吸收发动机传递的转矩振动，丰田变速器传动桥采用具有低扭转特性的干式、单片摩擦材料制成的减振器总成。

（4）油泵 丰田变速器传动桥油泵主要有两种类型：机械油泵和电子油泵（GS450h 和 LS600h）。丰田卡罗拉采用的是机械油泵。发动机通过曲轴驱动油泵来润滑齿轮。

（5）驻车锁止机构 驻车锁止机构用于接合或脱开传动桥驻车锁止机械机构，如图 2-2-6 所示。驻车锁爪和驻车锁止齿轮与复合齿轮集成为

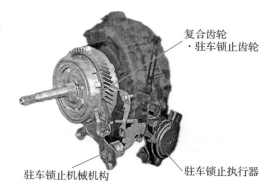

图 2-2-6 驻车锁止机构结构图

一体，驻车锁爪和驻车锁止齿轮接合用来锁止车辆移动。驻车锁止执行器旋转驻车锁止杠杆以滑动驻车锁杆，驻车锁杆向上推动驻车锁爪，使驻车锁爪和驻车锁止齿轮接合。

（三）第四代普锐斯混合动力汽车变速器（P610）

丰田混合动力汽车在我国从 2018 款卡罗拉双擎和雷凌双擎开始，均搭载 P610 混合动力变速器传动桥。ECVT 是丰田混动系统（THS）的核心。每一次丰田混动系统新车型的推出，都会对 ECVT 进行优化。变速器型号由 P410 变为 P610，其内部结构也发生了巨大变化。

P610 变速器原理与 P410 变速器原理相同，但是发动机与 MG1 电机被分别布置在动力分配行星齿轮组的两侧。原来布置 MG2 电机的地方被 MG1 电机取代，MG2 电机则被布置在主减速齿轮的下部，从而导致了 MG1 与 MG2 不同轴的情况，如图 2-2-7 所示，因此，P610 变速器无需单独与 MG2 集成行星齿轮减速器，而是通过减速齿轮实现变速。

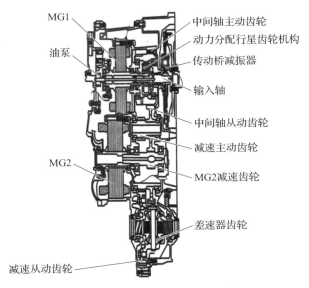

图 2-2-7　P610 变速器传动桥总成图

（四）丰田混合动力系统工作过程

丰田混合动力系统具有低油耗、低排放、加速良好和运行稳定等优点，其可最大限度地适应不同路况，主要有以下几种工作状态。

1. 起动工况

汽车起步时，充分利用电动机的低速转矩，仅使用由高压蓄电池提供能量的电动机 MG2 的动力，此时发动机保持静止状态，即驱动力仅由 MG2 提供。MG2 带动齿圈正转，通过减速器驱动车轮，MG1 被动旋转，发动机不能在低速区间输出大转矩，而 MG2 电动机可顺利起动车辆，如图 2-2-8 所示。

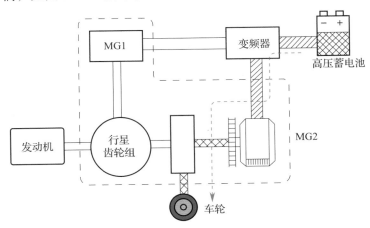

图 2-2-8　起动工况示意图

2. 汽车起步后起动发动机

如需增加驱动转矩，MG1 将起动发动机。同样，若整车控制器监视过程中，SOC 状态、蓄电池温度、冷却液温度与规定值有偏差，发电机 MG1 也将被起动，进而起动发动机，以保证汽车正常运行状态，如图 2-2-9 所示。

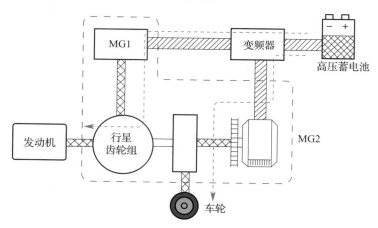

图 2-2-9　起动发动机示意图

3. 发动机微加速工况

汽车在微加速时，发动机在低速区工作，以电动机 MG2 电动模式为主驱动汽车。发动机的动力由行星齿轮组分配，其中一部分动力直接输出，另一部分动力用于发电机 MG1 发电，通过变频器传输到电动机 MG2 上用于输出动力，汽车驱动力由发动机和 MG2 提供，如图 2-2-10 所示。

4. 低速巡航工况

汽车以发动机低速巡航时，这一运行工况与借助于发动机的微加速工况相似。发动机的动力由行星齿轮组分配。其中一部分动力直接输出，另一部分动力用于发电机 MG1 发电，通过变频器传输到电动机 MG2 上用于作输出动力，如图 2-2-10 所示。

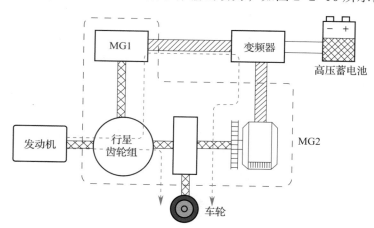

图 2-2-10　微加速工况与低速巡航工况示意图

5. 全加速工况

汽车从低速巡航工况转换为全加速工况时，动力系统将在保持电动机 MG2 动力基础上，增加高压蓄电池提供的电动力。在汽车加速期间，电动机 MG2 提供附加的驱动力补充发动机动力，MG1 处于发电机运行状态，给电动机 MG2 供电。此时，高压蓄电池也会根据加速的程度给电动机 MG2 提供电能，而其荷电状态下降，如图 2-2-11 所示。

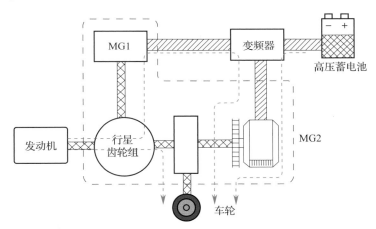

图 2-2-11　全加速工况示意图

6. 减速或制动工况

当汽车以"D"位减速或制动时，发动机关闭，MG2 为发电模式，并由驱动轮带动发电，向高压蓄电池充电，MG1 被动旋转，如图 2-2-12 所示。

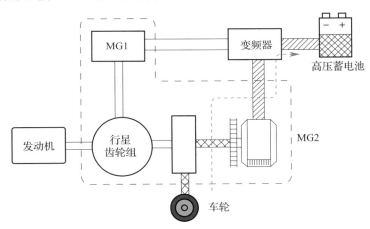

图 2-2-12　"D"位减速工况示意图

当汽车以"B"位减速时，车轮驱动电动机 MG2，使电动机 MG2 作为发电机工作并为高压蓄电池及 MG1 供电。MG1 保持发动机转速并施加发动机制动，如图 2-2-13 所示。此时，发动机燃油供给被切断，实现被动运转的制动功能。

7. 倒车工况

当汽车倒车时，仅由电动机 MG2 为车辆提供动力。MG2 电动机正向旋转，带动齿圈反向旋转。发动机不工作，发电机 MG1 正向被动旋转但不工作，同空转一样，如图 2-2-14 所示。

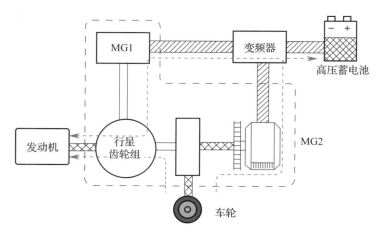

图 2-2-13　"B"位减速工况示意图

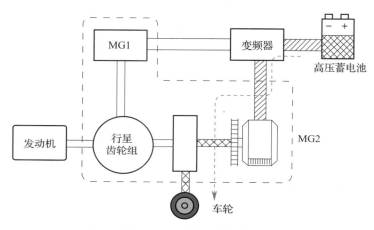

图 2-2-14　倒车工况示意图

8. 停车工况

停车后，发动机、发电机、电动机等全部自动停止运转。当高压蓄电池的剩余电量较低时，发动机将继续运转，以给高压蓄电池充电。另外，因与空调开关联动，发动机有时仍会保持运转。

二　宝马混合动力主动变速器

（一）结构组成

宝马 X6 混合动力汽车的主动变速器与传统自动变速器一样，变速器输入端和变速器输出端之间传动比不同。从驾驶员的角度来说，共有 7 个前进档位。在变速器内部，这 7 个前进档位通过 4 个固定的基本档位和具有可变传动比的两个模式实现。在 4 个固定的基本档位中，发动机和变速器输出轴的转速比固定不变。而具有可变传动比的模式则不同，发动机与变速器输出轴的转速比能够进行连续可变调节，这种模式称为 CVT（continuously variable transmission）。

宝马 X6 混合动力汽车主动变速器由 3 个行星齿轮组、4 个片式离合器、2 个电机组成，如图 2-2-15 所示。电机作为混合动力驱动装置的主要组成部分，还能为发动机提供支持以及回收利用制动能量。由于宝马 X6 混合动力汽车主动变速器具有两种 CVT 模式，因此称其为双模式主动变速器，通过集成在主动变速器内的两个电机对传动比进行电动调节。这两种模式也称为 ECVT 模式。

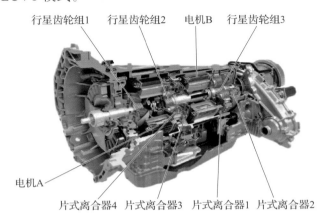

a）主动变速器实物图

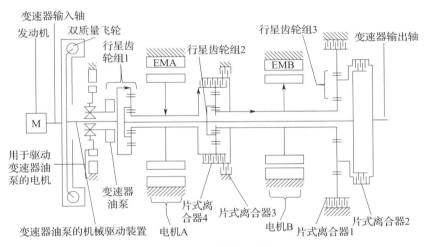

b）主动变速器结构示意图

图 2-2-15　宝马 X6 混合动力汽车主动变速器实物图与结构示意图

（二）工作过程

　　主动变速器内部状态包括：没有动力传输的状态、2 个 ECVT 模式、4 个固定基本档位。下面借助变速器结构示意图来对这些状态进行说明。

1. ECVT1 模式

　　ECVT1 模式是具有可变传动比的第一种模式，用于较低车速和最大牵引力的情况。处于该模式时可通过以下两种方式驱动车辆：一是仅通过电机 B，如图 2-2-16 所示；二是通过电机 B 和发动机，如图 2-2-17 所示。

使用发动机驱动时的传动比为"发动机转速 / 变速器输出轴转速"。该传动比可从无穷大至 1.8。无穷大表示发动机可以运转，而变速器输出轴保持静止状态，类似液力变矩器起步。可通过控制两个电机的转速调节该传动比，电机 A 转速越高，则该传动比越大。电机 B 以约为 4 的传动比与变速器输出轴相连。

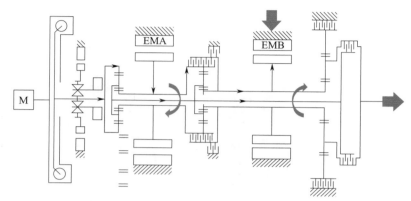

图 2-2-16　在 ECVT1 模式下以纯电动方式行驶时的动力传输

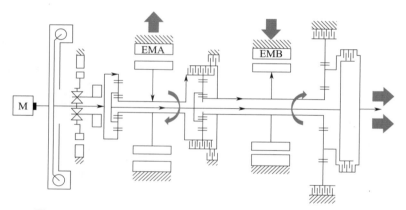

图 2-2-17　在 ECVT1 模式下发动机和电机混合驱动时的动力传输

为了实现 ECVT1 模式，在主动变速器内仅片式离合器 1 接合，其他片式离合器均断开。以纯电动方式行驶时，电机 A 运转，不会产生任何负荷，此时变速器输入轴及发动机保持静止状态。

采用发动机和电机 B 混合驱动方式时，发动机功率分为两个部分：一是机械部分，直接用于驱动车辆；二是电气部分，此时电机 A 作为发电机使用并产生电能。

发电机产生的电能可以部分或完全存储在高电压蓄电池内。电机 B 吸收电能，电能完全或部分来自电机 A 或高电压蓄电池。各能量的大小取决于很多因素，这些能量由整车控制器实时计算和调节。

ECVT1 模式的特点在于，除发动机机械驱动路径外还有电动驱动路径。使用电动驱动路径时，发动机借助一个发电机产生电能，这些电能完全或部分通过一个电机用于驱动汽车。这种电动驱动路径的布置方式与串联混合动力驱动装置布置方式相同。若考虑到能量流的总量，则电动驱动装置可为发动机提供支持。在这种模式下也可为高电压蓄电池充电，但是发动机必须提供更大功率且消耗更多燃油。若这样可提高发动机效率，则混合动力运行策略主要负责实现"负荷点提高"，如满负荷时效率高于部分负荷。通过这种方式存储的能量用于相对较小的额外能量损耗，如可重新用于以纯电动方式行驶。

2. ECVT2 模式

与第一种模式相反，第二种 ECVT2 模式设计用于较高车速。在 ECVT2 模式下，纯电动方式行驶和起动发动机方式行驶皆可。发动机的传动比可在 0.723~1.8 的范围内调节。与 ECVT1 模式相同，电机转速在此也作为控制参数。通过具体数值可以看出，传动比较 ECVT1 模式更小，因此适用于较高车速，但电机的传动比也更小，即它的有效转速区间向更高速度范围推移。电机可以为发动机提供支持或为高电压蓄电池充电。与第一种 ECVT1 模式相似，通常一个电机消耗电能（在此为电机 A），另一个电机输出电能（在此为电机 B）。在 ECVT2 模式下片式离合器 2 接合，其他片式离合器均断开，如图 2-2-18 所示。

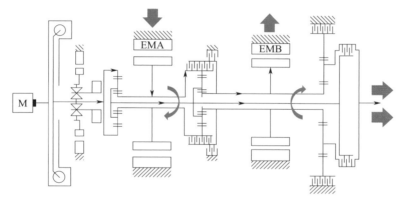

图 2-2-18　在 EVCT2 模式下的动力传输

在第二种 ECVT2 模式下也可通过控制电流（考虑到总量）使高电压蓄电池充电（发动机负荷点提高）或放电（为发动机提供支持）。

3. 固定的基本档位

与两个 ECVT 模式不同，对于主动变速器固定的基本档位而言，变速器输入轴与变速器输出轴间的传动比固定不变。因此，发动机转速变化时，车速也会随之改变。只有当发动机不在最佳效率范围内时，该固定传动比模式才会体现出不利的一面，但在需要发动机高转矩的情况下，运行策略仍会选择这些范围。相对于 ECVT 模式而言，固定档位的优势在于取消了电机驱动装置的双重能量转换过程。因为通过一个电机产生电能并通过另一个电机使用电能，也会造成相应损失。在所有固定的基本档位 1、2、3 时，电机均可以无负荷运转：作为电动机驱动，从而为发动机提供支持；作为发电机发电，从而为高电压蓄电池充电。处于固定的基本档位 4 时，电机 B 静止不动，仅电机 A 可灵活使用。

以发电机方式运行适用于滑行阶段或车辆减速时，从而将动能转化为电能并存储到高电压蓄电池内。若忽略固定基本档位的不同传动比，则主动变速器的工作状态近似于电机和发动机安装在同一根轴上。这种布置方式与并联混合动力驱动装置完全一样。

在主动变速器内通过接合两个片式离合器可实现所有固定基本档位，如图 2-2-19 所示。

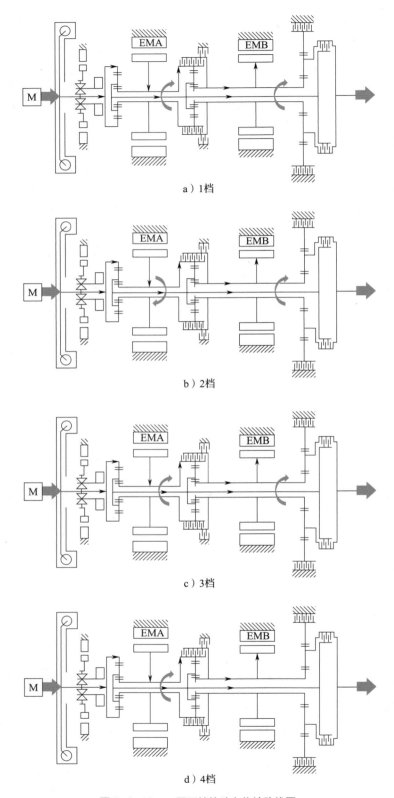

a）1档

b）2档

c）3档

d）4档

图 2-2-19　一至四档的动力传输路线图

表 2-2-2 展示了 4 个固定基本档位的主要特点。

表 2-2-2　4 个固定基本档位的主要特点

基本档位	接合的片式离合器	内燃机传动比	备注
1	1 和 4	3.889	可以实现最大强度的助推功能。电动机和内燃机的动力都传输到变速器输出轴上
2	1 和 2	1.800	同样需要在两个 ECVT 模式间进行切换
3	2 和 4	1.000	直接档位实现最大变速器效率
4	2 和 3	0.723	超速档位用于较高车速。电机 B 处于静止状态

4. 没有动力传输

由于在发动机与主动变速器之间没有中央离合器，主动变速器必须提供一种在变速器输入轴与变速器输出轴之间没有动力传输的状态。这样可确保在发动机自由运转的同时车辆不会移动。相反，也可以确保在车轮自由滚动的同时发动机不会输出或消耗转矩。

没有动力传输的状态可通过断开所有片式离合器实现。发动机运转时电机也随之运转，此时电机无负荷运转，既不作为发电机发电，也不作为电动机驱动。发动机转速超过 4000r/min 时，电机就会超过自身设计要求的最高转速，因此在这种状态下变速器会通过控制器限速使发动机转速低于 4000r/min。

三　比亚迪 DM-i 混动系统变速器

比亚迪 DM-i
混动系统变速器

（一）发展历程

2021 年，比亚迪推出第四代 DM-i 插电式混合动力系统，与第一代 DM 相比，提升了电机功率、增大了电池的容量、匹配了骁云 1.5T 插混专用发动机和混动专用变速器。

比亚迪混动专用变速器称为 EHS 系统，EHS 系统是 DM-i 超级混动的核心，它是 DM-i 超级混动实现"以电为主"动力架构的关键部件，采用"大功率电机驱动 + 大容量动力电池供电为主、发动机为辅"的电混架构。不同于传统变速器只是作为传动机构，EHS 是兼顾了驱动、传动以及功率分流的高效集成系统。EHS 系统采用七合一高度集成化设计（双电机 + 双电控 + 直驱离合器 + 单档减速器 + 油冷系统），可以实现纯电、串联、并联、直驱等多种驱动模式，能量损失更小，能效更高，因此称为"ECVT"，其中"E"代表"电动"，下面主要介绍 EHS 系统的结构与工作原理。

（二）结构组成

比亚迪 DM-i 混动系统的结构为串并联双电机结构，与本田的 i-MMD 混动系统相似，但是比亚迪在控制逻辑、电机集成度上要更加先进一些。EHS 系统由一台发动机、一台驱动电机、一套离合器组成，大部分工况下由电机进行驱动，是一个以电为主的混动系统，如图 2-2-20 所示。第四代比亚迪 DM-i 混动系统将两个转速能达到 16000r/min 的高速电

机并列放置，发电机直接连发动机，通
过离合器与减速器齿轮相连，驱动电机
直接通过减速齿轮与减速器相连，从而
将整个混动专用变速器的体积减小了约
30%，同时减轻了约 30% 的重量。

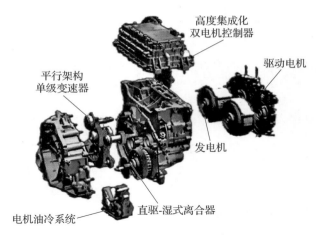

图 2-2-20　EHS 系统主要组成

（三）工作模式

EHS 系统工作模式按照第一代 DM
混动系统以"电驱动为中心"的理念进
行了优化。发动机直连发电机（P1 电
机），通过离合器与减速齿轮相连，最
终功率流向输出轴。而驱动电机（P3 电
机）直接通过减速齿轮，最终功率同样流向输出轴，效率更高、更省油。图 2-2-21 展示
了 EHS 系统的基本结构。如图 2-2-22~ 图 2-2-26 所示，带箭头的虚线表示电能传输、
带箭头的实线表示其他形式能量的传输、部件灰色时表示该部件不工作，部件非灰色时表
示该部件工作。

1. 纯电模式

在起步与低速行驶时，EHS 系统工作在 EV 模式下，驱动电机由动力电池供能驱动汽
车。此时，整车的驾驶感受更像是一辆纯电动汽车，动力输出轻快、平顺，并且能耗低，
如图 2-2-22 所示。

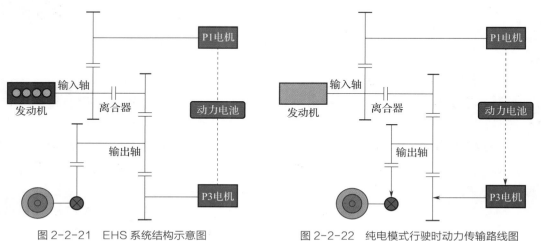

图 2-2-21　EHS 系统结构示意图　　　　　图 2-2-22　纯电模式行驶时动力传输路线图

2. 串联模式

发动机带动发电机发电，通过电机控制器将电能输出给驱动电机，直接用于驱动车
轮。在中低速行驶或者加速行驶时，若 SOC 值较高，则整车控制策略会将驱动模式切换
为纯电模式，发动机停机。若 SOC 值较低，则整车控制策略会使发动机工作在油耗最佳
效率区，同时将其余能量通过发电机转化为电能，暂存到电池中，实现全工况使用不易亏

电，如图 2-2-23 所示。

3. 并联模式

当整车行车功率需求比较高时（比如高速超车或者超高速行驶），发动机会脱离经济功率，此时控制系统会让电池在合适的时间介入，提供电能给驱动电机，与发动机形成并联模式，如图 2-2-24 所示。

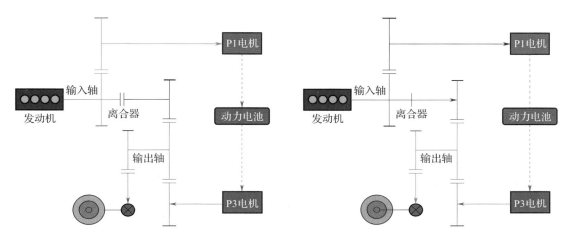

图 2-2-23　串联模式时动力传输路线图　　图 2-2-24　并联模式时动力传输路线图

4. 动能回收模式

当汽车制动时，动能通过驱动电机进行回收，如图 2-2-25 所示。

5. 发动机直驱模式

在高速巡航的时候，通过 EHS 系统内部的离合器模块将发动机动力直接作用于车轮，将发动机锁定在高效率区。同时，为了避免发动机能量的浪费，发电机和驱动电机随时待命，在发动机功率有富余时，及时介入将能量转化为电能存储在电池中，提高整个模式内的能量利用率，如图 2-2-26 所示。

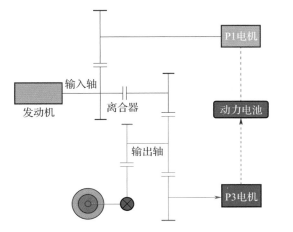
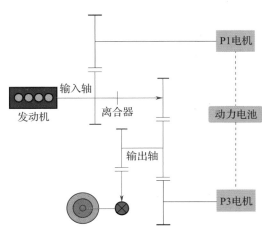

图 2-2-25　动能回收模式时动力传输路线图　　图 2-2-26　发动机直驱模式时动力传输路线图

四 两种典型自动变速器

（一）辛普森式行星齿轮变速器

辛普森式行星齿轮机构（Simpson）的特点是前后两个行星齿轮排共用一个太阳轮，后排的齿圈和前排的行星架相连。如图 2-2-27 所示为 A341E 型自动变速器传动原理图，后面部分的机构就是辛普森式行星齿轮机构，表 2-2-3 所列为各档执行元件的工作规律。

自动变速器分类

单排行星齿轮机构

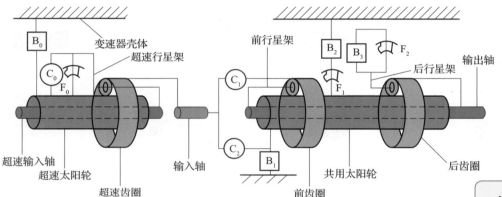

图 2-2-27　A341E 型自动变速器传动原理图

C_0—超速离合器　C_1—前进档离合器　C_2—直接档离合器
B_0—超速制动器　B_1—二档制动器　B_2—二档滑行制动器　B_3——档和倒档制动器
F_0—超速单向离合器　F_1—二档单向离合器　F_2——档单向离合器

辛普森式自动变速器

表 2-2-3　各档执行元件的工作规律（表中·表示该执行器工作）

工况	档位	换档执行元件									
		C_0	C_1	C_2	B_0	B_1	B_2	B_3	F_0	F_1	F_2
P	驻车档	•									
R	倒档	•		•				•		•	
N	空档	•									
D	1档	•	•								•
D	2档	•	•				•			•	
D	3档	•	•	•			•				
D	超速档	•	•	•							
S	1档	•	•								•
S	2档	•	•			•	•			•	
L	1档							•	•		•

（二）拉维娜式行星齿轮变速器

1. 结构特点

1）只有一个行星齿轮排，有一前一后两个太阳轮。

2）有一长一短两个行星轮，两个行星轮共用一个行星架。

3）只有一个齿圈，齿圈与长行星齿轮啮合，长行星齿轮与短行星齿轮啮合，短行星齿轮与小太阳轮啮合。大众拉维娜式四速变速器如图2-2-28所示。

拉维娜式自动变速器

汽车液力耦合器与液力变矩器

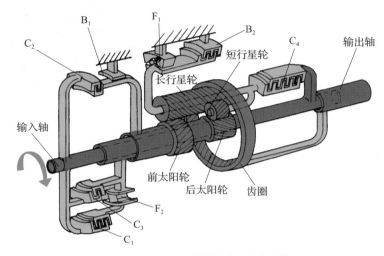

图2-2-28　大众拉维娜式四速变速器

C_1—前进离合器　C_2—倒档及直接档离合器　C_3—前进强制离合器
C_4—高档离合器　B_1—2档及4档制动器　B_2—低档及倒档制动器
F_1—1档单向离合器　F_2—前进档单向离合器

锁止离合器

2. 各档执行器工作规律

各档执行器工作规律见表2-2-4。

表2-2-4　大众拉维娜式四速变速器各档执行器工作规律

变速杆位置	档位	换档执行元件							
		C_1	C_2	C_3	C_4	B_1	B_2	F_1	F_2
P	驻车档								
R	倒档		•				•		
N	空档								
D	1档	•						•	•
	2档	•				•			•
	3档	•			•				•
	超速档				•	•			

五　无级变速器

1. 组成

无级变速器（Continuous Variable Transmission，CVT）在一定范围内能线性地调节传动比，理论上相当于有无数个档位。它的基本结构由主动带轮、从动带轮和传动钢带组成，如图 2-2-29 所示。主动带轮和从动带轮都由两个金属锥盘组成，其中一个金属锥盘和传动轴固定在一起（带有轮速传感器齿圈），另一个金属锥盘通过花键和传动轴配合，可以沿传动轴做轴向移动，两金属锥盘配合后中间呈 V 字形，将传动钢带夹紧在 V 形槽中。

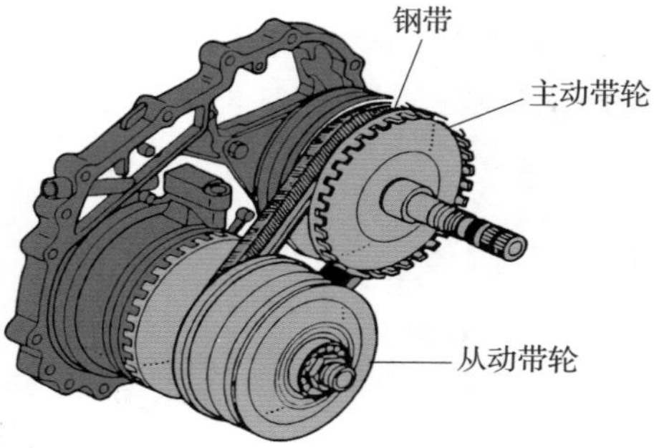

2. 工作过程

CVT 工作时，通过电磁阀调节主动带轮和从动带轮的轮缸液压来实现可动锥形盘的轴向移动，具体工作过程如下：

图 2-2-29　CVT 的基本结构

1）增加主动带轮轮缸的液压（高压油液），减小传动带轮轮缸的液压（低压油液），主动带轮的可动锥形盘被压向固定锥形盘，V 形槽宽度变窄，传动带被挤压到锥形盘的边缘，同时金属传动带内部应力增加，挤压从动带轮的可动锥形盘远离固定锥形盘，V 形槽加宽，传动带靠拢锥形盘中央，如图 2-2-30a 所示。此时主动带轮 V 形槽宽度 B_1 较小，金属传动带在锥形盘边缘，传动半径 R_1 较大，从动带轮 V 形槽宽度 B_2 较大，金属传动带在锥形盘中央，传动半径 R_2 较小，属于高传动比传动，如图 2-2-31a 所示。

2）增加从动带轮轮缸的液压（高压油液），减小主动带轮轮缸的液压（低压油液），从动带轮的可动锥形盘被压向固定锥形盘，V 形槽宽度变窄，传动带被挤压到锥形盘的边缘，同时金属传动带内部应力增加，挤压主动带轮的可动锥形盘远离固定锥形盘，V 形槽加宽，传动带靠拢锥形盘中央，如图 2-2-30b 所示。此时主动带轮 V 形槽宽度 B_1 较大，金属传动带在锥形盘中央，传动半径 R_1 较小，从动带轮 V 形槽宽度 B_2 较小，金属传动带在锥形盘中央，传动半径 R_2 较大，属于低传动比传动，如图 2-2-31b 所示。

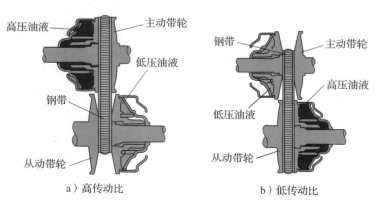

a）高传动比　　　　　　　b）低传动比

图 2-2-30　CVT 无极变速原理

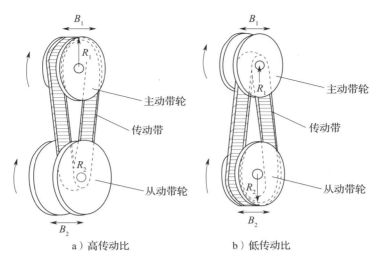

a）高传动比　　　　　　　　　　b）低传动比

图 2-2-31　CVT 传动比调节过程

3．动力传递路线

CVT 系统不同档位动力传递路线，见表 2-2-5。

表 2-2-5　CVT 系统不同档位动力传递路线

档位	传动路线
P/N 档	没有动力传递到主动带轮、从动带轮和中间主动齿轮，驻车齿轮被锁定，车辆不能移动
D、S、L 档	飞轮→输入轴→太阳轮→前进档离合器→齿圈（同向旋转）→主动带轮→传动带→从动带轮→中间齿轮→主减速器
R 档	飞轮→输入轴→太阳轮→行星齿轮（逆向旋转）→齿圈（逆向旋转）→主动带轮→传动带→从动带轮→中间齿轮→主减速器

六　双离合器变速器

1．产生背景

汽车双离合变速器

双离合器变速器是发展最快的自动变速器，它是在手动变速器的基础上研发出来的，其最大的特点便是采用了双离合器。双离合器变速器有着不低于自动液力变速器的换档效率，其齿轮传动机构的工作原理与手动变速器基本一样，并可以通过电子控制系统实现自动换档。

部分欧洲车企(如大众、奥迪等)和国内大多数自主品牌车企(如长城汽车、上汽集团、吉利汽车等)是双离合器变速器的主要推行者。

2．构造

双离合器变速器主要由双离合器、齿轮传动机构、电子控制系统等部分组成。

3．分类

（1）湿式离合器　用自动变速器油冷却的离合器，其离合片置于自动变速器油中。由于自动变速器油具有润滑和吸收热量的双重作用，所以湿式离合器在应对低速工况和频繁起步时可以表现得更稳定，是双离合器变速器中普遍采用的一种。

（2）干式离合器 用空气冷却的离合器，其离合片直接置于空气中，通过齿轮啮合直接进行传动，其优点是传动效率高，缺点是容易发热，使用寿命较短。

4. 优缺点

（1）优点

1）换档速度快。由于没有液力变矩器，而是使用两套离合器交替工作，使得换档速度极快。

2）燃油经济性好。由于换档直接、动力损失小，因此能够显著降低燃油消耗。

3）舒适性好。由于换档速度快，所以换档感觉平顺，提升了换档舒适性。

（2）缺点

1）成本高。双离合器变速器制造工艺要求高，因此成本较高。

2）不能传递过大的转矩。传递大转矩时，干式离合器会产生过多的热量，而湿式离合器摩擦力不够。

➡️ 技能操作

一 电子变速杆系统功能实操

（一）系统部件功能识别

1. 变速杆位置传感器

变速杆位置传感器检测变速杆位置（P、R、N、D、B）并发送信号至混合动力汽车整车控制器。

2. P 位置开关

P 位置开关打开时，可识别驾驶员进行驻车锁止的意图，并将信号发送至混合动力汽车整车控制器。

3. 驻车锁止执行器

驻车锁止执行器用于接合或解除传动桥驻车锁止机构。

4. 混合动力汽车整车控制器

混合动力汽车整车控制器控制发动机转速、MG1 和 MG2 的工作状态，以产生最佳传动比。并能激活驻车锁止执行器，以接合或解除传动桥的驻车。

5. 智能钥匙 ECU 总成

智能钥匙 ECU 总成用于识别钥匙输出的识别码。

6. 识别码盒

识别码盒用于对比识别码。

7. 组合仪表总成

组合仪表总成可根据来自混合动力汽车整车控制器的档位信号，点亮驾驶员选择的换档位置指示灯；拒绝功能激活时，通过鸣响提醒驾驶员；根据混合动力汽车整车控制器提供的信号显示警告信息。

（二）系统功能识别

1. 拒绝功能

为了确保安全，在某些情况下，即使驾驶员操作变速杆或 P 位置开关，也不能改变档位。如果换档操作被拒绝，蜂鸣器鸣响以提示操作被拒绝，并在组合仪表总成的多信息显示屏上显示所推荐的操作。例如，驾驶员未踩下制动踏板并选择驻车档（P 位）的情况下，移动变速杆选择另一档位，多信息显示屏上将显示保持在驻车档（P 位）。

2. 失效保护

如果混合动力汽车整车控制器检测到系统有故障，将根据存储器中存储的数据控制系统。

3. 诊断功能

如果混合动力汽车整车控制器检测到系统出现故障，将闪烁并点亮主警告灯，并在多信息显示屏上显示信息，以警告驾驶员，同时将执行诊断并存储故障部位，并将诊断故障码（DTC）存入存储器中。

二　混合动力汽车不传动故障检修

1. 确认故障现象

打开起动开关，仪表上故障警告灯点亮，车辆无法行驶，踩加速踏板没有反应。

2. 执行高压断电作业

关闭起动开关，断开蓄电池负极电缆，等待 5min 以上，断开直流母线，使用万用表测量电压，确保母线电压低于 50V。

3. 利用故障诊断仪诊断故障

测量蓄电池电压为正常后，连接故障诊断仪，打开起动开关，进入车辆诊断系统，采集整车数据后，读取故障码与数据流。车辆下电后，清除故障码，再次上电后，使用故障诊断仪再次读取故障码，查看相关电路图，分析故障原因。

4. 故障检测

（1）将变速杆置于 P 位　读取数据流，确定变速杆位置传感器的状态，正常情况下变速杆位置传感器（PNB、PR、P）应接通，变速杆位置传感器（DB1、DB2、N、R）应断开。

（2）将变速杆置于 R 位　读取数据流，确定变速杆位置传感器的状态，正常情况下变速杆位置传感器（PR、R）应接通，变速杆位置传感器（PNB、DB1、DB2、N、P）应断开。

（3）将变速杆置于 N 位　读取数据流，确定变速杆位置传感器的状态，正常情况下变速杆位置传感器（PNB、N）应接通，变速杆位置传感器（PR、DB1、DB2、R、P）应断开。

（4）将变速杆置于 D 位　读取数据流，确定变速杆位置传感器的状态，正常情况下变速杆位置传感器（DB1、DB2）应接通，变速杆位置传感器（PNB、PR、R、P）应断开。

5. 将变速杆置于 B 位

读取数据流，确定变速杆位置传感器的状态，正常情况下变速杆位置传感器（PNB、DB1、DB2）应接通，变速杆位置传感器（PR、R、P）应断开。

复位工作。

三　自动变速器油的检查与更换

1. 自动变速器油的检查

检查液面高度时，可采用油尺检查法或溢流孔检查法。可用油尺检查法检查的自动变速器壳体上都配有油尺，可通过其上的刻度标记进行检查。正常的自动变速器油应是半透明的红色或黄色，有类似新机油的气味。

2. 自动变速器油的更换

1）举升汽车，拆下发动机下护板，将合适的接油容器放在自动变速器下方。

2）拆下放油螺栓，将油液放出，拆下油底壳，并将其清洗干净。

3）装好油底壳，使用新衬垫安装放油螺栓。

4）移走接油容器后将汽车放下，取出自动变速器油标尺并擦拭干净。

5）将自动变速器加注漏斗固定在自动变速器油标尺管上，加注规定容量、规定牌号的自动变速器油。

6）起动发动机，检查液面高度。新加注的油液温度较低，液面高度应在下限位附近。

7）发动机和自动变速器运行至正常工作温度，再次检查液面高度，应在上限位附近。

8）若液面高度过高，应把油放掉一些。

四　自动变速器打滑故障的诊断与排除

1. 故障现象

1）起步时踩下加速踏板，发动机转速很快升高但车速升高缓慢。

2）行驶中踩下加速踏板加速时，发动机转速升高但车速没有很快提高。

2. 故障原因

1）液压油油面太低。

2）减振器活塞密封圈损坏，导致漏油。

3）离合器或制动器活塞密封圈损坏，导致漏油，摩擦片、制动带磨损过甚或烧焦。

4）油泵磨损过甚或主油路泄漏，造成油路油压过低。

3. 故障排除

1）对于出现打滑现象的自动变速器，应先检查其液压油的油面高度和品质。若油面过低或过高，应先调整至正常后再做检查。若油面调整正常后自动变速器不再打滑，可不必拆修自动变速器。

2）检查液压油的品质。若液压油呈棕黑色或有烧焦味，说明离合器或制动器的摩擦片或制动带烧焦，应拆修自动变速器。

3）进行路试，将变速杆拨入不同的位置，让汽车行驶。若自动变速器升至某一档位时发动机转速突然升高，但车速没有相应地提高，即说明该档位打滑。

4）若主油路油压正常，则只要更换磨损或烧焦的摩擦元件即可。若主油路油压不正常，则在拆修自动变速器的过程中，应根据主油路油压，相应地对油泵或阀体进行检修，并更换自动变速器的所有密封圈和密封环。

五　自动变速器换档冲击过大故障的诊断与排除

1. 故障现象

1）在起步时，由停车档或空档挂入倒档或前进档时，汽车振动较严重。

2）行驶中，在自动变速器升档的瞬间汽车有较明显的振动。

2. 故障原因

1）减振器活塞卡住，不能起减振作用。

2）真空式节气门阀的真空软管破裂或松脱。

3）节气门拉索或节气门位置传感器调整不当，使主油路油压过高。

4）单向阀钢球漏装，换档执行元件（离合器或制动器）接合过快。

3. 故障排除

1）检查发动机怠速，怠速转速一般为750r/min左右。

2）检查节气门拉索或节气门位置传感器的调整情况。

3）检查真空式节气门阀的真空软管，如有破裂，应更换，如有松脱，应重新连接。

4）进行道路试验，如果有升档过迟的现象，则说明换档冲击大的故障是升档过迟所致。如果在升档之前发动机转速异常升高，导致在升档的瞬间有较大的换档冲击，则说明离合器或制动器打滑，应拆解自动变速器，予以修理。

5）如果怠速时的主油路油压过高，则说明主油路调压阀或节气门阀有故障，可能是调压弹簧的预紧力过大或阀芯卡滞所致；如果怠速时主油路油压正常，但起步换档时有较大的冲击，则说明前进离合器或倒档及高档离合器的进油单向阀阀球损坏或漏装。

六　自动变速器升档过迟故障的诊断与排除

1. 故障现象

1）在汽车行驶中，升档车速明显高于标准值，升档前发动机转速偏高。

2）必须采用松加速踏板提前升档的操作方法，才能使自动变速器升入高档或超速档。

2. 故障原因

1）真空式节气门阀推杆调整不当，调速器卡滞或弹簧预紧力过大。

2）节气门位置传感器损坏或节气门拉索调整不当。

3）调速器壳体螺栓松动或输出轴上的调速器进出油孔处的密封环磨损。

3. 故障排除

1）测量节气门位置传感器的电阻。

2）检查节气门拉索或节气门位置传感器的调整情况。

3）若调速器油压正常，则升档过迟的故障原因为换档阀工作不良。

4）对于电子控制自动变速器，应先进行故障自诊断。如有故障码，则按所显示的故障码查找故障原因。

5）对于采用真空式节气门阀的自动变速器，应拔下真空式节气门阀上的真空软管，检查在发动机运转中真空软管内有无吸力。如果没有吸力，说明真空软管破裂、松脱或堵塞。

6）测量怠速时的主油路油压，并与标准值进行比较。若油压太高，应通过节气门拉索或节气门位置传感器予以调整。采用真空式节气门阀的自动变速器，应采用减少节气门阀推杆长度的方法，予以调整。若调整无效，应拆检主油路调压阀或节气门阀。

7）用举升器将汽车升起，使驱动轮悬空，然后起动发动机，挂上前进档，让自动变速器运转，同时测量调速器油压。调速器油压应能随车速的升高而增大。将不同转速下测得的调速器油压与标准值进行比较。若油压值低于标准值，说明调速器有故障或调速器油路有泄漏。

学习场三
新能源汽车行驶系统技术及检修

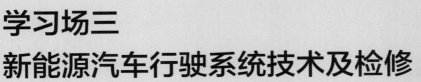

学习情境一　车轮与轮胎检修

➡ 教学目标

知识目标:

1. 掌握车架功能与分类
2. 掌握车桥功能与分类
3. 掌握车轮组成与分类
4. 掌握轮胎组成与规格表示方法
5. 掌握四轮定位的主要参数
6. 掌握胎压监测系统功能、结构与工作过程

能力目标:

1. 具备拆装汽车车轮的能力
2. 具备轮胎故障检修能力
3. 具备四轮定位检测能力
4. 具备胎压监测系统功能测试的能力

素养目标:

培养学生研究新技术与开发新工艺的创新意识

➡ 情境引入

　　一辆比亚迪秦轿车驶进汽车维修站,据车主反映,该车在行驶过程中,出现行驶跑偏现象。后经初步检查发现,该车轮胎磨损严重。作为维修人员,应掌握汽车轮胎的基本知识,能够完成汽车车轮拆装、轮胎磨损异常检修和四轮定位等任务,将检修合格的车辆交还车主。

车架

➡️ 知识学习

一　车架与车桥

（一）车架

车架是跨接在车桥之间的一种桥梁式结构，是保障汽车所有零部件能够安装的基础架构。

1．功用

1）能够安装汽车的发动机、变速器、车身等部件，并使它们保持正确的相对位置。

2）能够承受来自车体和地面的各种力的作用。

2．要求

1）应结构简单，并满足整车结构布局的需求。

2）应具有足够的强度和刚度，并尽可能减轻重量。

3）应有利于降低整车质心，并具有足够大的转向角，以提高车辆行驶的稳定性。

3．车架分类

（1）边梁式车架　边梁式车架由左右两边的两根纵梁和若干道横梁组成，用铆接和焊接的方法将纵梁与横梁连接成坚固的刚性构架，如图3-1-1所示。

图3-1-1　边梁式车架

纵梁通常用低合金钢板冲压而成。横梁用来连接纵梁，保证车架的抗扭刚度和承载能力，还用来支撑汽车上的主要部件。

（2）中梁式车架　中梁式车架如图3-1-2所示，只有一根位于中央且贯穿汽车全长的纵梁，亦称为脊骨式车架。中梁的前端做成伸出支架，用以固定发动机，而主减速器壳通常固定在中梁的尾端，形成断开式后驱动桥。中梁上的悬伸托架用以支承汽车车身和安装其他机件。

（3）综合式车架　综合式车架如图3-1-3所示，其特点是前段边梁安装发动机，中后段中梁用伸出的支架可以固定车身。该种车架结构复杂，加工、制造、维修都较为困难，主要用于竞技赛车和特种车辆，总体上应用较少。

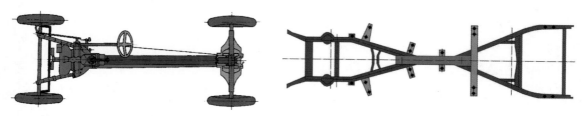

图3-1-2　中梁式车架　　　　　　　　　图3-1-3　综合式车架

（4）无梁式车架　无梁式车架也称为平台式车架，如图3-1-4所示，其特点是汽车所有部件都固定在车身上，所有的力也由车身来承受，以车身替代车架，故这种车身也称为承载式车身。该种车架广泛应用于各类轿车和客车上。

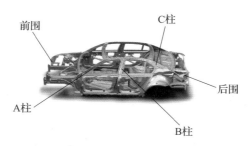

前围

C柱

A柱

后围

B柱

图 3-1-4　无梁式车架（承载式车身）

　　汽车车身与车架等部件的冲压已经有了很多新技术与新工艺，如液力拉深技术、内高压成型技术、电磁成型技术等。其中液力拉深技术利用液体介质进行成型，成型件的精度高、应力分布均匀、表面质量好；内高压成型的构件质量轻，且产品设计灵活，工艺过程简单，具备绿色制造等特点；电磁成型技术是一种新的工艺方法，即非机械接触性加工，工件变形源于工件内部带电粒子受磁场力作用，这种新工艺具备加工精度高、效率高等特点。

车桥

（二）车桥

1. 车桥位置

车桥位于悬架与车轮之间，其两端安装车轮，通过悬架与车架（或车身）相连。

2. 车桥功用

车桥的功用是传递车架（或车身）与车轮之间各种载荷的作用。

3. 车桥分类

（1）按悬架结构　车桥可分为整体式和断开式两种，如图 3-1-5 所示，其中整体式车桥的中部是刚性实心或空心梁，与非独立悬架配用；断开式车桥为活动关节式结构，与独立悬架配用。

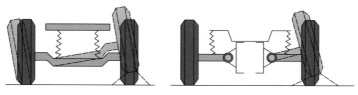

a）整体式　　　　　　　　　b）断开式

图 3-1-5　车桥分类

（2）按车桥上车轮的作用　车桥可分为转向桥、驱动桥、转向驱动桥、支持桥四种。

1）转向桥。转向桥通常位于汽车前部，能使装在其两端的车轮偏转一定的角度，以实现汽车转向，主要由前轴、转向器和稳定杆等组成，如图 3-1-6 所示。

2）驱动桥。驱动桥一般由主减速器、差速器、半轴、桥壳等组成，如图 3-1-7 所示，其功用是将由万向传动装置传来的发动机转矩传给驱动车轮，并经降速增矩、改变动力传动方向，使汽车行驶，而且允许左右驱动车轮以不同的转速旋转。

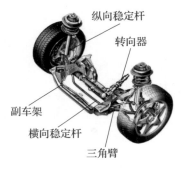

纵向稳定杆
转向器
副车架
横向稳定杆
三角臂

图 3-1-6 转向桥结构

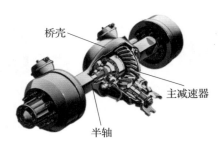

桥壳
主减速器
半轴

图 3-1-7 驱动桥结构

3）转向驱动桥。越野汽车、前轮驱动汽车和全轮驱动（4WD）汽车的前桥，既有转向桥作用，也有驱动桥作用，被称为转向驱动桥，其结构如图 3-1-8 所示，由半轴、稳定杆、三角臂等组成。

4）支持桥。支持桥也被称为支撑桥，如图 3-1-9 所示，其功能仅仅是起到支撑汽车的作用，现代轿车的后桥多为支持桥。

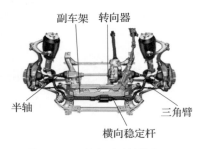

副车架　转向器
半轴
横向稳定杆
三角臂

图 3-1-8 转向驱动桥结构

图 3-1-9 支持桥结构

二　车轮与轮胎

车轮与轮胎

（一）车轮总成

汽车车轮总成如图 3-1-10 所示，由气门嘴、平衡块、装饰罩、车轮和轮胎组成。

（二）车轮

1. 位置

车轮是介于轮胎和车桥之间的一种旋转零件。

2. 功用

1）安装轮胎。

2）承受轮胎与车桥之间各种载荷的作用。

3. 组成

车轮一般由轮毂、轮辋和轮辐组成，如图 3-1-11 所示。其中，轮毂通过圆锥滚子轴

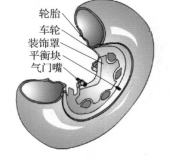

轮胎
车轮
装饰罩
平衡块
气门嘴

图 3-1-10 汽车车轮总成

承装在车桥或转向节轴颈上，用于连接车轮与车桥；轮辋用于安装和固定轮胎；轮辐用于将轮毂和轮辋连接起来，并通过螺栓与轮毂连接起来。

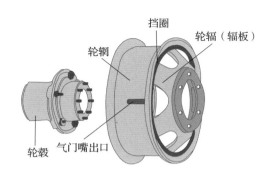

图 3-1-11　汽车车轮的组成

4. 分类

按轮辐结构的不同，车轮可分为辐板式车轮和辐条式车轮。

（1）辐板式车轮　普通轿车和轻、中型货车普遍采用辐板式车轮，这种车轮如图 3-1-11 所示，由挡圈、轮辋、辐板和气门嘴出口组成，其中用以连接轮毂和轮辋的钢质圆盘称为辐板。

货车的辐板与轮辋通过焊接或铆接的方式固定成为一个整体，辐板通过螺栓安装在轮毂上，辐板上的孔可以减轻质量，有利于制动鼓的散热，同时可作为安装时的把手。轿车的辐板所用板料较薄，常冲压成起伏多变的形状，以提高其刚度。

（2）辐条式车轮　辐条式车轮的轮辐是钢丝辐条或者是和轮毂铸成一体的铸造辐条，如图 3-1-12 所示，其中钢丝辐条车轮由于价格昂贵、维修安装不便，仅用于赛车和一些高级轿车上。

5. 轮辋

轮辋的种类有：深槽轮辋、平底轮辋、对开式轮辋、半深槽轮辋、深槽宽轮辋、平底宽轮辋、全斜底轮辋等。

（1）深槽轮辋　这种轮辋主要用于轿车及轻型越野车。它有带肩的凸缘，用以安放外胎的胎圈。为便于外胎的拆装，断面的中部制成深凹槽。

（2）平底轮辋　这种轮辋常用于货车，其挡圈是整体的，安装轮胎时，先将轮胎套在轮辋上，然后套挡圈。

图 3-1-12　辐条式车轮结构

（3）对开式轮辋　这种轮辋由内外两部分组成，其内外轮辋的宽度可以相等，也可以不相等，二者用螺栓连成一体。

（4）半深槽轮辋　这种轮辋一般用于轻型货车上。

（三）轮胎

1. 功能

1）支撑车辆的全部重量。

2）将车辆的驱动力和制动力传至路面，从而控制其起动、加速、减速、停车和转向。

3）减弱由于路面不平所造成的振动。

2. 分类

按胎体结构不同可分为充气轮胎和实心轮胎。按组成结构不同可分为有内胎轮胎和无内胎轮胎两种。按胎体中帘线排列方向不同可分为普通斜交轮胎和子午线轮胎。

3. 结构

（1）有内胎轮胎　有内胎轮胎由外胎、内胎和垫带组成，使用时安装在汽车车轮的轮辋上，如图 3-1-13 所示。

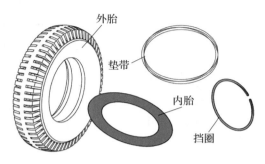

图 3-1-13　充气轮胎结构

外胎是轮胎的框架，它必须具有足够的刚性，以阻止高压空气外泄，又必须具有足够的弹性，以吸收载荷的变化和冲击。内胎是装入外胎内部的一个环形橡胶管，外表面很光滑，上面装有气门嘴，以便充气。垫带是环形橡胶带，它垫在内胎和轮辋之间，保护内胎不被轮辋和胎圈磨损。

（2）无内胎轮胎　无内胎轮胎没有内胎和垫带，充入轮胎的气体直接压入无内胎的轮胎中，要求轮胎与轮辋之间有良好的密封性，其优点众多：

1）轮胎穿孔时压力不会急剧下降，仍然能继续安全行驶。

2）不存在因内外胎摩擦而导致的磨损，结构简单，重量较轻。

3）可以直接通过轮辋散热，故轮胎工作温度低，使用寿命长。

无内胎轮胎近年来应用范围越来越广，家用轿车几乎都使用无内胎轮胎。

4. 轮胎规格的表示方法

轮胎的规格可用外胎直径 D、轮辋直径 d、断面宽 B 和断面高 H 的名义尺寸代号表示。充气轮胎尺寸的标记如图 3-1-14 所示。轮胎断面高度 H 与宽度 B 之比称为轮胎的高宽比（以百分比表示），也称为轮胎的扁平率。

轮胎的高度和宽度比（扁平率）越小，说明轮胎的断面越宽，故高宽比小的轮胎称为宽断面轮胎，这种轮胎接地面积大，接地比压小，磨损小，滚动阻力小，抗侧向稳定性强，并且降低了整车质心，提高了汽车的行驶稳定性，在高速轿车上得到了广泛应用。

（1）斜交轮胎规格　我国采用国际标准，斜交轮胎的规格用 "B-d" 表示，载货汽车斜交轮胎和轿车斜交轮胎的尺寸 B 和 d 均用 in 为单位，"B" 是轮胎名义断面宽度代号，"d" 是轮辋名义直径

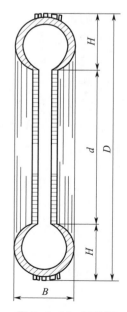

图 3-1-14　轮胎规格表示方法图解

代号。如代号"9.00-20"表示宽度为9.00in（1in=0.0254m）、轮辋直径为20in的斜交轮胎。

（2）子午线轮胎规格 国产子午线轮胎规格用"BRd"表示，其中"R"代表子午线轮胎，如今国产轿车子午线轮胎的断面宽 B 已全部改用米制单位 mm，载货汽车轮胎的断面宽 B 有英制单位 in 和米制单位 mm 两种，而轮辋直径 d 的单位仍为 in。如代号"195/60R1485H"表示轮胎宽度是195mm、扁平率是60%、轮辋直径是14in、荷重等级是85（最大载荷质量为515kg）、速度等级是 H（最高车速为210km/h）。

三 四轮定位

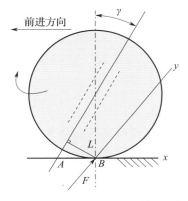

为了保证汽车直线行驶的稳定性和操纵的轻便性，减少轮胎和其他零部件的磨损，转向车轮、转向节和前轴三者与车架的安装应保持一定的相对位置关系，这种安装位置关系称为转向车轮定位，也称前轮定位，主要包括主销后倾、主销内倾、前轮外倾及前轮前束四个内容。

两个后轮与后轮轴之间还有一个相对位置，叫做后轮定位。后轮定位包括后轮外倾角和后轮前束。

（一）主销后倾

1. 定义

主销安装在前轴上，其上端略向后倾斜，这种现象称为主销后倾。在垂直于汽车支承平面的纵向平面内，主销轴线与汽车支承平面垂线之间的夹角 γ 叫主销后倾角，如图3-1-15所示，其大小一般为0.5°~3°。

图3-1-15 主销后倾及主销后倾角
L—B 点到主销轴线延长线的距离
A—主销轴线延长线与地面交点
B—车轮与路面接触点
F—侧向反作用力

2. 功用

形成回正力矩，保证汽车直线行驶的稳定性，并使汽车转向后回正操纵轻便。

（二）主销内倾

1. 定义

主销安装在前轴上，其上端略向内侧倾斜，这种现象称为主销内倾。在垂直于汽车支承平面的横向平面内，主销轴线与汽车支承平面垂线之间的夹角 β 称为主销内倾角，如图3-1-16所示，其大小一般为6°~9°。

2. 功用

使车轮自动回正，使转向操纵轻便。

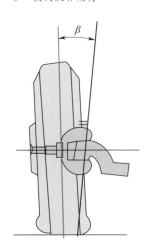

图3-1-16 主销内倾及主销内倾角

（三）前轮外倾

1. 定义

转向车轮安装在车桥上，其旋转平面上方略向外倾斜，这种现象称为前轮外倾，如图 3-1-17 所示。前轮旋转平面与纵向垂直平面之间的夹角 α 叫作前轮外倾角，其大小一般为 0.5°~2°。

2. 功用

提高车轮工作的安全性和转向操纵的轻便性。

（四）前轮前束

1. 定义

车轮安装在车桥上，两前车轮的中心平面不平行，其前端略向内侧收束，这种现象称为前轮前束。两前轮后端距离 A 大于前端距离 B，其差值 A-B 称为前轮前束值，如图 3-1-18 所示。

2. 功用

前轮前束的功用是消除因车轮外倾所造成的不良后果，保证车轮不向外滚动，防止车轮侧滑和减轻轮胎的磨损。

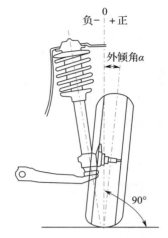

图 3-1-17 前轮外倾及前轮外倾角

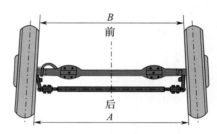

图 3-1-18 前轮前束示意图

四 胎压监测系统

（一）胎压监测系统产生背景

据不完全统计，交通意外事故数量增加的主要原因之一是车辆高速行驶中因轮胎故障而引起的爆胎，这与驾驶员经验不足、不重视轮胎的日常

汽车轮胎压力及其检测系统

检查有很大关系。根据我国 GB 26149—2017《乘用车轮胎气压监测系统的性能要求和试验方法》规定要求，2019 年 1 月 1 日起，M1 类的汽车（指至少有 4 个车轮或有 3 个车轮，且厂定最大总质量超过 1t，除驾驶员座外，乘客座位不超过 8 个的载客车辆）被强制要求安装胎压监测系统。胎压监测系统简称 TPMS，即 Tire Pressure Monitoring System 的缩写。

（二）胎压监测系统功能

胎压监测系统在汽车行驶过程中对轮胎气压和温度进行实时自动监测，并对轮胎漏气、低气压、高气压和高温等状况进行警告，提示驾驶员及时检查胎压，以确保行车安全。

1）预防事故发生。胎压监测系统属于主动安全设备的一种，它可以在轮胎出现危险征兆时及时警告，提醒驾驶员采取相应措施，从而避免严重事故的发生。

2）延长轮胎使用寿命。有了胎压监测系统，可以随时让轮胎都保持在规定的压力、温度范围内工作，从而减少车胎的损毁，延长轮胎使用寿命。在轮胎气压不足时行驶，车轮气压比正常值下降 10%，轮胎寿命就减少 15%。

3）降低能耗。当轮胎内的气压过低时，就会增大轮胎与地面的接触面积，从而增大摩擦阻力，轮胎气压低于标准气压值 30%，油耗将上升 10%。

4）可减少悬架系统的磨损。轮胎内气压过大时，会导致轮胎本身减振效果降低，从而增加车辆减振系统的负担，长期使用对汽车底盘及悬架等系统都将造成很大的伤害。如果轮胎气压不均匀，还容易造成制动跑偏，从而增加悬架系统的磨损。

（三）胎压监测系统分类、结构与工作原理

根据胎压监测系统结构与工作原理的不同，其可分为直接式胎压监测和间接式胎压监测两种。

1. 直接式胎压监测系统

（1）结构　直接式胎压监测系统（Pressure-Sensor Based TPMS，PSB TPMS）运用了最新的汽车电子技术、传感器技术、无线发射和接收技术等，主要由胎压监测模块、胎压监测接收模块和胎压监测控制模块组成。

胎压监测模块是核心部件。它由压力传感器、温度传感器、无线发射模块、电池等组成。安装在轮胎里的压力传感器直接测量轮胎的气压，每个轮胎内部安装 1 个，共 4 个，压力传感器安装于轮胎气门嘴处，与气门嘴一体化结构设计，分为监测模块主体部分和气门嘴部分，通过和气门嘴连接的方式固定到轮辋上，如图 3-1-19 所示。在胎压监测模块内安装有电池，可供传感器和发射器输出信号。系统采用信息查询方式，电池有的可使用 2 年，有的最长可使用 10 年，电池不能单独更换。

胎压监测接收模块用于接收、处理胎压监测模块发来的轮胎压力等信息，并将信息转换为数字信号传输给胎压监测控制模块。比亚迪唐配置的 4 个胎压监测接收模块，安装位置均位于每个轮胎的附近，便于信号接收。左前、右前接收模块为左右对称布置，均布置在前保险杠骨架封板上。左后接收模块布置在左后纵梁后段上，右后接收模块布置在右后纵梁后段上。

胎压监测控制模块用于接收、处理胎压监测接收模块发来的轮胎压力信息，并通过CAN 总线向组合仪表传输显示，安装于后行李舱左侧。

图 3-1-19　装有胎压监测传感器的轮胎

（2）工作原理　如图 3-1-20 所示，直接式胎压监测系统的工作原理如下：发射器通过 CAN 总线接收控制模块的指令并对每个车轮进行查询。发射器与胎压压力传感器进行通信，使压力传感器反馈胎压压力、电池电量和温度信号。压力传感器将数据以无线方式发送出去，该信号被接收模块接收。控制模块分析接收模块传递的信息，用以判断各个车轮的压力、温度数据、电池电量等。当监测到的数据达到系统触发警告条件时，胎压监测系统会点亮警告灯并设置故障码，组合仪表会显示出每个车轮的具体胎压值、温度等信息，如图 3-1-21 所示。

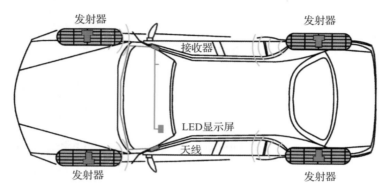

图 3-1-20　直接式胎压监测系统结构示意图

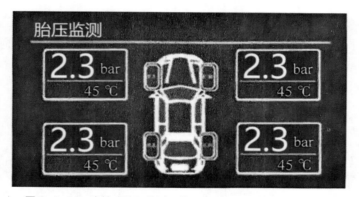

图 3-1-21　直接式胎压监测系统仪表盘显示胎压值及温度信息

（3）常见警告　比亚迪唐直接式胎压监测系统常见的胎压警告类型包括：欠压提醒、高压提醒、快速漏气提醒、信号异常提醒。

1）欠压提醒。点亮胎压故障警告灯，点亮主警告灯，蜂鸣器蜂鸣，欠压数值显示颜色为黄色，表示此轮胎欠压（前轮标准压力应为 230kPa），压力降低到标准压力 75% 后警告，上升到 90% 以上解除警告。

2）高压提醒。当胎压高于标准胎压值的 130%，TPMS 6s 内发出胎压过高警告信号，并指明高压轮胎的位置，点亮胎压故障警告灯，点亮主警告灯，蜂鸣器蜂鸣，高压数值显示颜色为黄色。

3）快速漏气提醒。点亮胎压故障警告灯，点亮主警告灯，蜂鸣器蜂鸣，蜂鸣频率600 次/s，快速漏气数值和轮胎位置显示颜色为红色，表示此轮胎出现快速漏气（当胎压值变化率大于 30kPa/min，并且持续一段时间为快漏）。

4）信号异常提醒。点亮胎压故障警告灯，点亮主警告灯，蜂鸣器蜂鸣，系统故障警告数值和轮胎位置显示颜色为黄色"信号异常"，表示未收到此轮胎压力信号（产品未匹配、产品异常、加装有干扰源的产品、强干扰环境可能导致信号异常）。

2. 间接式胎压监测系统

（1）结构　间接式胎压监测系统（Wheel-Speed Based TPMS，WSB TPMS）是利用 4 个车轮的转速信号来监测轮胎的，即由相应控制单元计算出每个轮胎的气压，故称作间接式胎压监测系统。该系统的结构如图 3-1-22 所示，包括 4 个轮速传感器、电子制动控制模块、复位开关、轮胎压力过低警告灯等。

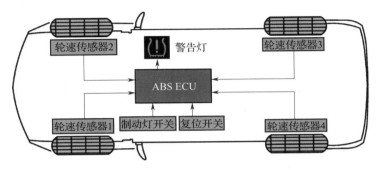

图 3-1-22　间接式胎压监测系统结构示意图

（2）工作原理　间接式胎压监测系统是利用非压力传感器测得相关数据，再利用轮胎的力学模型间接计算出轮胎气压，或者通过监测轮胎之间的气压差来达到监测胎压的目的。

利用 ABS/ESP 系统的 4 个轮速传感器，通过理论计算判断轮速差，进而判断某个轮胎缺气。通过传感器提供的轮速信号来推算轮胎动态半径的变化，然后换算成胎压的变化，从而实现胎压监测的功能。工作原理是：当某个轮胎胎压降低时，汽车的质量会使该车轮的滚动半径变小，导致其转速比其他车轮的转速快，系统利用这一特性计算出该轮胎的胎压数值。当胎压低于预设的限值时，系统点亮警告灯，提示胎压低。间接式 TPMS 存在明显的缺陷，主要表现在无法对两个以上轮胎同时缺气的状况和速度超过 100km/h 的情况进行判断。

（3）警告灯点亮条件　当某一个轮胎的气压太高或不足时，监测系统将车轮转速的变化情况同预先储存的标准值比较，就能判断轮胎气压过高或不足，从而点亮胎压监测警告灯，如图 3-1-23 所示。当出现以下情况之一时，胎压监测警告灯点亮：

1）轮胎之一气压不足。
2）轮胎之一气压太高。
3）轮胎压力发生变化，但未重新初始化胎压监测系统。
4）轮胎经常调换，但未重新初始化胎压监测系统。
5）系统元器件损坏或线路不良。

图 3-1-23　胎压监测警告灯

6）高速转向。

总之，直接式胎压监测系统和间接式胎压监测系统各有特点。直接式胎压监测系统可以提供更高级的功能，随时测定每个轮胎内部的实际胎压，很容易确定故障轮胎。但它又不可避免地存在着一些弊端，如安装在 4 个轮胎内的压力传感器、信号处理单元和发射模块会打破轮胎原先的动平衡，在恶劣潮湿的环境下，轮胎内的电池会出现漏电现象，使系统使用年限缩短。间接式系统成本较低，已经装备四轮 ABS（每个车轮装备 1 个轮速传感器）的汽车只需要对软件进行升级。但是，间接式胎压监测系统准确率不高，在某些情况下该系统会无法正常工作，比如同一车轴的 2 个轮胎气压都较低时，不能确定故障轮胎，而且系统校准复杂。

（四）胎压监测系统的检查与诊断方法

胎压监测系统的检查与诊断方法见表 3-1-1。

表 3-1-1　胎压监测系统的检查与诊断方法

序号	常见故障	故障原因	排除方法
1	轮胎压力传感器故障	损坏 / 电量耗尽	更换
2	轮胎压力过低故障	气门嘴损坏 / 轮胎与轮毂密封不严	维修或更换
3	轮胎压力过高故障	充气过足 / 轮胎磨损 / 温度高 / 轮胎定位不准等	维修或更换
4	轮胎快速漏气故障	胎体损坏 / 气门嘴损坏 / 轮胎与轮毂密封不严	更换
5	轮胎压力传感器未匹配 / 匹配失败故障	更换轮胎或轮胎换位传感器未匹配 / 匹配失败	维修
6	相关线路故障	损坏、断路、短路	维修或更换
7	车身控制模块故障	损坏	更换

➡ **技能操作**

一　车轮拆装

1. 车轮总成的拆卸

1）停稳车辆，用三角木掩住各车轮。

2）取下车轮上的装饰罩，弄清汽车左右侧车轮与轮毂联接螺栓的螺旋方向，使用车轮螺母拆装机或用套筒扳手初步拧松各联接螺母。

3）用千斤顶顶在指定的位置，使被拆车轮稍离地面，也可将车辆停在举升架上，升起车辆，使车轮稍离开地面。

4）拧下车轮与轮毂连接的全部螺母，取下垫圈，并摆放整齐。

5）一边向外拉一边左右晃动车轮，从车轴上取下车轮总成。

2. 车轮总成的安装

1）顶起车桥，套上车轮，将螺母初步拧在螺柱上。

2）放下车轮并在车轮前后用三角木掩住，用扭力扳手或车轮螺母拆装机，按对角线顺序分两三次拧紧车轮螺母，最后一次要按规定力矩拧紧。

3）安装后轮双胎时，要先拧紧内侧车轮的内螺母，再装外侧轮胎，在安装过程中，应用千斤顶分两次顶起车桥，分别安装内、外两个车轮。

二 轮胎故障检修

1. 轮胎检查

轮胎的检查主要是检查轮胎的磨损程度和轮胎气压，轮胎磨损程度的检查包括胎面花纹深度的检查和轮胎异常磨损的检查，具体如下：

1）检查轮胎胎面和胎壁是否有裂纹或其他损伤。

2）检查轮胎胎面和胎壁是否嵌入金属微粒、石子或者其他异物。

3）检查胎面的花纹深度（轿车轮胎胎面花纹深度不小于 1.6mm，载货汽车侧转向轮胎面花纹深度不小于 3.2mm，其余轮胎胎面花纹深度不小于 1.6mm）。

4）检查轮胎的整个外围是否有不均匀磨损和阶段磨损。

5）检查轮胎的气压，可使用气压表（轿车前轮气压为 180kPa，后轮气压为 220kPa）。

2. 轮胎异常磨损检修

（1）胎肩或胎面中间磨损　如图 3-1-24 所示，轮胎的胎肩和胎面出现了磨损。故障原因：主要是由于未能正确保持充气压力所致。排除故障步骤：一是检查是否超载；二是检查充气压力，如果充气过量或充气不足，应调整充气压力；三是调换轮胎位置。

充气不足　　胎肩磨损　　充气过量　　胎面中心磨损

图 3-1-24　胎肩或胎面中间磨损

（2）内侧或外侧磨损　如图 3-1-25 所示，轮胎的内侧或外侧出现了磨损。故障原因：一是在过高的车速下转弯造成转弯磨损；二是悬架部件变形或间隙过大，影响前轮定位，造成不正常的轮胎磨损。排除故障步骤：一是询问驾驶员是否高速转弯，如果是则要避免；二是检查悬架部件，如松动则将其紧固，如变形和磨损，应修理或更换；三是检查外倾角，如不正常，应校正；四是调换轮胎位置。

（3）前端和后端磨损　如图 3-1-26 所示为轮胎的前端和后端磨损，它是一种局部磨损。排除故障原因：对于非驱动轮的轮胎，它只受制动力影响，不受驱动力影响，往往会有前后端形式的磨损。排除故障步骤：一是检查充气压力，如果充气不足，就将其充至规定值；二是检查车轮轴承，如果磨损或松动，应更换或调整；三是检查外倾角和前束，如果不正确，应加以调整；四是检查轴颈或悬架部件，如果损坏，应修理或更换；五是调换轮胎位置。

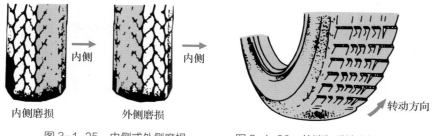

图 3-1-25　内侧或外侧磨损　　　　图 3-1-26　前端和后端磨损

三　四轮定位检测

1. 静态检测方法及定位仪类型

车轮定位值的静态检测法，是根据车轮旋转平面与各定位角间存在的直接或间接的几何关系，用专用的检测设备测量其是否符合规定。使用的检测设备有气泡水准式、光学式、激光式、电子式和微机式等车轮定位仪。

2. 气泡式水准仪

气泡式水准仪按适用车型范围分为两种：一种适用于大、中、小型汽车；另一种仅适用于小型汽车。前者一般由水准仪、支架、转盘（转角仪）等组成，后者一般由水准仪和转盘组成。如图 3-1-27 所示为一种水准仪的结构示意图。

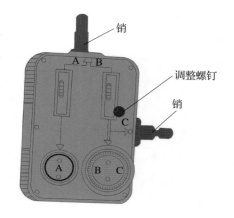

图 3-1-27　水准仪结构示意图
A—倾角刻度及相应插销
B、C—倾角刻度表及相应插销

3. 车轮定位的检查

检查前轮定位前，车辆应先满足以下条件：

1）汽车停放在水平场地或专用检测台上，轮胎气压符合规定。

2）车轮平衡，悬架活动自如，转向系调整正确。

3）悬架弹簧无过大的间隙或损坏。

4. 检查和调整前轮外倾角

将车轮对准正前方，利用装在轮辋或轮盘上的固定支架，如图 3-1-28 所示，将水准仪安装在与车轮平面垂直的平面内，如图 3-1-29 所示。此时水准仪的倾角读数即为车轮外倾角。当测量值与标准值不符时，应予以调整。

调整前轮外倾角时车轮应着地，通过球头销在下摇臂长孔中的位移来调整，其步骤如下：

1）松开下摇臂球头销的固定螺母，把外倾调整杆插入图 3-1-30 中箭头所示孔中。

2）调整左侧时，从后面插入调整杆，调整右侧时，从前面插入调整杆。

3）横向移动球头销，直至达到外倾角值。

4）紧固螺母并再次检查外倾角值，需要时重新进行调整，必要时调整前束。

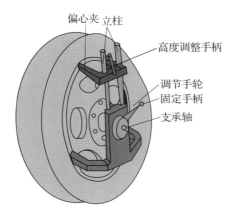

图 3-1-28　车轮定位仪器固定支架

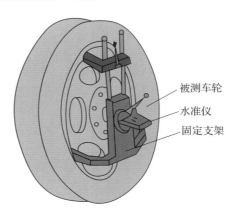

图 3-1-29　测量车轮外倾角

5. 检查和调整前束

　　检查前束，需将车轮停放在水平的硬实地面上，顶起前轮，使车轮能平稳回转，在轮胎周向花纹对称中心画线，然后拆下千斤顶，使车轮恢复稳定状态，并使车轮处于直行位置。使用前束尺测量时，前束尺的指针高度与轮胎中心高度相同，如图 3-1-31 所示。在车轮的前侧，使前束尺的左右指针与轮胎中心的画线对准，测出宽度。然后将前束尺移到车轮后侧，以同样方法测出宽度。两次测量结果之差，即为车轮前束。

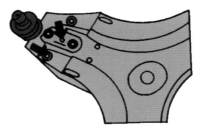

图 3-1-30　插入外倾调整杆

　　前束调整，其步骤如下：

1）将转向器置于中间位置，拧出转向中间轴盖上的螺栓。

2）将带有挂钩 B 的专用工具安置在左转向横拉杆的紧固螺母上，如图 3-1-32 所示。

3）用提供的螺钉将作为衬垫的间隔件固定到标有 C 记号的转向器孔中（不得使用一般螺钉，因为一般螺钉太短，会碰坏转向盘的螺纹）。

4）总前束值分为两半，分别在左、右转向横拉杆上调整，固定转向横拉杆。

5）必要时调整转向盘，拆下专用工具 3075。

6）重新拧紧转向中间轴盖上的螺栓，拧紧力矩为 20N·m。

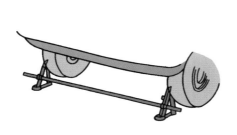

图 3-1-31　检查前束

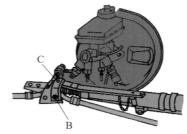

图 3-1-32　调整前束

四　胎压监测系统功能试验

1. 准备工作

1）车辆防护。安装车轮挡块、车内外三件套，确认变速杆置于空档，驻车制动器操纵杆拉起。打开前机舱盖，安装车外三件套。

2）分组查看车辆。

2. 确认故障现象

起动车辆，观察仪表胎压指示灯是否显示正常的胎压。

3. 利用故障诊断仪诊断故障

连接故障诊断仪，打开起动开关，进入车辆诊断系统，读取整车数据后，进入车身控制模块（BCM），读取故障码与数据流。车辆下电后，清除故障码，再次上电后，使用故障诊断仪再次读取故障码，判断 TPMS 状态，查看相关电路图，分析故障原因。

4. 故障检测

检测蓄电池电压正常，根据故障码所指元件，依据电路图，测量电路正常后可判断为元件损坏，应修理或更换。TPMS 故障排除后要将故障码清除，清除系统故障码时用故障诊断仪来完成，按操作提示进行即可。

5. 检查胎压监测系统黄色警告灯点亮

（1）警告灯正常点亮　在点火开关置于运行（RUN）位置时，进行自检，点亮胎压监测故障警告灯 3s，然后熄灭，表示系统正常。如果检测到轮胎气压不正确并记录故障码，警告灯将持续点亮。

（2）警告灯不亮　组合仪表灯泡检查中，胎压警告灯不亮且监视系统未设置故障码。

1）检查诊断系统是否完成自检。

2）用专用仪器进行仪表指示灯动作测试。

3）指示灯不亮，检查仪表板组件及灯泡线路。如指示灯亮，检查车身控制模块。

（3）警告灯常亮　在经过仪表板组合仪表灯泡检查后，胎压警告灯不熄灭。

1）点火开关置于运行（RUN）位置，按下复位开关，胎压警告灯应熄灭。

2）如果警告灯不熄灭，检查车身控制模块是否记录轮胎气压过低故障码，如是，检查轮胎气压。

3）如不记录故障码，检查仪表组件及相关的线路。

6. 胎压监测系统初始化

不同车型的 TPMS 初始化方法存在差异，可根据具体车型的维修手册进行操作。一般会按照以下原则进行：

1）按照规定调整所有轮胎胎压。

2）打开点火开关。

3）按压复位开关或按钮。

4）道路测试。

进行复位工作。

学习情境二 悬架系统检修

➡ 教学目标

知识目标：

1. 掌握悬架系统组成与分类

2. 掌握弹性元件、减振器等部件的组成与工作过程

3. 了解几种典型的非独立悬架

4. 了解几种典型的独立悬架

5. 掌握电控悬架的功能、分类与工作过程

能力目标：

1. 具备减振器的装配与检修能力

2. 具备非独立悬架系统故障诊断能力

3. 具备独立悬架系统故障诊断能力

4. 具备电控悬架系统故障诊断能力

素养目标：

1. 培养学生以人为本的发展思想

2. 培养学生的创新精神与意识

➡ 情境引入

一辆比亚迪汉轿车驶入汽车维修站，据车主反映，该车最近一段时间，通过地面减速带时，车身振动较为明显。后经检查发现，该车的电控悬架系统出现了故障。作为维修人员，应具备排除悬架系统故障的能力，将检修合格的车辆交还车主。

➡ 知识学习

一 悬架系统

（一）功用

1）连接车架（或车身）和车轮，把路面作用到汽车车轮的各种力与力矩传递给车架（或车身）。

2）悬架系统能起到缓和冲击、衰减振动的作用，使乘员乘坐舒适，提高汽车行驶的平顺性。

3）悬架系统能保证汽车具有良好的操纵稳定性。

（二）分类

1. 悬架结构

汽车悬架按照结构的不同，可分为非独立悬架和独立悬架两种类型。

（1）非独立悬架结构　两侧车轮安装在一根整体式车桥上，车轮和车桥一起通过弹性悬架悬挂在车架（或车身）下面，一侧车轮发生位置变化后，会导致另一侧车轮的位置也发生变化。

（2）独立悬架结构　两侧车轮分别独立地与车架（或车身）弹性相连，与其配用的车桥为断开式车桥，两侧车轮的运动是相对独立、互不影响的。

2. 控制力

汽车悬架按照控制力的不同，可分为被动悬架、半主动悬架和主动悬架。

（1）被动悬架　被动悬架刚度和阻尼都不能变化，无额外动力。

（2）半主动悬架　半主动悬架是由可变特性的弹簧和减振器组成的，它不能随外界的输入进行最优控制和调节，但可按存储在计算机内部的各种条件下弹簧和减振器的优化参数指令，来调节弹簧的刚度和减振器的阻尼状态。

（3）主动悬架　主动悬架可以控制悬架系统的刚度、调节减振器的阻尼力大小，甚至可以调整车身高度，它能随外界的输入进行最优控制和调节。

（三）组成

汽车悬架系统一般由弹性元件、减振器、导向机构等组成，轿车一般还有横向稳定器。

（四）主要零部件

1. 弹性元件

弹性元件使车架（或车身）与车桥（或车轮）之间弹性连接，可以缓和不平路面带来的冲击，并承受和传递垂直载荷，其可分为钢板弹簧、螺旋弹簧、扭杆弹簧和气体弹簧、橡胶弹簧。

（1）钢板弹簧　钢板弹簧由若干片长度不等的合金弹簧钢片叠加而成，构成一根近似等强度的弹性梁。最长的一片称为主片，其两端卷成卷耳，内装衬套，以便用弹簧销与固定在车架上的支架或吊耳进行铰链连接。各弹簧片用中心螺栓连接，并保证各片的相对位置。中心螺栓距两端卷耳中心的距离可以是相等的，称为对称式钢板弹簧，如图 3-2-1a 所示；也可以是不相等的，称为非对称式钢板弹簧，如图 3-2-1b 所示。

为了防止汽车在行驶过程中各弹簧片分开，在钢板弹簧上装有若干弹簧夹，避免主片独自承载。弹簧夹通过铆钉与最下片弹簧片相连，弹簧夹两边通过螺栓相连，螺栓上有套管，装配时要求螺母朝向轮胎，以免螺栓脱落时刮伤轮胎，甚至飞崩伤人。

钢板弹簧在载荷作用下变形时，各片之间会相对滑动而产生摩擦，这可以减小车架的振动。但摩擦会加速弹簧片的磨损，所以在装配钢板弹簧时，各片之间要涂抹石墨润滑脂或装有塑料垫片以减轻磨损。

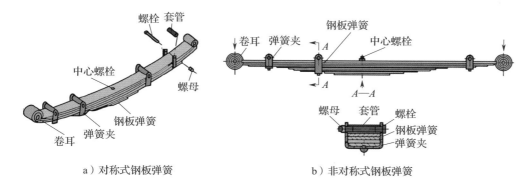

a）对称式钢板弹簧   b）非对称式钢板弹簧

图 3-2-1 钢板弹簧结构示意图

（2）螺旋弹簧 主要用于独立悬架。少数轿车的后悬架，虽然是非独立悬架，但也可采用螺旋弹簧。（注意：螺旋弹簧只能承受垂直载荷，且变形时不产生摩擦力，故悬架中必须装有减振器和导向机构）

图 3-2-2 螺旋弹簧

螺旋弹簧如图 3-2-2 所示。螺旋弹簧由特殊的弹簧钢棒卷制而成，可以制成圆柱形或圆锥形，也可以制成等螺距或不等螺距。圆柱形等螺距螺旋弹簧的刚度是不变的，圆锥形或不等螺距螺旋弹簧的刚度是可变的。

（3）扭杆弹簧 扭杆弹簧的断面通常为圆形，少数为矩形或管形，其两端可制成花键、方形、六角形等形状，以便一端固定在车架上，另一端固定在悬架的摆臂上，如图 3-2-3 所示。摆臂与车轮相连，当车轮跳动时，摆臂绕扭杆轴线摆动，使扭杆产生扭转弹性变形，以保证车轮与车架的弹性连接。（注意：扭杆弹簧在制造时便留有一定的预应力，且左、右扭杆弹簧预应力的方向是不同的，故左、右扭杆弹簧不能互换或装错，一般左、右扭杆在生产时便标有不同的记号）

扭杆弹簧的优点：结构简单、维修方便，且单位质量的能量吸收率高。

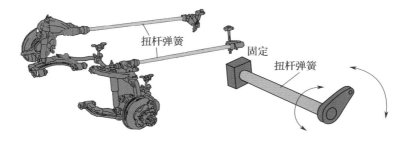

图 3-2-3 扭杆弹簧

（4）气体弹簧

1）分类。气体弹簧可分为空气弹簧（图3-2-4）和油气弹簧（图3-2-5）两种，空气弹簧又分为囊式和膜式两种。

2）油气弹簧结构。油气弹簧的球形室固定在工作缸上，球形室的内腔用橡胶油气隔膜隔开，充入高压氮气的一侧为气室，与工作缸相通并充满油液的一侧为油室。工作缸内装有活塞、阻尼阀及阀座。

3）工作原理。当载荷增加且车架与车桥相互靠近时，活塞上移，使工作缸内容积减小，油压升高，油液顶开阻尼阀进入球形室，推动隔膜向气室方向移动，使气室容积减小，氮气压力升高，油气弹簧的刚度增大。当载荷减小时，在高压氮气的作用下隔膜向油室方向移动，室内油液经阻尼阀流回工作缸，推动活塞下移，这时气室容积增大，氮气压力下降，弹簧刚度减小。

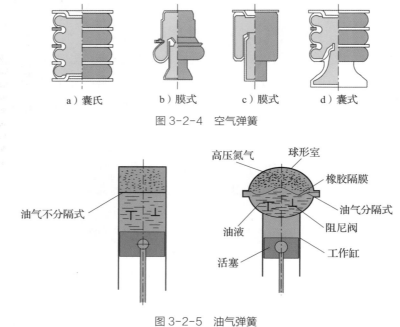

a）囊氏　　b）膜式　　c）膜式　　d）囊式

图 3-2-4　空气弹簧

图 3-2-5　油气弹簧

（5）橡胶弹簧　橡胶弹簧是一种利用橡胶本身的弹性起作用的弹性元件，它可以承受压缩载荷和扭转载荷，如图3-2-6所示。当橡胶弹簧在外力作用下变形时，便产生内部摩擦，以吸收振动。橡胶弹簧的优点是可以制成任何形状，使用时无噪声，不需要润滑，但橡胶弹簧不适于支承重载荷，所以橡胶弹簧主要用作辅助弹簧，或用作悬架部件的衬套及其他支承件。

2. 减振器

（1）功用　减振器可以迅速衰减由车轮通过悬架弹簧传给车身的冲击和振动，以提高汽车行驶的平顺性。

（2）安装形式　减振器在汽车悬架中是与弹性元件并联安装的，如图3-2-7所示。

汽车双向作用筒式减振器

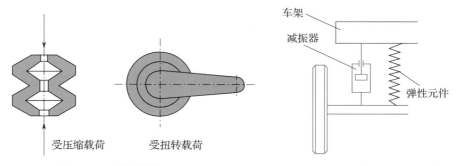

受压缩载荷　　　受扭转载荷

图 3-2-6　橡胶弹簧　　　　　图 3-2-7　减振器的安装形式

（3）结构　双向作用筒式减振器的基本组成如图 3-2-8 所示。

1）三个同心钢筒。外面的钢筒是防尘罩，其上部的吊耳与车架相连；中间的钢筒是储油缸筒，内装有一定量的油液，其下端的吊耳与车桥相连；里面的钢筒是工作缸筒，其内装满油液。

2）四个阀。流通阀和补偿阀是一般的单向阀，其弹簧很弱，当阀上的油压作用力与弹簧弹力同向时，阀处于关闭状态，完全不通油液；而当油压作用力与弹簧弹力反向时，只要很小的油压，阀便能开启；压缩阀和伸张阀是卸载阀，其弹簧刚度较大，预紧力较大，只有当油压增高到一定程度时，阀才能开启；而当油压减低到一定程度时，阀即自行关闭。

（4）工作过程　双向作用筒式减振器的工作原理可用压缩和伸张两个行程加以说明。

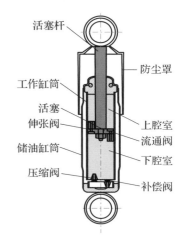

图 3-2-8　双向作用筒式减振器

活塞杆　　防尘罩
工作缸筒
活塞　　上腔室
伸张阀　　流通阀
储油缸筒　　下腔室
压缩阀
　　补偿阀

1）压缩行程：当车桥移近车架（或车身）时，减振器受压缩，活塞下移，使其下腔室容积减小，油压升高。具有一定压力的油液顶开流通阀进入活塞上腔室。由于活塞杆占用上腔室的部分容积，使上腔室增加的容积小于下腔室减小的容积，因此还有一部分油液不能进入上腔室而只能压开压缩阀，流回储油缸筒中。油液流经上述阀孔时，会受到一定的节流阻力，为克服这种阻力而消耗了振动能量，使振动减小。

2）伸张行程：当车桥相对远离车架（或车身）时，减振器受拉伸，活塞上移，使其上腔室油压升高。上腔室的油液便推开伸张阀流入下腔室。同样由于活塞杆的存在，上腔室减小的容积小于下腔室增加的容积，因此从上腔室流出来的油液不足以充满下腔室所增加的容积，使下腔室产生一定的真空度，这时储油缸筒中的油液在真空的作用下推开补偿阀流进下腔室进行补充。

二　非独立悬架

非独立悬架由于结构简单、工作可靠、被广泛应用于货车和客车上，而用在轿车上往往只作为后悬架。按照采用弹性元件的不同，可分为钢板弹簧式非独立悬架和螺旋弹簧式非独立悬架。

（一）钢板弹簧式非独立悬架

如图 3-2-9 所示为一种典型的钢板弹簧式非独立悬架。钢板弹簧中部通过 U 形螺栓（骑马螺栓）固定在前桥上。钢板弹簧的前端卷耳用弹簧销与前支架相连，形成固定式铰链支点，起传力和导向的作用；而后端卷耳则用吊耳销与可在车架上摆动的吊耳相连，形成摆动式铰链支点，从而保证了弹簧变形时两卷耳中心线间的距离有改变的可能。

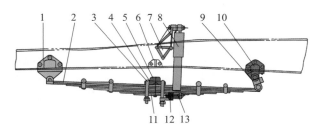

图 3-2-9　钢板弹簧式非独立悬架

1—钢板弹簧前支架　2—前钢板弹簧　3—U 形螺栓（骑马螺栓）4—盖板　5—缓冲块　6—限位块
7—减振器上支架　8—减振器　9—吊耳　10—吊耳支架　11—中心螺栓　12—减振器下支架　13—减振器连接销

（二）螺旋弹簧式非独立悬架

螺旋弹簧式非独立悬架常用于轿车的后悬架。由于使用螺旋弹簧作为弹性元件，仅能承受垂直载荷，因此，其悬架系统需要安装导向装置和减振器。导向装置包括纵向推力杆和横向导向杆，纵向推力杆用以传递牵引力、制动力等纵向力及其力矩。横向导向杆用以传递悬架系统的横向力。当后桥与车身之间的距离发生变化时，横向导向杆也可绕其铰接点做上、下横向摆动。两个减振器的上端铰接在车身支架上、下端铰接在车桥支架上。

如图 3-2-10 所示为一种典型的螺旋弹簧式非独立悬架。两个后轮用一根整体后轴相连，纵向推力杆的一端和车轴固定，另一端通过带橡胶衬套的孔和车身相连。橡胶衬套可在各个方向产生较小的变形来防止运动干涉。横向推力杆用来传递车轴和车身之间的横向作用力及其力矩。加强杆用来加强横向推力杆的安装强度，并使车身受力均匀。

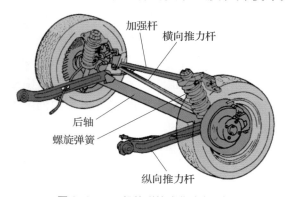

图 3-2-10　螺旋弹簧式非独立悬架

由于非独立悬架汽车的乘坐舒适性与操纵稳定性都比较差，设计人员为解决这些问题，因此开发了独立悬架。

三　独立悬架

独立悬架广泛地应用在现代汽车上，特别是轿车的转向轮普遍采用了独立悬架。

优点：一是独立悬架可以降低非簧载重量；二是车轮的方向稳定性良好，提高了乘坐舒适性和操纵稳定性；三是在独立悬架系统中，弹簧仅支撑车身，由于左、右车轮之间没有车轴连接，地板和发动机的安装位置可以降低，从而降低整车的重心。

缺点：一是结构复杂，制造成本高，维修不便；二是车轮跳动时，由于车轮外倾角与轮距变化较大，轮胎磨损较严重。

独立悬架的结构类型有很多，主要可按车轮运动形式分成以下 5 类，如图 3-2-11 所示。

1）车轮在汽车横向平面内摆动的悬架（横臂式独立悬架，图 3-2-11a）。

2）车轮在汽车纵向平面内摆动的悬架（纵臂式独立悬架，图 3-2-11b）。

3）车轮沿主销移动的悬架，其中包括烛式独立悬架（图 3-2-11c) 和麦弗逊式独立悬架（滑柱连杆式悬架，图 3-2-11d）。

4）车轮在汽车的斜向平面内摆动的悬架（单斜臂式独立悬架，图 3-2-11e）。

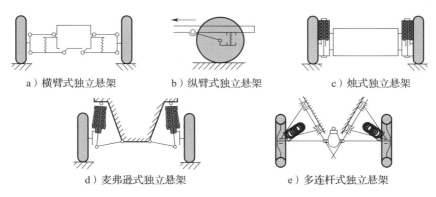

a）横臂式独立悬架　　　b）纵臂式独立悬架　　　c）烛式独立悬架

d）麦弗逊式独立悬架　　　　e）多连杆式独立悬架

图 3-2-11　几种类型的独立悬架示意图

（一）横臂式独立悬架

横臂式独立悬架分为单横臂式和双横臂式两种。

1. 单横臂式独立悬架

单横臂式独立悬架的特点是当悬架变形时，车轮平面将倾斜而改变两侧车轮轮距，使轮胎相对于地面侧向滑移，破坏轮胎和地面的附着。它用于转向轮时，会使主销内倾角和车轮外倾角发生较大的变化，对于转向操纵有一定影响，故在前悬架中很少采用。

2. 双横臂式独立悬架

双横臂式独立悬架的两个摆臂长度可以相等，也可以不相等，如图 3-2-12 所示。在摆臂等长的独立悬架中（图 3-2-12a），当车轮上下跳动时，车轮平面没有倾斜，但轮距却发生了较大的变化，这将增加车轮侧向滑移。在摆臂不等长的独立悬架中（图 3-2-12b），如将两臂长度选择适当，可以使车轮和主销的角度以及轮距的变化都不太大，由较软的轮胎变形来适应。

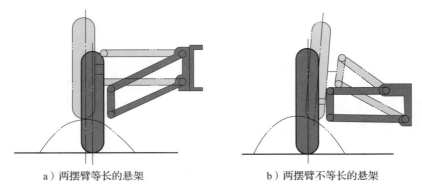

a）两摆臂等长的悬架　　　　　　　　b）两摆臂不等长的悬架

图 3-2-12　双横臂式独立悬架示意图

（二）纵臂式独立悬架

纵臂式独立悬架也分为单纵臂式和双纵臂式两种。

1. 单纵臂式独立悬架

单纵臂式独立悬架主要用于后轮，如图 3-2-13 所示。纵摆臂是一片宽而薄的钢板，一端与半轴套管铰接，另一端带有套筒，套筒通过花键与扭杆弹簧的外端相连，扭杆的内端固定在车架上。

2. 双纵臂式独立悬架

如图 3-2-14 所示为用于前轮的双纵臂式独立悬架。转向节和两个纵摆臂做铰链连接，在车架的两根管式横梁的内部装有由若干层矩形端面的薄弹簧钢片叠成的扭杆弹簧。两根扭杆弹簧的内端用螺栓固定在横梁中部，而外端则插入纵臂轴的矩形孔中。纵臂轴用衬套支承在管式横梁内，轴和纵臂刚性连接。

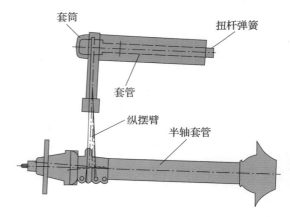

图 3-2-13　单纵臂式独立悬架示意图

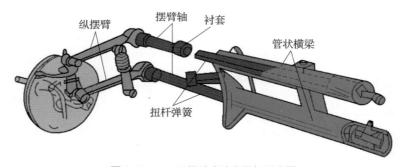

图 3-2-14　双纵臂式独立悬架示意图

这种悬架当车轮上下跳动时，车轮外倾角、轮距和主销后倾角都不发生变化，所以适用于前轮。

（三）烛式独立悬架

如图3-2-15所示为烛式独立悬架，主销的上下两端刚性地固定在车架上。套在主销上的套管固定在转向节上，套管的中部固定装着螺旋弹簧的下支座。筒式减振器的下端与转向节相连，上端与车架相连。悬架的摩擦部分套着防尘罩。通气管与防尘罩内腔相通，以免罩中空气被密封而影响悬架的弹性。

（四）麦弗逊式独立悬架

麦弗逊式独立悬架目前在轿车上应用很广泛，其结构如图3-2-16所示，由减振器、螺旋弹簧、横摆臂、横向稳定杆(图中未画出)等组成。减振器与套在它外面的螺旋弹簧合为一体，构成悬架的弹性支柱，支柱上端与车身挠性连接，支柱下端与转向节刚性连接。横摆臂的外端通过球头销与转向节的下部连接，内端与车身铰接。

麦弗逊式独立悬架没有传统的主销实体，转向轴线为上下铰接中心的连线AB（一般与弹性支柱的轴线重合）。当车轮上下跳动时，B点随横摆臂摆动，因而主销轴线AB随之摆动（弹性支柱也摆动）。这说明车轮沿着摆动的主销轴线运动。

麦弗逊式独立悬架结构简单，布置紧凑，用于前悬架时能增大两前轮内侧的空间，故多用于发动机前置前轮驱动的轿车上。

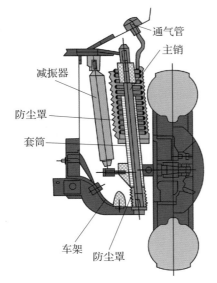

图3-2-15　烛式独立悬架

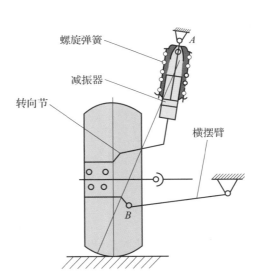

图3-2-16　麦弗逊式独立悬架结构示意图

（五）多连杆式独立悬架

独立悬架中多采用螺旋弹簧，对于侧向力、垂直力以及纵向力需增设导向装置，即采用杆件来承受和传递这些力，因此一些轿车上为减轻车重或简化结构会采用多连杆式独立悬架，如图3-2-17所示。

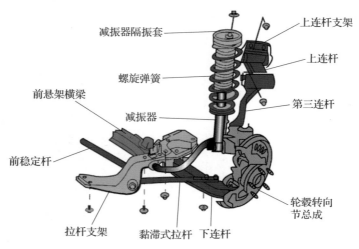

图 3-2-17　多连杆式独立悬架示意图

上连杆用上连杆支架与车身（或车架）相连，上连杆外端与第三连杆相连。上连杆的两端都装有橡胶隔振套。第三连杆的下端通过重型止推轴承与转向节连接。下连杆与普通的下摆臂相同，其内端通过橡胶隔振套与前横梁相连接，球铰将下连杆的外端与转向节相连。多连杆式前悬架系统的主销轴线从下球铰延伸到上面的轴承，它与上连杆和第三连杆无关。

四　电控悬架

电子控制悬架系统（Electronic Modulated Suspension，EMS）以悬架 ECU 作为控制核心，对汽车悬架系统参数（包括弹簧刚度、悬架阻尼和车身高度等）进行实时控制，适应汽车不同的荷载重量、不同的道路条件以及不同的行驶工况的需要，已应用于一些中高级轿车和大型客车上。电子控制悬架系统性能总是趋向于保持最佳状态，从而满足汽车行驶的操纵稳定性和平顺性。采用电子控制悬架系统的汽车，其乘坐舒适性与行驶安全性皆大幅度提高，充分考虑驾驶员与乘车人员的需求。

汽车主动悬架系统

（一）电控悬架功能

1. 车身高度控制

当乘客和荷载重量变化时，仍保持车身高度恒定。当汽车在坏路面上行驶时，可以提高车身高度，以提升汽车通过性；当汽车高速行驶时，可以降低车身高度，从而减少空气阻力，提升汽车操纵稳定性。当汽车驻车时，点火开关关闭后，可以降低车身高度，便于乘客下车。

2. 减振器阻尼力控制

当汽车急转向时，提高弹簧刚度和减振器阻尼来抑制车身侧倾。当汽车紧急制动时，提高弹簧刚度和减振器阻尼来抑制车身前倾。当汽车急加速时，提高弹簧刚度和减振器阻尼来抑制车身后仰。

3. 弹簧刚度控制

弹簧刚度控制与减振器控制一致。当车速较高时，提高弹簧刚度和减振器阻尼，以提高汽车高速行驶时的操纵稳定性。当前轮遇到凸起时，减小后轮悬架弹簧刚度和减振器阻尼，以减小车身的振动和冲击。当路面差时，提高弹簧刚度和减振器阻尼力来抑制车身振动。电控悬架详细功能见表 3-2-1 和表 3-2-2。

表 3-2-1　车身高度控制

控制项目	控制功能
自动高度控制	汽车始终保持在某一个恒定高度位置，操作高度控制开关，能使汽车的目标高度变为"正常"或"高"的状态
高车速控制	当高度控制开关位于"高"位置时，汽车高度会降低到"正常"状态，从而改善汽车行驶稳定性
驻车控制	当点火开关关闭后，因重量变化而使汽车高度高于目标高度时，能使汽车高度降低到目标高度，从而改善汽车驻车时的状态

表 3-2-2　弹簧刚度和减振器阻尼力控制

行驶情况	控制状态	控制功能
起步和加速	弹簧变硬	抑制汽车后仰
不平坦路面	弹簧变硬或阻尼中等	抑制汽车上下跳动，改善乘坐舒适性
转弯/倾斜路面	弹簧变硬	抑制侧倾，改善操纵稳定性
高速	弹簧变硬或阻尼中等	改善汽车高速时操纵稳定性
制动	弹簧变硬	抑制汽车制动前倾

（二）电控悬架分类

1. 按控制方式

根据控制系统是否具有动力源，电控悬架可分为主动悬架、半主动悬架、被动悬架。主动悬架又可分为空气弹簧悬架和油气弹簧悬架两种形式。

2. 按悬架系统结构

根据传力介质的不同，电控悬架可分为电控空气悬架系统和电控液压悬架系统。

（1）电控空气悬架系统　电控空气悬架系统的传力介质为空气，利用压缩空气充当弹簧作用，通常通过改变主、副空气室通气孔的截面积来改变气室压力，以实现悬架刚度控制，并通过对气室充气或排气实现汽车高度控制。弹簧的刚度和车身高度是根据汽车行驶状况自动控制的，减振器阻尼力控制与汽车行驶车身姿态的变化相适应。

（2）电控液压悬架系统　电控液压悬架系统是指油气式主动悬架，悬架的传力介质为油和气，通常以油液为介质，将车身与车轮之间的力和力矩传送至气室中，按照气体 p-V 状态方程规律，实现悬架的刚度控制，并通过油路小孔的节流作用实现减振器阻尼控制。它能根据传感器信号，并利用液压部件主动地控制汽车振动。

（三）电控空气悬架

在电控悬架中，电控空气悬架系统的结构最复杂，也最全面，下面将详细介绍电控空气悬架系统，以充分了解电控悬架。

1. 整体结构

电控空气悬架是一种可调节式的车辆悬架。电控空气悬架采用空气压缩机产生压缩空气，并将压缩空气送到弹簧和减振器的空气室中，以此来改变车辆的高度。电控空气悬架由传感器与开关、电子控制单元、执行元件三部分组成。图 3-2-18 所示为电控空气悬架基本结构。

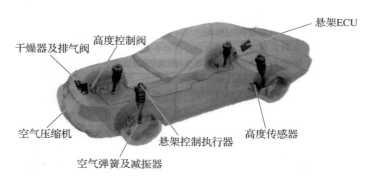

图 3-2-18　电控空气悬架基本结构图

2. 传感器与开关

传感器的作用是将汽车行驶的速度、加速度、起动、转向、制动和路面状况、车身振动状况、车身高度等信号传送给电子控制单元。电控悬架系统使用的传感器包括加速度传感器、车身高度传感器、车速传感器、转向盘转角传感器、车门传感器和各种控制开关等。

图 3-2-19　奥迪 A8 车身加速度传感器

（1）车身加速度传感器　车身加速度传感器安装在转向节或轴头上，用来准确地测量汽车的纵向加速度及横向加速度，并将信号输送给电子控制单元（ECU），使 ECU 能够调节悬架系统的阻尼力大小及空气弹簧的压力大小，以维持车身的最佳状态。图 3-2-19 所示为奥迪 A8 车身加速度传感器。

（2）车身高度传感器　车身高度传感器安装在车身与车桥之间，用于检测汽车行驶时车身高度的变化情况，并转换为电信号输入悬架系统的电子控制单元中，可反馈汽车车身高度信息。图 3-2-20 所示为奥迪 A8 车身高度传感器。

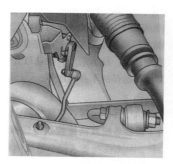

图 3-2-20　奥迪 A8 车身高度传感器

（3）车速传感器　车速传感器安装在车轮上，用于检测车速并将信号传递给悬架 ECU，ECU 根据该信号与转向盘信号计算出车身侧倾程度，从而调节悬架的阻尼力。

（4）转向盘转角传感器　转向盘转角传感器安装在转向轴上，用来检测转向盘的中间位置、转动方向、转动角度和转动速度，并把信号输送给悬架 ECU，ECU 根据该信号和车速信号判断转向程度，从而控制车身的侧倾。

（5）车门传感器　车门传感器安装在车门的门扣上，用来检测判断车门开关状态变化，为悬架 ECU 提供相应的信号。

（6）制动灯开关　当踩下制动踏板时，制动灯开关便接通，悬架 ECU 接收这个信号，作为防"点头"控制用的一个起始状态。

（7）模式选择开关　模式选择开关的作用是根据汽车的行驶状况和路面情况，选择悬架的运行模式，从而决定减振器的阻尼力大小。运行模式包括标准（Norm）与运动（Sport）两种。

（8）高度控制开关　高度控制开关的作用是改变车身高度。运行模式包括低（Low）与高（High）两种。

3. 电子控制单元

电子控制单元（ECU）接收来自各种传感器的输入信号并进行各种运算，然后向执行元件输出控制悬架的刚度、阻尼力和车身高度信号；同时检测各种传感器信号是否正常，如有故障，将存储故障码和相关参数，点亮仪表盘故障指示灯。ECU 采集的主要信号包括车速、转向角度、压力信号、制动灯开关、车身加速度、悬架模式选择开关、实际车身水平高度、驾驶员选择的车身高度等。

4. 执行元件

通常所用的执行元件包括：气压缸 / 减振器总成、悬架控制执行器、空气压缩机与干燥器总成及高度控制电磁阀等。执行元件接收 ECU 的控制信号，及时准确地动作，从而按照要求调节悬架刚度、阻尼力和车身高低。

（1）气压缸 / 减振器总成　减振器的作用是尽可能快地消除悬架所吸收的振动，因此在安装空气弹簧的基础上，又安装了液压式减振器。气压缸由一只装有低压氮气的可变阻尼力减振器和一个带有大容量压缩空气的气室组成，以提升乘坐舒适性，其结构如图 3-2-21 所示。它配备一只硬阻尼阀和一只软阻尼阀，以便转换减振器的阻尼力。通过旋转阀变化阻尼，从而改变通过阀门的液流比率。

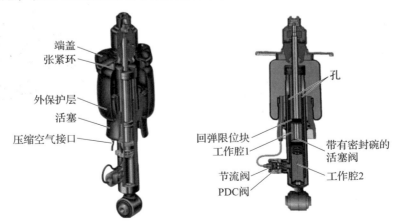

图 3-2-21　奥迪 A8 减振器总成结构示意图

1）空气弹簧。气动减振控制系统是依靠气体弹簧空气压力产生减振力，从而将车身保持在某一高度的空气弹簧系统。在轿车上使用带有管状气囊的空气弹簧作为弹性元件，空气弹簧由上端盖、管状气囊、活塞（下端盖）、张紧环等部件构成。空气弹簧具有占用空间小、弹簧行程大等优点。空气弹簧工作时，管状气囊在活塞上展开，上端盖和活塞之间的管状气囊由金属张紧环夹紧。

2）减振器。减振器的作用是在部分负荷时，使车辆具备良好的驾乘舒适性，而在全负荷时获得足够的减振刚度。这种减振器的阻尼力可根据空气弹簧压力来改变。PDC 阀通过孔与活塞杆侧的工作腔 1 相连。在空气弹簧压力较小时（车辆空载或载荷非常小），PDC 阀完全打开，液体的流动阻力较小。此时一部分液压油会流过阻尼阀，阻尼力减小。在空气压力较大时（车辆载荷较大），PDC 阀的开口截面减小，因此减振力较大。

（2）悬架控制执行器　悬架控制执行器位于各气压缸 / 减振器支柱顶部，结构如图 3-2-22 所示。所有减振器上变阻尼执行元件的电路均并联，通过输出轴转动减振器旋转阀来改变减振器的阻尼力。旋转阀（输出轴）旋转角度是由空气悬架电子控制单元的信号控制的。

（3）空气压缩机与干燥器总成　空气压缩机与干燥器总成由电动机、压缩机、排气电磁阀、温度传感器、空气干燥器、气动排气阀等组成，如图 3-2-23 所示。空气压缩机为升高汽车悬架高度提供压缩空气。空气压缩机安装在前机舱的左前方。为了避免压缩空气产生冷凝水引起部件锈蚀，必须采用空气干燥器给压缩空气去湿。气动排气阀的作用是保持系统剩余压力和限压。温度传感器安装在压缩机盖上，悬架 ECU 根据压缩机的运行时间和温度信号计算出压缩机的最高允许温度，当超过某个限值时关闭压缩机，避免压缩机过热，可以提高系统工作可靠性。排气电磁阀安装于空气干燥器的末端。在汽车悬架高度下降时，排气电磁阀打开，压缩空气通过空气干燥器，再经过排气电磁阀排入大气中。

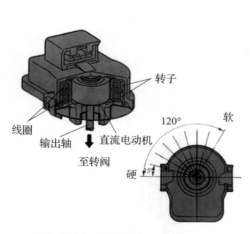

图 3-2-22　悬架控制执行器结构图

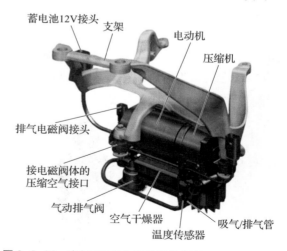

图 3-2-23　空气压缩机与干燥器总成结构示意图

（4）高度控制电磁阀　高度控制电磁阀安装于空气干燥器与气压缸之间，如图 3-2-24 所示，用于控制汽车悬架的高度。高度控制电磁阀由电磁阀、阀体等组成。在汽车悬架高度需要上升时，高度控制电磁阀接通，排气电磁阀关闭，向气压缸充入压缩空气，使汽车悬架升高。在汽车悬架高度需要下降时，高度电磁阀接通，排气电磁阀打开，压缩空气通过空气干燥器排入大气中。

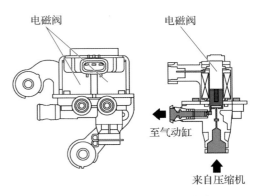

图 3-2-24　高度控制电磁阀安装位置

（四）电控悬架工作过程

1. 概述

传感器与开关将汽车行驶的路面情况（汽车的振动）和车速及起动、加速、转向、制动等工况转变为电信号，输送给电子控制单元，电子控制单元将传感器输入的电信号进行综合分析处理，输出对悬架的刚度、阻尼及车身高度进行调节的控制信号给执行元件，使悬架系统的刚度、减振器的阻尼力及车身高度等参数改变，从而使汽车具有良好的乘坐舒适性、操纵稳定性以及通过性。电控悬架系统的最大优点是能使悬架根据不同的路况和行驶状态做出不同的反应。

2. 底盘类型

奥迪 A8 汽车有两种底盘，一种是标准底盘，另一种是运动底盘。标准底盘（自适应悬架）可以手动或自动设置"automatic"（自动）、"comfort"（舒适）、"dynamic"（动态）、"lift"（提升）四种模式，具备转弯、制动、起步、休眠、使用千斤顶、应急等特殊工况下的悬架刚度、阻尼力调节功能。

3. 多媒体交互系统（MMI）

奥迪 A8 电控空气悬架系统操纵机构集成在多媒体交互系统（MMI）上，空气悬架系统从一种模式切换到另一种模式以及系统状态的显示和指示都是通过多媒体交互系统（MMI）来完成的。

4. 自动模式（automatic）

通过 MMI 手动设置调节模式，在自动模式下，汽车处于基本高度，约 120mm（标准底盘），如图 3-2-25 所示。此时以舒适性为主，并拥有与之相适应的减振特性。在车速超过 120km/h 30s 后，底盘会下沉 25mm。底盘下沉可以改善空气动力学性能并降低燃油消耗率。当车速低于 70km/h 的时间达 120s 或车速低于 35km/h 时，底盘会自动恢复到基本高度。

图 3-2-25　自动模式与舒适模式时汽车高度

5. 舒适模式（comfort）

如图 3-2-25 所示，舒适模式的底盘高度与"automatic"模式是一样的，但在车速较低时减振效果要强一些，因此与"automatic"模式相比，舒适性更好一些。

6. 动态模式（dynamic）

与自动模式相比，动态模式时，汽车高度会在基本高度基础上下降 20mm，如图 3-2-26 所示。此时自动调整到动态模式的减振特性，在车速持续超过 120km/h 30s 后，底盘会再下沉 5mm。当车速低于 70km/h 的时间达到 120s 或车速低于 35km/h 时，底盘会自动恢复到基本高度。

7. 提升模式（lift）

与自动模式相比，提升模式时汽车会在基本高度基础上升高 25mm，如图 3-2-27 所示。此时与"automatic"（自动）模式一样以舒适为主。只有当车速低于 80km/h 时才能选择这个模式。当车速超过 100km/h 时会自动脱离此模式，这时车辆会回到之前选择的模式，即使车速又降到 80km/h 以下，也不会再自动回到"lift"（提升）模式。

图 3-2-26　动态模式时汽车高度下降 20mm

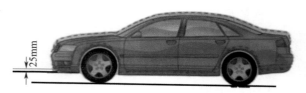

图 3-2-27　提升模式时汽车高度升高 25mm

8. 特殊工况调节

汽车在转弯、制动、起步工况下，通过调节减振器的阻尼力使车辆保持平稳。转弯时，悬架的调节过程被终止，转弯结束后又接着进行调节；制动时，减振阻尼调节主要在 ABS/ESP 制动过程中发挥作用，根据制动压力的大小进行调节。起步时，车身的惯性会导致汽车出现"栽头"现象。

9. 应急运行状态

若系统识别到部件故障或信号故障，则系统功能的可靠性无法保障。系统根据故障的严重程度，会启动一个应急运行程序，并将故障码存入故障存储器，使组合仪表上的警告灯点亮。当悬架的调节功能完全失效时，该系统就会被中断供电，于是悬架就呈现"硬"的状态。应急状态是为了保证行驶稳定性，这样可避免悬架过软。

➡ 技能操作

▇ 一　减振器的装配与检修

（一）减振器的装配

1）将减振器杆上的各零件依次装上，装配前在油封内表面涂上润滑脂，把油封套在减振器杆上时，不要碰伤其刃口，最好先在杆上套一个锥形套，然后再装油封。装油封时应将外表面具有圆角的一端朝向油缸。

2）在工作缸的一端压力支承座总成，检查隔片的位置是否正确，隔片距支承座的距离应为 120mm，然后把工作缸与支承座总成装入储油缸内。

3）加入适当的油液，可用金属网将油液过滤，注意不要混入金属屑或棉纱丝。

4）把减振器杆及活塞总成装入工作缸内，使导向座的止口套入工作缸，装好密封环（每次拆装都要更换），拧紧油缸螺母。

（二）减振器性能试验

1）储油缸螺母拧紧后，减振器应能自由滑动，不允许有发卡现象。

2）将减振器往复拉动两三次，看其阻力是否恢复和有无缺油造成的空程；向上拉时，应感到阻力沉重；向下压，应有较轻阻力；往复过程中，阻力应均匀。

（三）减振器检查

在车辆行驶过程中，如减振器发出异常的响声，则说明该减振器已损坏，必须更换。一般减振器是不进行修理的，如有很小的渗油现象则不必调换，如漏油较多可通过拉伸和压缩减振器来检查渗油现象。漏出的减振器油不能再加入减振器内重新使用，漏油的减振器不能再使用。（注意：漏出或放出的减振器油应妥善处理，不能随意丢弃，要具备安全环保的职业素养）

在车前、车后通过晃动车身确定减振器减振力大小，并且检查车身停止晃动的时间长短。

二　非独立悬架系统常见故障诊断与排除

（一）车身倾斜

（1）现象　汽车停放在平坦路面上，车身横向或纵向歪斜，行驶中汽车自动跑偏。

（2）原因　钢板弹簧、螺旋弹簧断裂；弹簧弹力下降；弹簧刚度不一致；U 形螺栓松动。

（3）诊断与排除方法　若车身歪斜，通常是由弹簧折断、弹性减弱及钢板销、衬套和吊耳磨损过大等因素引起的；若车身横向歪斜，且汽车行驶中跑偏，则多属某侧前钢板弹簧或螺旋弹簧不良使前桥移位所致，应检查钢板弹簧是否折断或螺旋弹簧弹力是否下降；若钢板销、衬套和吊耳磨损过大，除上述现象外还可能造成汽车行驶摆振；若车身纵向歪斜，则多属某侧后钢板弹簧或螺旋弹簧不良使后桥移位所致，可测量两侧轮距是否一致，不一致则表明车桥移位。

（二）异响

（1）现象　汽车行驶过程中，特别是道路颠簸、紧急制动、转弯时从悬架部位发出噪声。

（2）原因　减振器漏油，造成油量不足；活塞与缸筒磨损，配合不紧密；连接部位脱落；铰链点磨损、松动；橡胶衬套磨损、老化或损坏；弹簧折断。

（3）诊断与排除方法 首先应检查悬架与车架或车桥的连接部位，看是否存在脱落现象，其胶垫是否损坏或松动。如良好，用手按下保险杠，放松后如汽车有 2 次或 3 次跳跃，说明减振器良好，可路试减振器效能。当汽车缓慢行驶并不断制动减速时车身跳跃剧烈，或行驶一段路程后，减振器外壳温度高于其他部位，均说明减振器工作不正常，应予以更换。

三 非独立悬架系统的损耗与维护

非独立悬架的损耗主要有钢板弹簧弹力衰退、断片和减振器失效。非独立悬架损耗后不仅会增加汽车零件的冲击载荷、破坏汽车的减振性能，还会产生"前轮定位效应"，从而影响汽车的操纵性能、制动过程中方向的稳定性，还会加剧轮胎的磨损。

（一）钢板弹簧的损耗与维护

造成钢板弹簧断片的原因除了与卷耳过渡处等部位应力集中有关之外，与钢板热处理品质也有关系。另外，若钢板弹簧定位卡缺少或固定不好，甚至形成半散片，从而破坏了各片应力的合理分配，造成局部应力集中而使整梁钢板弹簧弹力减退，也会引起两侧钢板弹簧弹力差异过大。若钢板弹簧中心螺栓或 U 形固定螺栓紧固力矩不符合原厂规定，就会造成逐片断裂。若 U 形紧固螺栓过紧而中心螺栓紧固力矩不足，应力集中断面就会集中移至 U 形螺栓压紧线的断面上，从而造成疲劳断裂。若 U 形螺栓固定过松，而中心螺栓紧固力矩过大，应力集中又会移至中心螺栓孔横向轴线的断面上，此断面的截面较小，从而造成疲劳断裂，最终导致整架钢板弹簧断裂。

多数汽车在维修时，通过在钢板弹簧片之间涂抹石墨润滑脂，来减小钢板弹簧工作层片间的摩擦系数，并降低片间的摩擦温度。

钢板弹簧日常维护作业包括：检查 U 形紧固螺栓，其紧固力矩必须符合原厂规定，并非越紧越好；按时向钢板弹簧销加注润滑脂；若发现断片或钢板弹簧固定卡、隔套、卡子螺栓缺少应及时进行检修；二级维护时，拆检钢板弹簧，并向片间涂抹石墨润滑脂；钢板弹簧禁止加片。

（二）减振器的损耗

减振器的损耗主要是由缺减振器油和减振器失效所致。

四 独立悬架系统常见故障诊断与排除

（一）现象

1）异响，尤其在不平路面上转弯时。

2）车身倾斜，汽车在转弯时车身过度倾斜等。

3）前轮定位参数改变，轮胎异常磨损。

4）车辆摆振及行驶不稳。

（二）原因

独立悬架系统常见故障原因有：螺旋弹簧弹力不足；稳定杆变形；上、下摆臂变形；各铰接点磨损、松旷。

五　独立悬架系统的损耗与维护

独立悬架的结构复杂，其主要损耗有转向节及其支撑、定位杆系的铰销磨损过大；杆系变形、裂纹；悬架弹簧弹力衰退、断裂；减振器失效；橡胶消音垫损坏，润滑不良等。这些损耗会引起前轮摆动，车轮反向垂直跳动，从而导致汽车舒适性变差，转弯时车身倾斜严重、噪声过大等故障。

独立悬架系统维护作业包括：加注润滑脂；检视杆系零件与弹簧有无断裂；检视减振消音橡胶零件的磨损状况并更换；调整各铰接部位及其他配合部位的间隙等。多数情况下与调整前轮定位合并进行。

六　电控悬架车辆的操作注意事项与检查方法

（一）操作注意事项

配置电控悬架系统的车辆，在进行保养维护操作时，必须注意操作规范，以免因错误操作引起故障和发生危害。

1）在举升车辆前，要关闭高度控制开关或通过操控显示系统关闭自动悬架系统，工作完毕后再打开。

2）在进行人工充气操作时，可将车辆举升起一点，特别是在使用车辆自身空气压缩机直接加气时，以免烧毁空气压缩机。

3）升降车辆时，避免工具和肢体在轮胎与翼子板之间停留。

4）避免空气压缩机长时间工作，确保空气管道系统无漏气现象。

（二）检查方法

电控悬架系统的检查与诊断方法见表3-2-3。

表3-2-3　电控悬架系统的检查与诊断方法

序号	常见故障	故障原因	排除方法
1	水平高度调节系统控制器故障	损坏	更换
2	水平高度调节系统压缩机继电器故障	损坏	更换
3	水平高度调节系统空气供给总成故障	损坏	更换
4	减振支柱阀故障	损坏	更换
5	相关传感器故障	松动或损坏	紧固或更换
6	相关线路故障	损坏、断路、短路	维修或更换

七 电控悬架系统检修

（一）电控悬架系统元件识别

电控悬架系统维护前，需了解其元件位置及组成。图 3-2-28 所示为奥迪 A8 电控悬架各部件在车上的安装位置及名称。图 3-2-29 所示为电控悬架系统元件的组成。

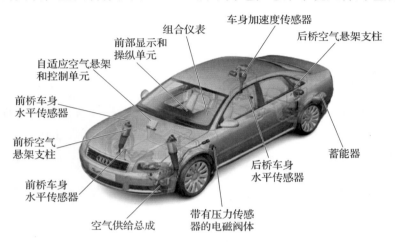

图 3-2-28　奥迪 A8 电控悬架各部件在车上的安装位置及名称

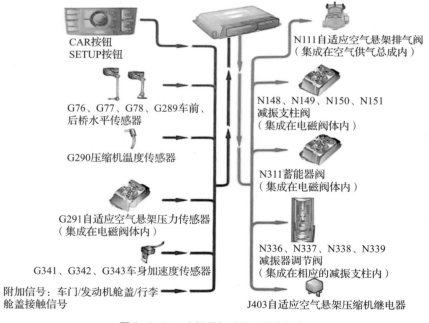

图 3-2-29　电控悬架系统元件的组成

（二）检修步骤

1. 确认故障现象

安装车轮挡块、车内外三件套，确认变速杆置于空档，驻车制动器操纵杆拉起。打开前机舱盖，安装车外三件套。起动车辆，操作车辆至电控悬架系统模式，观察能否调节，仪表是否正常显示。

2. 利用故障诊断仪诊断故障

连接故障诊断仪，打开起动开关，进入车辆诊断系统，读取整车数据后，进入电控悬架模块读取故障码与数据流。车辆下电后，清除故障码，再次上电后，使用故障诊断仪再次读取故障码，判断电控悬架系统状态，并查看相关电路图，分析故障原因。

3. 故障检测

检测蓄电池电压是否正常，根据故障码所指元件，并依据电路图（图3-2-30）测量电路后可判断元件是否损坏，若损坏应更换，不能修理。电控悬架系统故障排除后要将故障码清除，清除系统故障码也要用故障诊断仪来完成，按操作提示进行即可。

1）检测传感器供电。

2）检测电控悬架压缩机供电。

3）检测控制单元供电。

4）检测水平高度调节系统压缩机电动机供电。

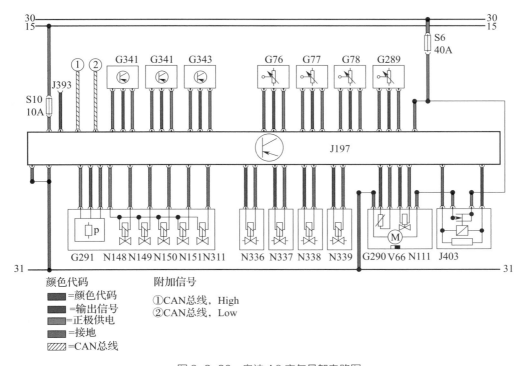

图 3-2-30　奥迪 A8 空气悬架电路图

学习情境三　巡航控制系统检修

➡ 教学目标

知识目标：

1. 掌握定速巡航控制系统功能、组成与工作原理
2. 了解定速巡航控制系统主要零部件
3. 掌握自适应巡航控制系统功能、组成与工作原理

能力目标：

具备定速巡航控制系统检修的能力

素养目标：

培养学生"迎难而上、无坚不摧"的奋斗精神

➡ 情境引入

一辆吉利帝豪 LHip 油电混动版轿车驶进汽车维修站，据车主反映，该车的定速巡航控制系统功能失效了。作为维修人员，请采集信息、诊断并排除故障，将检修合格的汽车交还车主。

➡ 知识学习

一　定速巡航控制系统

汽车巡航控制系统

（一）定义

定速巡航控制系统（Cruise Control System，CCS）又称为定速巡航行驶装置、速度控制系统等。

（二）功能

CCS 是利用先进的电子控制技术对汽车的行驶速度进行自动调节，从而实现以事先设定的速度行驶的一种电子控制装置。当车辆在高速公路上长时间行驶时，驾驶员打开巡航控制开关，设定所需车速，不用再控制加速踏板，使汽车按设定车速等速行驶，从而减轻了驾驶员的疲劳，同时也减少了不必要的车速变化，进而节省燃料。

（三）组成与工作原理

燃油车普遍采用电子节气门技术，因此巡航控制功能集成到电控系统中。定速巡航控制系统是一种典型的闭环控制系统，如图 3-3-1 所示为定速巡航控制系统结构原理图。动

力控制模块接收巡航控制开关信号、车速传感器信号和其他开关信号，将车速传感器测得的实际车速与系统设定的车速进行比较，通过运算产生电子节气门驱动电动机控制信号，驱动节气门驱动电动机，以调节节气门的开度，保证汽车按设定的车速行驶。

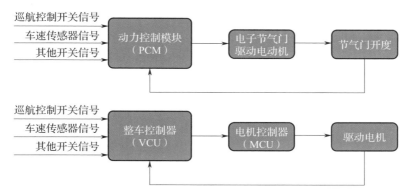

图 3-3-1　定速巡航控制系统结构原理图

　　新能源汽车定速巡航控制系统主要由巡航控制开关、传感器、巡航控制组件和电机控制器等部分组成。当整车控制器（VCU）接收到驾驶员定速巡航控制指令后，通过车速传感器、控制开关信号等判断当前车辆所处状态，当车辆符合定速巡航开启条件时，向电机控制器（MCU）发送执行指令，使车辆维持设定车速匀速行驶。当车速低于设定车速时，驱动电机将提升车速以维持设定车速。当车速高于设定车速时，电机控制器（MCU）将限制电机功率输出，从而使车速稳定在设置车速范围内。制动系统在车辆行驶中具有最高的优先级。任何情况下，当整车控制器（VCU）检测到制动信号时，就会立即切断驱动电机的功率输出，同时也会关闭定速巡航功能，由驾驶员自行操控驾驶。

（四）主要零部件

1. 传感器

　　定速巡航控制系统的传感器主要有车速传感器和节气门位置传感器。

　　（1）车速传感器　它将实际车速信号转化为电信号输入巡航控制系统的电子控制单元中。

　　（2）节气门位置传感器　该传感器与发动机电控系统共用，主要作用是给电子控制单元提供一个与节气门位置成比例变化的电信号。

2. 巡航控制开关

　　巡航控制开关用于巡航车速的设定、取消，及巡航状态的进入和退出等。巡航控制开关可安装于转向盘下方，也可采用手柄式或按键式，安装在转向盘上。如图 3-3-2 所示，比亚迪唐的定速巡航控制开关包括主开关（按键 2）、设定／减速开关（按键 4）、恢复／加速开关（按键 3）和取消开关（按键

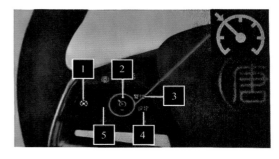

图 3-3-2　比亚迪唐定速巡航控制开关功能键及指示灯

1）。主开关是定速巡航控制系统的主电源开关，其通常采用按键方式，工作时只需将其推入则可以控制定速巡航控制系统电源的通断。定速巡航控制系统具有巡航定速、巡航加速、巡航减速等功能。当车辆行驶时，可以通过巡航控制开关实现不同的功能。

（1）定速巡航开启/关闭　车辆起动，按下巡航按键2（满足激活条件时，系统进入待机状态），此时组合仪表定速巡航指示灯被点亮，如图3-3-2所示。再次按下巡航按键2或关闭整车电源，可以关闭定速巡航控制系统。在40km/h以上的任何车速，按下设定按键4，即可设定当前车速为巡航车速，此时仪表"SET"指示灯显示，说明设定成功，车辆进入巡航状态，驾驶员无须踩加速踏板，车辆即可按设定的速度匀速行驶。

（2）巡航加速　在车辆巡航状态下，每向上滚动滚轮5，短按可以增加2km/h；也可以长按，车速会持续增加，直至适合的速度再松开按键。此外，在定速巡航状态下可以直接踩加速踏板加速，当松开加速踏板后不进行其余操作，车速将缓缓恢复到先前设定的巡航车速。如果踩加速踏板的同时按下设定按键4，可将当前车速设定为巡航车速。

（3）巡航减速　在车辆定速巡航状态下，每向下滚动滚轮5，短按可减小2km/h；也可长按，车速会持续减小，直至适合的速度再松开按键。

（4）定速解除　在车辆定速巡航状态下，按下按键1或踩下制动踏板，或关闭巡航主开关时，巡航行驶将被取消，便可结束定速巡航状态。

（5）定速恢复　解除定速巡航状态后，只要按下按键3，不用踩加速踏板，车速即可自动恢复到定速解除之前的巡航车速。

3. 电子控制单元

电子控制单元（ECU）是定速巡航控制系统中的重要部件，也称巡航控制电脑，是整个定速巡航控制系统的中枢。电子控制单元由处理器芯片、A/D、D/A、IC及输出隔离驱动和保护电路等模块组成。ECU接收来自车速传感器和各种控制开关的信号，按照存储的程序进行处理，当车速偏离预先设定的巡航车速时，ECU会输出一个电信号给执行器，控制执行器动作，使实际车速与设定车速相一致。

部分车辆上没有专用的定速巡航控制系统电子控制单元，定速巡航功能由整车发动机控制模块（ECM）/变速器控制模块（PCM）控制。定速巡航控制系统发生故障时，组合仪表上的电源指示灯闪烁，提示驾驶员注意。同时，ECU存储相应的故障码可通过电源指示灯读取。

4. 执行器

执行器的作用是将ECU输出的电流或电压信号转变为机械运动，从而控制节气门的开度，达到控制车速的目的。

二　自适应巡航控制系统

自适应巡航控制系统（Adaptive Cruise Control，ACC）也称为主动巡航控制系统，是一种智能化自动控制系统，是在定速巡航控制技术基础上发展而来的，它与定速巡航控制系统相比，在功能上有很大扩展。由于 ACC 减少了对加速踏板和制动踏板的操作，所以可明显地提高驾驶舒适性，使用该系统可以使驾驶员严格遵守车速限制以及车距要求。为打破国外技术封锁，零跑汽车、吉利汽车等国产汽车品牌在自适应巡航技术领域攻坚克难，取得了一系列技术成果。

（一）功能

ACC 可以保持驾驶员设定的与前车的距离。若车距大于驾驶员设定值，车辆会自动加速，直到车速达到设定值。若车距小于驾驶员设定值，车辆会自动减速，减速主要通过降低输出功率、换档或必要时施加制动来实现。因考虑乘车舒适性，ACC 还对最大制动效果进行限制，制动效果只能达到制动系统最大制动减速度的 25%，此时，系统告知驾驶员行驶速度相对过快，车辆的靠近情况已无法通过该系统来调整，需要驾驶员控制制动踏板操作。整个调节过程可缓解驾驶疲劳，从而提高了汽车行驶的安全性。

（二）工作条件

1）与前方车辆的距离，如图 3-3-3 所示。

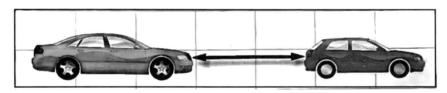

图 3-3-3　与前方车辆的距离

2）与前方车辆的相对速度，如图 3-3-4 所示。

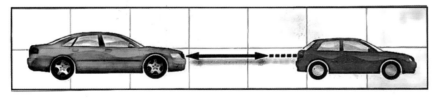

图 3-3-4　与前方车辆的相对速度

3）与前方车辆的位置，如图 3-3-5 所示。

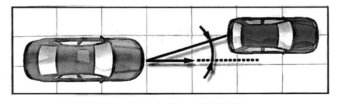

图 3-3-5　与前方车辆的位置

（三）组成

新能源汽车和传统燃油汽车自适应巡航控制系统结构大体相同，主要由信息感知单元、电子控制单元、执行单元和人机交互界面组成，如图 3-3-6 所示。

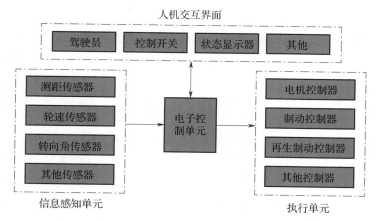

图 3-3-6　新能源汽车自适应巡航控制系统结构框图

1. 车距调节传感器和车距调节控制单元

车距调节传感器和车距调节控制单元安装在同一壳体内，若传感器／控制单元任一元件发生故障，则必须换掉整个车距调控系统。车距调节传感器发射模数化频率信号并接收反射信号。车距调节控制单元对雷达探测信号及其他附加输入信号进行处理。通过这些信号可以在雷达探测范围内的众多物体中，找出作为调控参照物的车辆。如图 3-3-7 所示，通过支架上的调节螺栓可以调节车距调节传感器的安装位置。

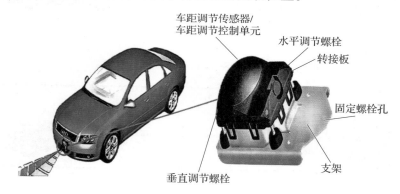

图 3-3-7　车距调节传感器和车距调节控制单元安装位置

2. 操纵和显示

通过位于转向柱左侧的操作杆进行操作，显示仪表共有三个显示区，如图 3-3-8 所示。

1）所有重要信息将在里程表中央进行显示。

2）那些与系统有关的信息将在仪表中央显示屏显示，如图 3-3-9 所示。

3）辅助信息可由驾驶员打开附

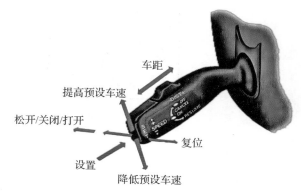

图 3-3-8　自适应巡航控制系统操作杆

加显示屏进行显示。只需按下刮水器操作杆下方的"RESET"（复位）键就能显示，如图 3-3-10 所示。

图 3-3-9　仪表中央显示屏　　　　　图 3-3-10　辅助信息显示

（四）工作原理

安装在车头的雷达传感器会感应出前方车辆。电子控制系统测出两车间距，并会自动计算前方路程的角度情况和相对速度，并判断应保持的最小车距。由 ACC 对发动机（或电机）、变速器和制动电子设备进行控制，以适应该距离，如图 3-3-11 所示。

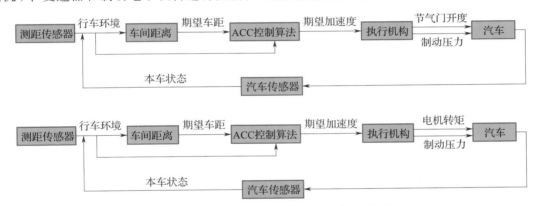

图 3-3-11　自适应巡航控制系统的工作原理框图

1. 车距测量

发射信号和接收到反射信号所需要的时间取决于物体之间的距离，如图 3-3-12 所示。

2. 确定前车的车速

获取前方车辆车速的原理被称作"多普勒效应"。如图 3-3-13 所示，当发射器与被探测目标的距离缩短时，发射电波的频率升高，相反情况时则频率下降。如当消防车接近时，行人听到的是高音的信号（高频）。当消防车远离时，行人听到的是低音的信号（频率跌落 – 低频）。

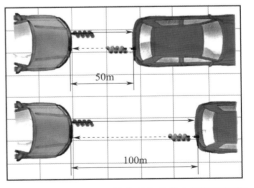

图 3-3-12　发射器 / 接收器与物体之间距离同信号传递时间的关系

3. 确定前车的位置

雷达信号呈叶片状向外扩散，信号强度随着与车上发射器的距离增大而在纵向和横向降低。为确定车辆位置，需知道本车与前车相对运动的角度。这个角度信息是通过一个三束雷达获得的。各个雷达束接收（反射）信号的振幅比（信号强度）传递的就是这个角度信息，如图 3-3-14 所示。

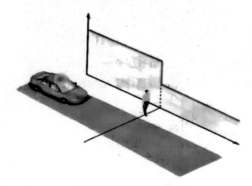

图 3-3-13   多普勒效应

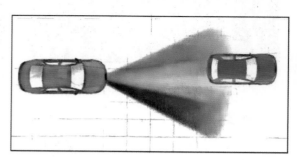

图 3-3-14   确定前车位置

4. 车速和距离的保持

如图 3-3-15 所示，绿车驾驶员已经激活自适应巡航控制系统，并选定了巡航车速 v 和巡航车距 D，此时绿车已经加速到了选定的巡航车速。绿车识别出前面的蓝车与自己行驶在同一条车道上，于是绿车会通过减小节气门开度，必要时也会施加制动来减速，直至两车之间的距离达到设定的巡航距离。

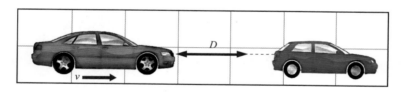

图 3-3-15   巡航车速 v 和巡航车距 D 选定

若这时有另一辆车（如摩托车）闯入绿、蓝两车之间，那么自适应巡航控制系统施加的制动就不足以使绿车和摩托车之间的距离达到设定的巡航车距，于是就有声、光警告信号来提醒驾驶员，应踏下制动踏板施加制动。

若前车驶离车道，那么雷达传感器会检测到这一情况，于是绿车又开始加速，直至达到设定的巡航车速。

➡ 技能操作

一 定速巡航控制系统使用注意事项与检查方法

（一）定速巡航控制系统的使用注意事项

1）定速巡航控制系统在以下情况不应该开启：交通密集或不适宜的路面，如水滑路面、碎石路面、盘山路等。

2）车辆下坡时，定速巡航控制系统不能保持速度的恒定，因为重力会使车速不断增加，这时需要人为制动。

3）定速巡航车速调节时，因系统执行需一定响应时间，不会立即增 / 减速度。

4）当车辆处于定速巡航状态时，驾驶员要时刻关注周边路况，随时做好自行操控的准备。

（二）定速巡航控制系统的检查与诊断方法

定速巡航控制系统的检查与诊断方法见表 3-3-1。

表 3-3-1　定速巡航控制系统的检查与诊断方法

序号	常见故障	故障原因	排除方法
1	巡航开关故障	损坏	更换
2	车速传感器故障	松动 / 损坏	紧固或更换
3	制动信号故障	损坏	更换
4	组合仪表故障	损坏	更换
5	相关线路故障	损坏、断路、短路	维修或更换
6	车身控制模块故障	损坏	更换
7	电机控制器故障	损坏	更换

二　定速巡航控制系统检修

（一）准备工作

准备装备 CCS 的车辆、举升机、车内外三件套、绝缘防护装备、故障诊断仪等。安装车轮挡块、车内外三件套，确认变速杆置于空档，驻车制动器操纵杆拉起。打开前机舱盖，安装车外三件套。

（二）确定故障现象

起动车辆，行驶中开启定速巡航开关没有反应，说明定速巡航功能失效。

（三）诊断故障

连接故障诊断仪，打开起动开关，进入车辆诊断系统，读取整车数据后，进入车身控制模块，读取故障码与数据流。车辆下电后，清除故障码，再次上电后，使用故障诊断仪再次读取故障码，判断定速巡航控制系统状态，查看相关电路图，分析故障原因。

（四）故障检测

检测蓄电池电压是否正常，根据故障码所指元件，并依据电路图（图 3-3-16）选取巡航开关项目，拨动巡航开关，观察数据流变化，若数据流变化不符合开关相应动作，则巡航开关及线路故障。测量电路后可判断元件是否损坏，若损坏应修理或更换。定速巡航控制系统故障排除后要将故障码清除，清除系统故障码也用故障诊断仪来完成，按操作提示进行即可。

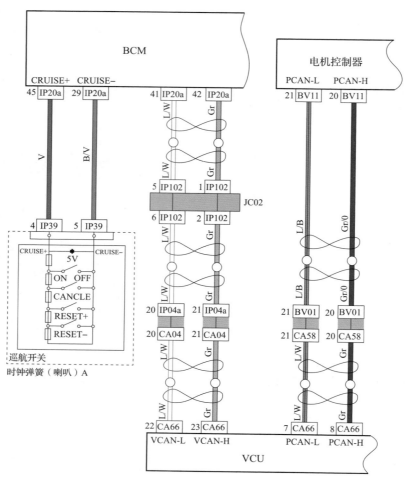

图 3-3-16　吉利 EV450 CCS 电路图

（五）定速巡航控制系统操作

1）找到定速巡航控制系统操作杆，它一般安装在转向盘和仪表盘等方便驾驶员操作的地方。

2）定速巡航在车速达到 30km/h 或以上时才能使用，将定速巡航操纵杆上的开关拨到"ON"位置。

3）开关拨到"ON"后，按下定速巡航操纵杆调速开关"SET/-"，巡航开始工作。调节巡航操纵杆调速开关上的"SET/-"或"RES/+"，可以进行巡航车速的调整，设定不同的巡航车速。

4）调节定速巡航操纵杆开关，将巡航开关拨到"OFF"可以关闭巡航设置。另外踩下制动踏板可以解除巡航设置。

学习场四
新能源汽车转向系统技术及检修

学习情境一   电动动力转向系统检修

➡ 教学目标

知识目标：

1. 掌握电动动力转向系统的组成、分类、工作原理
2. 掌握电动动力转向系统各个零部件的结构与功能

能力目标：

1. 具备电动动力转向系统各部件检修的能力
2. 具备电动动力转向系统故障诊断与排除的能力

素养目标：

培养学生"求真与超越"的创新精神

➡ 情境引入

　　一辆吉利 EV450 轿车驶进汽车维修站，据车主反映，该车转动转向盘十分费力，后经维修人员检查发现，该车使用的是电动动力转向系统，电动动力转向系统警告信号灯已点亮，动力转向系统出现故障。作为维修人员，应排除故障，将维修合格的汽车交还车主。

➡ 知识学习

机械式转向系统　　液压动力转向系统　　电动动力转向系统

一 电子控制动力转向系统认知

（一）产生背景

　　普通动力转向系统的助力特性是不变的，且与车速无关，这会导致停车及低速时，转向盘操纵沉重，中速时较轻快，当车速较高时更加轻快。如果考虑停车及低速时的轻便性，则使高速时操纵力过小，路感下降，易出现转向过度。反之会使停车及低速时操纵力过大，转向沉重，效率下降。为了实现在各种行驶条件下转向盘上所需要的力都是最佳

值，必须采用更先进的电子控制动力转向系统。

汽车转向系统经历了四个发展阶段：机械式转向系统（Manual Steering，MS）—液压助力转向系统（Hydraulic Power Steering，HPS）—电控液压助力转向系统（Electro Hydraulic Power Steering，EHPS）—电动动力转向系统（Electric Power Steering，EPS）。

（二）分类

电子控制动力转向系统可分为电动动力转向系统、电控液力转向系统、电动液力转向系统。

汽车转向器

二 电动动力转向系统

（一）组成

电动动力转向系统由转矩传感器、车速传感器、电动机、电磁离合器、减速机构、电子控制单元等组成，如图 4-1-1 所示。

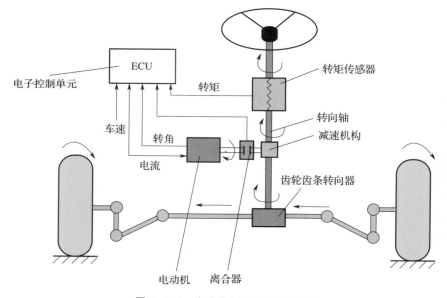

图 4-1-1　电动动力转向系统的组成

（二）分类

根据电动机布置位置的不同，电动动力转向系统可分为转向轴助力式、齿轮助力式和齿条助力式三种，如图 4-1-2 所示。

（三）工作原理

当操纵转向盘时，装在转向轴上的转矩传感器不断测出转向轴上的转矩，并由此产生一个电压信号。该信号与车速信号同时输入电动动力转向系统的电子控制单元中，电子控制单元根据这些输入信号进行运算处理，确定助力转矩的大小和转向，即选定电动机的电

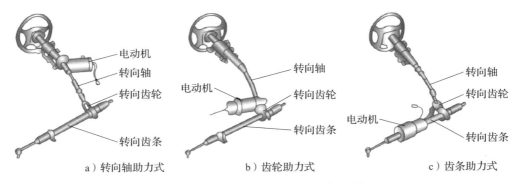

　a）转向轴助力式　　　　　　　　b）齿轮助力式　　　　　　　　c）齿条助力式

图 4-1-2　直接助力式电动转向系统的分类

流和转向，调整转向的助力。电动机的转矩由电磁离合器通过减速机构减速增矩后，加在汽车的转向机构上，使之得到一个与工况相适应的转向作用力。

　　转向助力的控制信号流程如图 4-1-3 所示，它反映了电动动力转向系统的工作过程和工作原理。

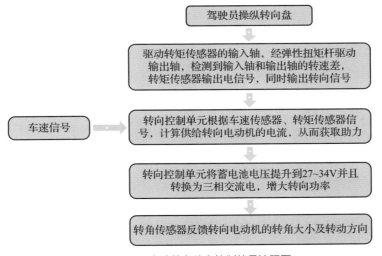

图 4-1-3　电动转向助力控制信号流程图

（四）主要零部件

1. 转矩传感器

　　转矩传感器也称转向传感器，其作用是通过测定转向盘与转向器之间的相对转矩，作为电动助力的依据之一。转矩传感器的结构、原理如图 4-1-4 所示。

　　用磁性材料制成的定子和转子可以形成闭合磁路，线圈 A、B、C、D 分别绕在极靴上，形成一个桥式回路。转向轴扭转变形的扭转角与转矩成正比，所以只要测定轴的扭转角，就可间接地知道转向力的大小。

　　在线圈的 U、T 两端施加连续的脉冲电压信号 U_i 当转向轴上的转矩为零时，定子与转子的相对转角也为零。这时转子的纵向对称面处于定子 AC、BD 的对称平面上，每个极靴上的磁通量是相同的。电桥平衡，V、W 两端的电位差 $U_0=0$。

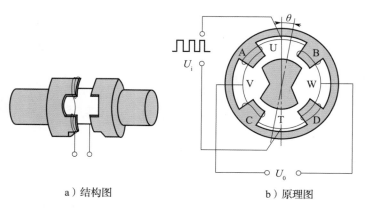

a）结构图　　　　　　　　　　b）原理图

图 4-1-4　转矩传感器

转向轴上存在转矩时，定子与转子的相对转角不为零，此时转子与定子间产生角位移 θ。极靴 A、D 间的磁阻增加，B、C 间的磁阻减小，各个极靴的磁阻产生差别，电桥失去平衡，在 V、W 两端产生电位差。这个电位差与轴的扭转角 θ 和输入电压 U_i 成比例，从而可知转向轴的转矩。

2. 电动机

转向助力电动机就是一般的永磁同步电动机，电动机输出转矩的控制是通过控制其输入电流来实现的，而电动机的正转和反转则是由电子控制单元输出的正反转触发脉冲控制的。图 4-1-5 是一种比较简单实用的正反转控制电路。

a_1、a_2 为触发信号端。从电子控制单元得到的直流信号输入到 a_1、a_2 端，用以触发电动机产生正反转。当 a_1 端得到输入信号时，晶体管 VT_3 导通，VT_2 得到基极电流而导通，电流经 VT_2 的发射极和集电极、电动机 M、VT_3 的集电极和发射极搭铁，电动机有电流通过而正转。当 a_2 端得到输入信号时，晶体管 VT_4 导通，VT_1 得到基极电流而导通，电流经过 VT_1 的发射极和集电极、电动机 M、VT_4 的集电极和发射极搭铁，电动机有反向电流通过而反转。控制触发信号端的电流大小，就可以控制电动机通过电流的大小。

3. 电磁离合器

（1）工作条件　电磁离合器一般使用干式单片电磁离合器，如图 4-1-6 所示。工作电压为 12V，额定转速时传递转矩为 15N·m，线圈电阻（20℃时）为 19.5Ω。

（2）工作原理　当电流通过集电环进入离合器线圈时，主动轮产生电磁吸力，带花键的压板被吸引与主动轮压紧，电动机的动力经过轴、主动轮、压板、花键、从动轴传给执行机构。

由于转向助力的工作范围限定在一定的速度区域内，所以离合器一般设定一个速度范围，如当车速超过 30km/h 时，离合器便分离，电动机也停止工作，这时没有转向助力的作用。当电动机停止工作时，为了不使电动机及离合器的惯性影响转向系统工作，离合器也应及时分离，以切断辅助动力。当电动动力转向系统中电动机等零件发生故障时，离合器会自动分离，这时仍可恢复手动控制转向。

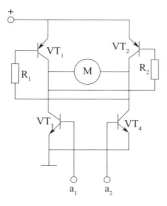

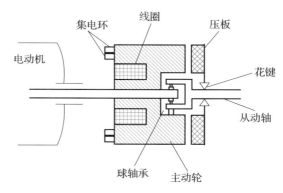

图 4-1-5　电动机正反转控制电路　　　　图 4-1-6　电磁离合器的结构

4. 减速机构

电动动力转向系统的减速机构有两种类型：一种是采用蜗轮蜗杆与转向轴驱动组合式；另一种是采用两级行星齿轮与传动齿轮组合式。

5. 控制系统

电动动力转向的控制系统如图 4-1-7 所示，该系统的核心是一个微处理器。转向盘转矩信号和车速信号经过输入接口传入微处理器，随着车速的升高，微处理器控制助力电动机电流相应地降低，以减少助力转矩。

发动机转速信号也被传入微处理器，当发动机怠速时，由于供电不足，助力电动机和离合器不工作。因此，电动动力转向系统工作时，电子控制单元必须控制发动机处于高怠速工作状态。点火开关的通断（ON/OFF）信号经 A/D 转换接口传入微处理器。当点火开关断开时，电动机和离合器不工作。微处理器输出控制指令经 D/A 转换接口传入电动机和离合器的驱动放大电路中，控制电动机的旋转转向和离合器的离合。电动机的电流经驱动放大回路、电流表 A、A/D 转换接口反馈给微处理器，即电动机的实际电流与按微处理器指令应给的电流相比较，调节电动机的实际电流，使两者接近一致。

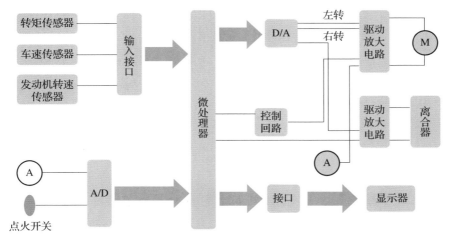

图 4-1-7　电动动力转向的控制系统

⇒ 技能操作

一 电动动力转向系统各部件的检查

（一）转矩传感器检查

1. 检测转矩传感器线圈电阻

从转向器总成上拔下转矩传感器插接器，其端子排列如图 4-1-8b 所示。测量转矩传感器 3 号与 5 号端子之间、8 号与 10 号端子之间的电阻，其标准值应为（2.18±0.66）kΩ。若不符合要求，则应更换转矩传感器。

2. 检测转矩传感器电压

用万用表直流电压挡测量上述各端子之间的电压，将转向盘置于中间位置，测得电压约 2.5V 为良好，4.7V 以上为断路，0.3V 以下为短路。

 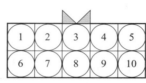

a）电动机   b）转矩传感器与电磁离合器   c）车速传感器

图 4-1-8　电动动力转向系插接器端子排列

（二）电磁离合器检查

从转向器上断开电磁离合器插接器，其端子排列如图 4-1-8b 所示。将蓄电池的正极接到 1 号端子上，蓄电池的负极与 6 号端子相接，在接通与断开 6 号端子的瞬间，离合器应有工作声音。若没有声音，表明电磁离合器有故障，应更换转向器总成。

（三）直流电动机检查

从转向器上断开电动机插接器，其端子排列如图 4-1-8a 所示。给电动机加上蓄电池电压时，电机应有转动声音。若没有声音，应更换转向器总成。

（四）车速传感器检查

1. 检查车速传感器转动情况

拆下车速传感器，用手转动车速传感器的转子检查其能否顺利转动，若有卡滞应更换。

2. 检测车速传感器电阻

拔开车速传感器插接器，其端子排列如图 4-1-8c 所示。测量车速传感器插接器 1 号与 2 号端子之间、4 号与 5 号端子之间的电阻值，其值等于（165±20）Ω 为良好。若与上述不符则必须更换车速传感器。

（五）故障警告灯检查

当点火开关处于"ON"位置时，故障警告灯应点亮，发动机起动后警告灯熄灭为正常。警告灯不亮时，应检查灯泡是否损坏，熔断器和导线是否断路。若发动机起动后警告灯仍亮，先考虑系统是否处于保险状态（只有常规转向工作，无电动助力），后进行自诊断操作。

（六）系统自诊断操作

将指针式万用表直流电压挡的正表笔接在诊断插座的 2 号端子上，负表笔接地，如图 4-1-9a 所示。接通点火开关，通过表针的摆动显示故障码。如果有多个故障码，将以由小到大的顺序显示出来。故障码波形如图 4-1-9b 所示，故障码的含义见表 4-1-1。

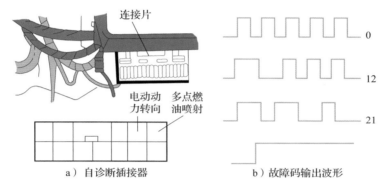

图 4-1-9　自诊断操作

表 4-1-1　故障码的含义

故障码	检查诊断项目	故障码	检查诊断项目
0	正常	41	直流电动机
11	转矩传感器（主）	42	直流电动机
12	转矩传感器（副）	43	直流电动机
13	转矩传感器主副侧电压差过大	44	直流电动机
21	车速传感器（主）	51	电磁离合器
22	车速传感器主副侧电压差过大	54	电子控制单元
23	车速传感器（主）电压急减	55	转矩传感器 E/F 回路不良
31	交流发电机 L 端子		

（七）故障码的检查与排除

明确故障码后，首先把蓄电池负极线拆下，30s 后清除故障码，再进行一次自诊断操作，若故障码又重复显示，证明故障确实存在，需进一步检查。

1．故障码 41 的检查

1）起动发动机，不转动转向盘，观察故障码是否再次出现。再现时，按照故障码含义检查有关部件。不再现时，直接进入第四步检查。

2）拆下电动机插接器，检查电动机的两接线端子之间和端子与接地（外壳）之间的导通状态。用万用表电阻挡测试电动机两接线端子之间的电阻。正常时，应有一定电阻，若不通，则表明内部断路；电动机接线端子与接地之间应不导通，否则，表明两接线端子与外壳之间有短路故障。

3）若电动机及其接线端子均正常，应检查转向器总成到电子控制单元之间的导线是否良好，若导线正常，则表明电子控制单元不良。

4）检查导线无异常时，再进行行驶试验，若故障码不再出现，则转动转向盘，检查电动机是否工作。

2. 故障码 42 的检查

1）起动发动机，用 1rad/s 以下的速度转动转向盘观察故障码是否再现，不再现时，检查导线，均无异常时，通过行驶车辆，进行再现试验。

2）若故障码 42 再现，而且出现 11 号、13 号故障码时，可考虑是转矩传感器的导线或者是转向器总成异常所致。

3. 故障码 43 的检查

起动发动机，不转动转向盘，检查故障码是否再现。若再现，则表示电子控制单元不良。不再现时，试转动转向盘，若此时故障码再现，应检查导线。

4. 故障码 44 的检查

起动发动机，不转动转向盘，检查故障码是否再现。再现时，应检查与电动机有关的导线，若导线没有异常，用良好的电子控制单元换下原车上的电子控制单元，进行对比检查判断。若故障码不再现，将点火开关重复通、断 6 次，并使点火开关在"OFF"位的时间 5s 以上。如此反复检查就能把故障部位查清楚。

二 电动动力转向系统故障诊断与排除

1. 当点火开关旋转到"ON"位置时，电动动力转向装置警告信号灯不亮

（1）故障原因

1）表组内的 EPS 警告信号灯电路有故障。

2）电动动力转向系统电控单元（EPS CM）所产生的信号为关闭信号，EPS CM 有故障。

（2）故障检查　使用专用诊断仪激活命令模式功能的"WL+IL"，打开仪表盘的 EPS 警告信号灯。

（3）故障排除

1）警告信号灯点亮，说明 EPS CM 有故障，需及时更换。

2）警告信号灯不亮，执行仪表盘配置，然后从第 1 步重新开始检查，若再发生故障，需要更换仪表盘。

2. 左转向和右转向的助力有差异

（1）故障原因

1）EPS CM 有故障，EPS CM 插接器连接不良，接线端损坏。

2）没有执行转向盘角度空档位置的自动识别功能。

3）转向机和拉杆结构有故障。

（2）故障检查与排除　具体见表 4-1-2。

表 4-1-2　左转向和右转向助力差异故障的诊断与排除

故障检查	判定标准	故障排除
故障码（DTC）是否已被记录到记忆中	是	用适当的 DTC 进行检查
	不是	执行下一步
1. 先将点火开关转至"OFF"位置并保持 2min 或更长时间 2. 再将点火开关切换至"ON"档，沿着直线行驶，车速大于 10km/h，行驶大于 10m 的距离，观察是否故障重现	重现	执行下一步
	不重现	当在空档位置识别转向盘角度时，会出现临时错误，系统中没有故障
检查 EPS CM 和线束侧插接器是否连接不良	良好	执行车轮定位检查
	不良	若 EPS CM 插接器的连接不良，将其连接牢固
		若 EPS CM 插接器出现故障，更换 EPS CM
		若线束侧插接器出现故障，修理或更换插接器

学习情境二　汽车转向系统新技术

➡ 教学目标

知识目标：

1. 掌握主动转向系统功能与分类

2. 了解宝马"双行星齿轮机构"传动比可变系统

3. 了解奥迪"谐波齿轮式"传动比可变系统

4. 掌握四轮转向系统的转向特性与分类

5. 掌握四轮转向系统的组成与工作原理

能力目标：

具备四轮转向系统零部件识别的能力

素养目标：

培养学生开拓进取，迎难而上的企业家精神

⇒ 情境引入

一辆智己 L7 轿车驶进汽车维修站，据车主反映，该车最近一段时间四轮转向系统失效，后经维修人员检查发现，该车的前后轮转角传感器已损坏。作为维修人员，应排除故障，将维修合格的汽车交还车主。

⇒ 知识学习

一 主动转向系统

（一）定义

主动转向系统是指在转向盘和转向机下部小齿轮之间增加传动比可变的传动系统。在液压转向系统中，传动比控制的目的是累加一个附加转向角（也称并行角）。若系统采用液压转向，可变传动比结构的具体位置可在转向柱上，也可在转向机转阀下部、小齿轮的上部。电动转向系统也可采用可变传动比结构。

（二）功能

1. 速度控制传动比功能

驻车和低速时传动比较小，输出转速高于输入转速，因此只需较小的转向盘旋转角度就可使车轮有较大的转向角度，转向盘从一侧极限位置到另一侧极限位置只需转动两圈（而常规转向系统则需转动三圈）。当车速度较高时，转向传动比会越来越大，直至达到常规转向系统的水平，甚至更大。

2. 抗行驶跑偏功能

提高转向力矩可防止出现不希望的转向移动，比如侧向风较大时，此功能可使驾驶员感觉车辆比较稳定。

3. 限制超过稳定边界功能

当车速很高（如大于 100km/h），出现过度转向时，主动转向系统可自动对车辆进行反向转向补偿，无须驾驶员手动修正，保证车辆沿着正常轨迹行驶。此项功能与动态稳定控制系统共同作用来阻止驾驶员因转向过度造成车身超过稳定边界，是一种限制超过稳定边界的功能。当主动转向系统自身不足以让车辆维持稳定的前进路线时，动态稳定控制系统将及时介入，降低发动机的功率输出或对个别车轮施以制动。

（三）分类

如图 4-2-1 所示，主动转向系统根据附加转角叠加方式的不同，可分为机械式和电子式。机械式中比较典型的一种是德国宝马公司和采埃孚公司联合开发的行星齿轮式前轮主动转向系统（Active Front Steering，AFS），装备于部分宝马 3 系列和 5 系列轿车上；另一种是奥迪的谐波齿轮式主动转向系统（奥迪称其为动态转向系统），其中主动是指主动安全系统。而电子式的典型代表是线控转向技术，该技术将在学习场六中详细介绍。

主动转向系统的电控系统也称为动态稳定控制系统（DSC），系统通过测量转向角度可识别驾驶员的意图。系统有两个

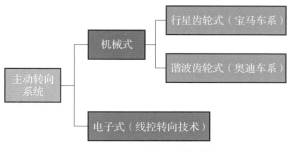

图 4-2-1　主动转向系统分类

内置横向加速度传感器的偏航率传感器，两个传感器采用冗余控制方式。动态稳定控制系统依据车轮转动的圈数可计算出车速，而偏航率传感器则可随时监控车辆垂直轴（Z 轴）的稳定性。动态稳定控制系统（DSC）有极高的运算速度，可提供实时、理想的转向传动比，并在毫秒之内尽快地调整转向角度。

配备主动转向系统的汽车，即使系统发生故障，仍能进行转向动作，只不过其转向角度无法增加或减少，其传动比为转向机的固定传动比。因软件故障而造成严重转向失误的情况是绝对不允许发生的，重要传感器采用冗余控制，同时所有的信息分别在主、从微控制器中以不同方式进行分析处理，只有主、从微控制器的结果相同时指令才被接受，主控制器才会发出控制指令。如果主、从控制器结果出现矛盾，那么主动转向系统就会自行关闭。

二　宝马"双行星齿轮机构"传动比可变系统

宝马"双行星齿轮机构"传动比可变系统，其结构特点是在转向盘柱和齿轮齿条式转向机之间安装了两套行星齿轮机构，两套行星齿轮机构采用行星架共用的结构。上部行星齿轮的太阳轮接上部转向柱，下部行星齿轮的太阳轮接小齿轮，这样传动比为 1，不变速。内齿圈转速由电动机通过减速机构进行调节，致使太阳轮和行星架之间的转速比发生变化。其优点是低速时转向更加直接、快速，高速时车身稳定性强。此系统不仅解决了助力大小问题，还增加了危险边界，可根据车辆横摆时重心的角加速度和侧向加速度情况确定是否有危险，以主动增大转向传动比。

该系统能够实现独立于驾驶员的转向干预，从而达到主动改变前轮转向角的目的。前轮主动转向技术的核心在于，通过对前轮施加不依赖驾驶员转向盘输入的附加转向角来提高车辆的操纵稳定性和轨迹保持性能。

三　奥迪"谐波齿轮式"传动比可变系统

（一）谐波齿轮减速原理

谐波齿轮减速依靠柔性齿轮产生的可控变形波引起齿间的相对错齿来传递力和运动。其工作原理如下。

如图 4-2-2 所示，谐波齿轮的传动机构由双波发生器、柔轮和刚轮组成。柔轮是一个薄壁外齿圈，刚轮有内齿圈，刚轮比柔轮多 2~4 个齿（因谐波发生器上触轮的多少而异，双波发生器的刚轮比柔轮多 2 个齿）。双波发生器的椭圆形滚子将柔轮撑成椭圆形，当双波发生器为主动轮时，柔轮和刚轮为从动轮，柔轮上的外轮齿与刚轮上的内轮齿在椭圆形柔轮的长轴方向完全啮合，在柔轮的短轴方向完全脱开，而中间区域为过渡状态。当双波发生器顺时针旋转一周时，柔轮相对固定的刚轮逆时针旋转两个齿，这样就把双波发生器的快速转动变为刚轮的慢速转动。

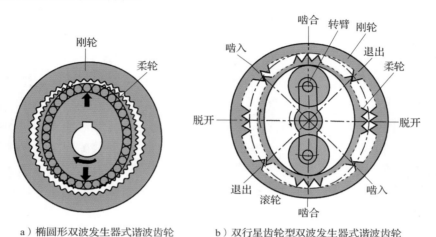

a）椭圆形双波发生器式谐波齿轮　　b）双行星齿轮型双波发生器式谐波齿轮

图 4-2-2　谐波发生器结构

（二）奥迪主动转向系统工作原理

奥迪主动转向系统结构组成如图 4-2-3 所示，其谐波减速机构系统构造如图 4-2-4 和图 4-2-5 所示，失效锁止电磁阀工作原理如图 4-2-6 所示。

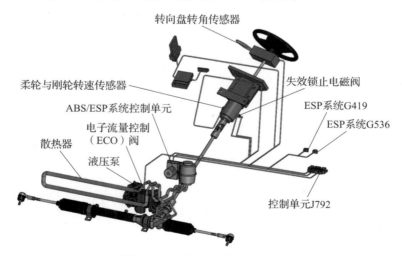

图 4-2-3　奥迪主动转向系统组成

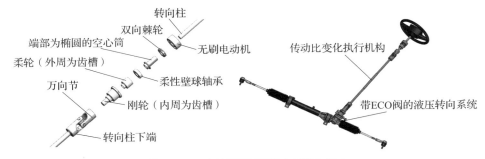

图 4-2-4 奥迪谐波减速机构系统构造 1

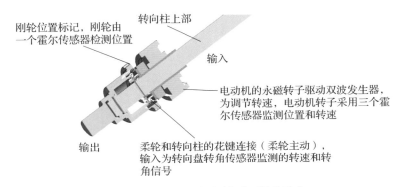

图 4-2-5 奥迪谐波减速机构系统构造 2

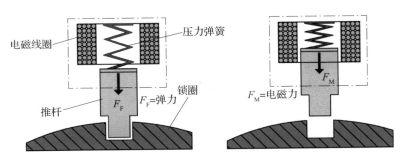

图 4-2-6 失效锁止电磁阀工作原理

四 四轮转向系统

（一）转向特性

四轮转向系统（Four-Wheel Steering 或 All-Wheel Steering，4WS）是指汽车转向时，4 个车轮都可以相对车身主动偏转，起到转向作用，以改善汽车的转向机动性、操纵稳定性和行驶安全性，该系统主要应用在一些比较高级和新型的轿车上。

（1）低速时的转向特性　如图 4-2-7 所示，2WS 时，转向中心在后轴的延长线上；4WS 时，转向中心比 2WS 更靠近车辆，即转向半径小。汽车在低速转向行驶时，依靠逆向转向（前、后车轮的转角方向相反）获得较小的转向半径，改善汽车的操纵性，并且偏转角度应随转向盘转角增大而在一定范围内增大。如汽车急转弯、掉头行驶、避障行驶或进出车库时，4WS 使汽车转向半径减小，机动性能提高。四轮转向汽车可以轻松地通过两轮转向汽车需多次反复倒车才能通过的地方。

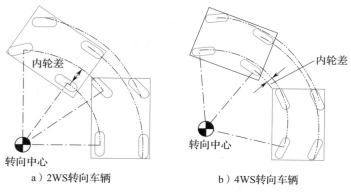

a）2WS转向车辆　　　　　　　b）4WS转向车辆

图 4-2-7　低速转向特性

（2）高速时的转向特性　汽车在中、高速行驶转向时，依靠同向转向（前、后车轮的转角方向相同）减小汽车的横摆运动，使汽车可以高速变换行驶路线，提高转向时的操纵稳定性，如图 4-2-8 所示。如汽车通过不大的弯道或汽车变道时，4WS 使汽车车身的横摆角度和横摆角速度大幅减小，使汽车高速行驶时的操纵稳定性显著提高。

（二）优点

1）直线行驶稳定性好。在高速工况下提高车辆的直线行驶稳定性，有助于减少车辆滑移或扭摆，减小路面不平度和侧风对车辆行驶稳定性的影响，从而提高了操纵稳定性。

2）转向能力强。车辆在高速行驶或湿滑路面上的转向特性更加稳定。

3）转向响应快。在整个车速变化范围内，车辆对转向输入的响应更迅速、更准确。

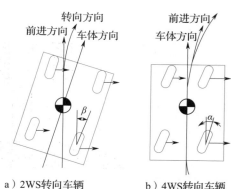

a）2WS转向车辆　　　b）4WS转向车辆

图 4-2-8　中、高速转向特性

4）低速操纵轻便性、机动性好。低速行驶时，后轮转弯方向与前轮相反，车辆转弯半径大大减小，更容易操纵。

5）变换车道稳定性好。提高车辆高速行驶变换车道的稳定性。

（三）分类

1. 按后轮转向机构控制和驱动方式的不同

四轮转向系统可分为电控机械式、电控液压式和电动式三种。目前应用最广泛的四轮转向系统是电动式。

2. 按转向方式的不同

四轮转向系统可分为同向位转向和逆向位转向。同向位转向是指转向系统中后轮与前轮的转向方向相同，这种转向方式转弯半径比两轮转向的转弯半径大，减小了汽车高速行驶转向时的旋转和侧滑，适用于汽车高速行驶时转弯或变换车道的情况。逆向位转向是指转向系统中后轮与前轮的转向方向相反，这种转向方式转弯半径比两轮转向的转弯半径小，提高了汽车停车或狭小空间转向的机动性，适用于汽车低速行驶时掉头或倒车的情况，如图 4-2-9 所示。

3. 按前后轮的偏转角和车速之间的关系不同

四轮转向系统可分为转角传感型和车速传感型。转角传感型是通过传感器判断车轮偏转角度，经过控制器分析指令，后轮随着前轮的左右转动而进行同向偏转或反向偏转。车速传感型是当车速小于某数值（通常为 40km/h 左右）时，前后轮逆向位转向；当车速高于该数值时，前后轮同向位转向。车速传感型转向系统转向时后轮偏转方向和转角大小随车速的高低而变化。

a）同向位转向　　　b）逆向位转向

图 4-2-9　同向位转向和逆向位转向示意图

（四）组成

四轮转向系统前轮采用传统转向系统，后轮采用直接助力式电动转向系统。其结构主要由前轮转向系统、ECU、传感器、后轮转向执行机构等组成。四轮转向系统的结构如图 4-2-10 所示。

1. 传感器

四轮转向系统传感器主要包括车速传感器、车身横摆角速度传感器和前、后轮转角传感器。它们将汽车转向时的各种工况信息转换成电信号，传给 ECU 进行分析计算。

（1）车速传感器　车速传感器的作用是将汽车前进速度检测出来，并以脉冲信号的形式输出，送入四轮转向系统 ECU 中。

（2）车身横摆角速度传感器　其作用是检测汽车转向时的车身横摆角速度，并将其转换成电信号输入 ECU，由 ECU 下达指令控制汽车的转向运动，保证汽车转向行驶时的稳定性。

（3）前、后轮转角传感器　前、后轮转角传感器分别安装在前、后轮转向机构靠近车轮一侧，用来检测前、后轮的瞬时偏转角。

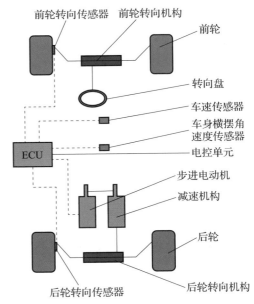

图 4-2-10　四轮转向系统结构示意图

2. 电控单元

电控单元（ECU）是四轮转向系统的核心。在转向系统中，前轮转向器和后轮转向器之间无任何机械连接装置。四轮转向控制单元对输入的传感器信息进行分析处理，计算出需要的后轮转向角，并操纵后轮转向执行器步进电动机使后轮实现正确的转向。

3. 步进电动机

电动机采用步进电动机，其功用是根据 ECU 的指令输出合适的转角和转矩，从而驱动后轮转向机构，控制后轮转向。步进电动机是后轮转向系统的驱动执行器。

4. 减速机构

减速机构的作用是降低步进电动机转速，增大步进电动机传递给转向传动机构的转矩，常采用蜗轮蜗杆机构或行星齿轮机构。

（五）工作原理

以车速传感型四轮转向系统为例，其特点是后轮偏转方向和转角大小主要受车速的控制，同时也响应前轮转角、横摆角速度的变化。车辆转向时，车速传感器采集的前轮转角、车速、横摆角速度等信号送入 4WS 电控单元（ECU），ECU 将实时监控汽车运动状态，根据参数和控制策略分析计算后轮转角，并向步进电动机输出驱动信号，通过后轮转向机构驱动后轮偏转以适应前轮转向，从而实现四轮转向。转向系统设有两种转向模式，既可进入四轮转向模式，也可保持传统的两轮转向模式，驾驶员可通过驾驶室内转向模式开关进行选择。

为实现四轮转向，需在后轴上增加一整套转向机、转向拉杆，还需诸多传感器监控车辆状态，导致车辆结构更为复杂，发生故障的概率将增大。

（六）失效保护功能

如果四轮转向 ECU 检测到系统出现故障，将使系统转换到失效保护状态。在这种状态下，仪表板上的"4WS"指示灯常亮来警告驾驶员，同时 ECU 存入故障码，以便于检测维修。ECU 切断后轮转向执行器电源，后轮自动回到中间位置，汽车自动进入前轮转向状态，保证汽车以两轮转向系统安全行驶。为防止后轮转向执行器断电时回正过快而造成方向不稳，ECU 在使系统进入保护状态的同时，会施加阻尼力矩，使回正弹簧缓慢地将后转向横拉杆推回到中央位置。

➡️ 技能操作

四轮转向系统零部件识别

1）认识四轮转向系统组成部件以及各部件之间的关系。

2）模拟演示低速、中速、高速时的转向状态，绘制四轮转向系统控制原理框图。

3）辨析四轮转向与两轮转向的区别。

4）记录转向角

①当车速达到 35km/h 时，后轮转向角度为 0°。

②当车速大于 35km/h 时，后轮转向与前轮方向相同，其角度随车速上升逐渐增加。

学习场五
新能源汽车制动系统技术及检修

学习情境一　制动器检修

➡ 教学目标

知识目标：

1. 掌握盘式制动器的组成与分类
2. 掌握盘式制动器的工作过程
3. 了解盘式制动器的优缺点
4. 掌握鼓式制动器的组成与工作过程
5. 了解鼓式制动器的分类
6. 了解各种鼓式制动器的结构特点

能力目标：

1. 具备拆卸、检测与装配盘式制动器的能力
2. 具备诊断与排除盘式制动器常见故障的能力
3. 具备拆卸、测量与检修鼓式制动器的能力
4. 具备调整鼓式制动器间隙的能力
5. 具备诊断与排除鼓式制动器常见故障的能力

素养目标：

培养学生诚实守信的职业道德

➡ 情境引入

　　一辆比亚迪秦新能源轿车驶进汽车维修站，据车主反映，该车在行驶 40000km 之后，出现制动异响，经检查发现该车的制动片磨损严重，并且制动盘轴向圆跳动量超过规定值。作为维修人员，应掌握制动器的拆装与检修技能，将检修合格的汽车交还车主。

制动系统认知　　盘式制动器认知

➡ 知识学习

一　盘式制动器

盘式制动器多用于轿车，而且适用车型范围也在逐步扩大。盘式制动器中最为常见的是钳盘式制动器，分为定钳盘式制动器和浮钳盘式制动器。

1. 定钳盘式制动器

定钳盘式制动器的工作过程：跨置在制动盘上的制动钳体固定安装在车上，它不能旋转也不能沿制动盘轴线方向移动，制动钳体内的两个轮缸活塞分别位于制动盘的两侧。制动时，制动油液由制动总泵（制动主缸）经进油口进入钳体两个相通的液压腔中，将两侧的制动片压向与车轮固定连接的制动盘上，从而产生制动力矩。定钳盘式制动器结构示意图如图 5-1-1 所示。

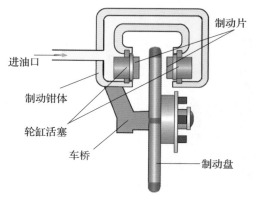

图 5-1-1　定钳盘式制动器结构示意图

定钳盘式制动器存在以下缺点：

1）油缸较多，使制动钳体结构复杂。

2）油缸分置于制动盘两侧，必须用跨越制动盘的钳内油道或外部油管来连通，使得制动钳体的尺寸过大，难以安装在轿车的轮辋内。

3）热负荷大时，油缸和跨越制动盘的油管或油道中的制动液容易受热汽化。

4）若要兼用于驻车制动，则必须加装一个机械促动的驻车制动钳。

2. 浮钳盘式制动器

浮钳盘式制动器的工作过程：制动钳体通过导向销与车相连，可以相对于制动盘轴向移动。制动钳体只在制动盘的内侧设置油缸，而外侧的制动片则附装在制动钳体上。制动时，液压油通过进油口进入制动油缸，推动轮缸活塞及摩擦块向右移动，并压到制动盘上，使得油缸连同制动钳体整体沿销钉向左移动，直到制动盘右侧的摩擦块也压到制动盘上夹住制动盘并使其制动。浮钳盘式制动器结构示意图如图 5-1-2 所示。

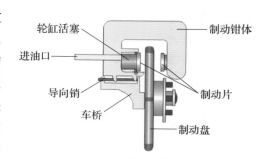

图 5-1-2　浮钳盘式制动器结构示意图

与定钳盘式制动器相反，浮钳盘式制动器轴向和径向尺寸较小，而且制动液受热汽化的机会较少。此外，浮钳盘式制动器在作为行车和驻车制动器的情况下，只须在行车制动钳油缸附近加装一些用以推动油缸活塞的驻车制动机械传动零件即可。自 20 世纪 70 年代以来，浮钳盘式制动器逐渐取代了定钳盘式制动器。浮钳盘式制动器总成如图 5-1-3a 所示，爆炸图如图 5-1-3b 所示。

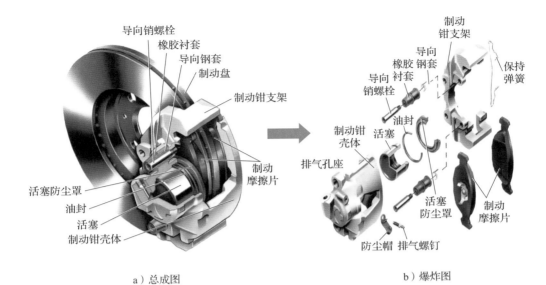

导向销螺栓
橡胶衬套
导向钢套
制动盘
制动钳支架

制动钳支架
导向钢套
橡胶衬套
导向销螺栓
保持弹簧
油封
制动钳壳体
活塞
排气孔座
活塞防尘罩
制动摩擦片
油封
活塞
制动钳壳体
制动摩擦片
活塞防尘罩
防尘帽 排气螺钉

a）总成图　　　　　　　　　　　b）爆炸图

图 5-1-3　浮钳盘式制动器总成图

3．全盘式制动器

全盘式制动器固定元件的金属背板和摩擦片呈圆盘形，制动盘的全部工作面可同时与摩擦片接触。全盘式制动器3D 模型图如图 5-1-4 所示。

4．优缺点

（1）盘式制动器的优点

1）一般无摩擦助势作用，因而制动器效能受摩擦系数的影响较小，即效能较稳定。

图 5-1-4　全盘式制动器 3D 模型图

2）浸水后效能降低较少，只须经一两次制动即可恢复正常。

3）制动盘沿厚度方向的热膨胀量极小，不会像制动鼓的热膨胀那样使制动器间隙明显增加而导致制动踏板行程过大。

4）较容易实现间隙自动调整，其他保养修理作业也较简便。

5）对于盘式制动器而言，因为制动盘外露，还有散热良好的优点。

（2）盘式制动器的缺点

1）制动时无助势作用，故要求管路液压比鼓式制动器的高。

2）制动片磨损较快。

3）防污性差。

鼓式制动器认知

二 鼓式制动器

鼓式制动器是汽车上较早使用的一种制动器，主要用于货车和客车上，一些早期的轿车或低档轿车后轮也采用鼓式制动器。

（一）组成

鼓式制动器主要由制动底板、制动轮缸、制动蹄及制动鼓等组成。两制动蹄下端插在制动底板下端相应槽内，上端靠在制动轮缸的活塞上，然后用上、下回位弹簧拉紧，制动蹄通过限位弹簧和夹紧销使其靠在制动底板上，制动蹄外表面上铆有摩擦片。鼓式制动器结构示意图如图 5-1-5 所示。

制动蹄和制动鼓间的间隙可以通过装在推杆后端槽内的楔形调整板进行自动调整。楔形调整板的下端与固定在制动蹄上的楔形调整板调整拉簧相连。如果制动蹄和制动鼓间的间隙较大，制动过程中，拉簧拉动楔形调整板下移，楔形调整板上宽下窄，这样可使推杆向外移动一点，从而使制动蹄和制动鼓的间隙保持在标准值的范围内。

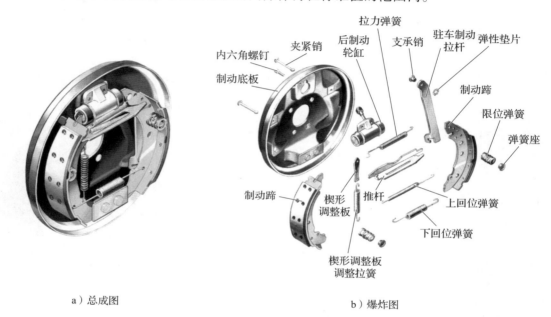

a）总成图   b）爆炸图

图 5-1-5   鼓式制动器结构示意图

（二）主要零部件

下面对鼓式制动器的结构组成根据其功能的不同进行分类。

1. 旋转部分

旋转部分多为制动鼓。制动鼓通常为浇铸件，对于受力小的制动鼓也可用钢板冲压而成，制动鼓实物图如图 5-1-6 所示。

2. 促动装置

促动装置的作用是对制动蹄施加力使其向外张开。常用的促动装置有制动凸轮和制动轮缸，制动轮缸实物图如图 5-1-7 所示。

3. 固定部分

固定部分是制动底板和制动蹄。制动底板固装在车桥的凸缘盘上，通过支承销与制动蹄相连。制动蹄常用钢板冲压后焊接而成，也可由铸铁或轻合金烧铸而成，采用 T 形截面，以增大刚度。制动蹄上有摩擦片，摩擦片采用粘接或铆接的方式固定于制动蹄上。制动蹄、制动底板及摩擦片实物图分别如图 5-1-8～图 5-1-10 所示。

图 5-1-6　制动鼓实物图

图 5-1-7　制动轮缸实物图

图 5-1-8　制动蹄实物图

图 5-1-9　制动底板实物图

图 5-1-10　摩擦片实物图

4. 定位调整装置

制动蹄在不工作时，其摩擦片与制动鼓之间应有合适的间隙，此间隙一般为 0.25～0.5mm。间隙过小易造成制动解除不彻底；间隙过大将使制动踏板行程过大，致使驾驶员操作不便，同时也会推迟制动器起作用的时刻。但是在制动过程中，摩擦片的不断磨损必将导致此间隙逐渐增大。因此，各种类型的制动器均设有检查、调整此间隙的装置，即定位调整装置。定位调整装置的作用是保持、调整制动蹄与制动鼓之间正确的相对位置。定位调整装置包括回位弹簧（复位弹簧）、调节器、限位螺钉和弹簧。回位弹簧和限位螺钉实物图分别如图 5-1-11、图 5-1-12 所示。

图 5-1-11　回位弹簧实物图

图 5-1-12　限位螺钉实物图

辨析各类鼓式制动器

（三）鼓式制动器分类及其特征

鼓式制动器按照制动蹄张开装置（促动装置）的形式可分为轮缸式制动器、凸轮式制动器和楔式制动器。

根据制动时两制动蹄对制动鼓径向作用力之间的关系，鼓式制动器可分为非平衡式、平衡式和自增力式。

1. 非平衡式制动器

制动鼓受到来自两制动蹄的法向力不能互相平衡的制动器称为非平衡式制动器。

非平衡式制动器的结构特点是：两制动蹄的支承点都位于蹄的下端，而促动装置的作用点在蹄的上端，共用一个轮缸张开，且轮缸活塞直径是相等的。这种鼓式制动器的性能特点是：汽车前进或倒车制动时，各有一个"领蹄"和"从蹄"，领、从蹄对制动鼓的法向作用力不相等，而这个不平衡的法向作用力只能由车轮的轮毂轴承来承担。这种鼓式制动器也称为领从蹄式制动器，其结构示意图如图 5-1-13 所示。

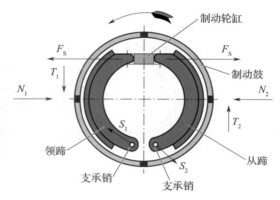

图 5-1-13　领从蹄式制动器结构示意图

N_1、N_2—法向反力　T_1、T_2—切向反力　S_1、S_2—支点反力　F_s—促动力

2. 平衡式制动器

制动鼓受到来自两制动蹄的法向力互相平衡的制动器称为平衡式制动器。

（1）单向平衡式制动器　单向平衡式制动器的结构特点是：两制动蹄各用一个单向活塞制动轮缸，且前后制动蹄与其轮缸、调整凸轮零件在制动底板上的布置是中心对称的，两轮缸用油管连接。这种鼓式制动器的性能特点是：汽车前进制动时两蹄均为"领蹄"，有较强的增力，汽车倒车制动时两蹄均为"从蹄"，制动力较小。这种鼓式制动器也称为单向双领蹄式制动器，其结构示意图如图 5-1-14 所示。

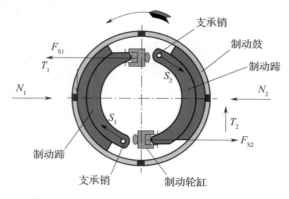

图 5-1-14　单向双领蹄式制动器结构示意图

N_1、N_2—法向反力　T_1、T_2—切向反力　S_1、S_2—支点反力　F_{S1}、F_{S2}—促动力

（2）双向平衡式制动器　双向平衡式制动器分为两种，具体如下。

图5-1-15所示为双向双领蹄式制动器，其结构特点是：制动蹄、制动轮缸、回位弹簧均成对地对称布置，两制动蹄的两端采用浮式支承，且支承点在周向位置浮动，用回位弹簧拉紧。这种鼓式制动器的性能特点是：汽车前进或倒车制动时，两个制动蹄均为"领蹄"，均有较强的增力，制动效果好，蹄片磨损均匀。

如图5-1-16所示为双从蹄式制动器。这种鼓式制动器在前进制动时，两制动蹄均为从蹄，故称为双从蹄式制动器。双从蹄式制动器与单向双领蹄式制动器结构类似，二者的差异只在于固定元件与旋转元件的相对运动方向相反。虽然双从蹄式制动器的前进制动效能低于单向双领蹄式和领从蹄式制动器，但其制动效能对摩擦系数变化的敏感程度较小，即具有良好的制动效能稳定性。

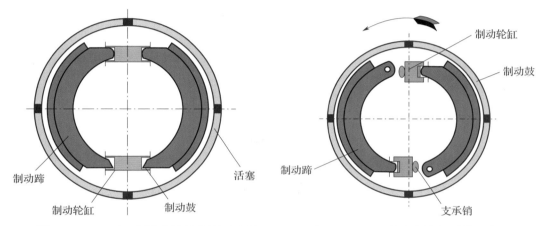

图5-1-15　双向双领蹄式制动器结构示意图　　　　图5-1-16　双从蹄式制动器结构示意图

3. 自增力式制动器

自增力式制动器分为单向自增力式制动器和双向自增力式制动器两种。

（1）单向自增力式制动器　单向自增力式制动器的受力分析示意图如图5-1-17所示。第一制动蹄和第二制动蹄的下端分别布置在浮动的顶杆两端。

汽车前进制动时，单活塞式制动轮缸将促动力F_{S1}加于第一制动蹄，使其压靠到制动鼓上。第一制动蹄是领蹄，并且在各力作用下处于平衡状态。顶杆是浮动的，将与力F_{S1}大小相等、方向相反的促动力F_{S2}施于第二制动蹄上，则第二制动蹄也是领蹄。作用在第一制动蹄上的促动力F_{S1}和摩擦力通过顶杆传到第二制动蹄上，形成第二制动蹄的促动力F_{S2}。对第一制动蹄进行受力分析可知$F_{S2}>F_{S1}$。此外F_{S2}对第二制动蹄支承点的力臂也大于力F_{S1}对第一制动蹄支承点的力臂。因此，第二制动蹄的制动力矩必然大于第一制动蹄的制动力矩。在制动鼓尺寸和摩擦系数相同的条件下，单向自增力式制动器的前进制动效能不仅高于领从蹄式制动器，而且高于双领蹄式制动器。

汽车倒车制动时，第一制动蹄上端压靠在支承销上不动。此时第二制动蹄虽然仍是领蹄，且促动力F_{S1}仍可能与前进制动时的相等，但其力臂却大幅减小，因此第一制动蹄此时的制动效能比一般领蹄低得多。第二制动蹄则因未受促动力而不起制动作用。故此时整个单向自增力式制动器的制动效能甚至比双从蹄式制动器的制动效能还低。

（2）双向自增力式制动器 双向自增力式制动器的受力分析示意图如图5-1-18所示。其特点是制动鼓正向或反向旋转时均能靠蹄鼓间的摩擦起自增力作用。与单向自增力式制动器不同之处主要是采用双活塞式制动轮缸，可向两制动蹄同时施加相等的促动力 F_S。

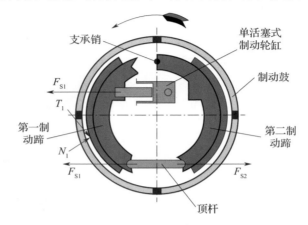

图5-1-17 单向自增力式制动器受力分析示意图

N_1—法向反力 T_1—切向反力 F_{S1}、F_{S2}—促动力

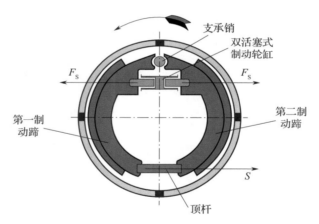

图5-1-18 双向自增力式制动器受力分析示意图

F_S、S—促动力

制动鼓正向旋转时，前制动蹄为第一制动蹄，后制动蹄为第二制动蹄；制动鼓反向旋转时则情况相反。由图可知，在制动时，第一制动蹄只受一个促动力 F_S，而第二制动蹄则有两个促动力 F_S 和 S，且 $S > F_S$。考虑到汽车前进制动的机会多于倒车制动，且前进制动时制动器工作负荷也大于倒车制动，故后制动蹄的摩擦片面积做得较大。

汽车前进制动时，制动轮缸的两活塞向两端顶出，使前后制动蹄离开支承销并压紧到制动鼓上，于是旋转着的制动鼓与两制动蹄之间产生摩擦作用。由于顶杆是浮动的，前后制动蹄及顶杆沿制动鼓的旋转方向转过一个角度，直到后制动蹄的上端再次压到支承销上。此时制动轮缸促动力进一步增大。由于后制动蹄受顶杆的促动力大于轮缸的促动力，故后制动蹄上端不会离开支承销。汽车倒车制动时，制动器的工作情况与上述相反。

4．凸轮式制动器

凸轮式制动器是用凸轮取代制动轮缸对两制动蹄起促动作用，通常利用气压使凸轮转动，故多用于气压制动系统中。

如图 5-1-19 所示为凸轮式制动器受力分析示意图，前、后制动蹄在凸轮的作用下，压向制动鼓，制动鼓对制动蹄产生摩擦作用。在摩擦力的作用下，前制动蹄有离开凸轮的趋势，致使凸轮对制动蹄的压力有所减弱。后制动蹄有靠近凸轮的趋势，致使凸轮对制动蹄的压力有所增强。

由于前制动蹄有领蹄作用，后制动蹄有从蹄作用，又有凸轮对前制动蹄促动力较小，对后制动蹄促动力较大这一情况，所以前后制动蹄片的制动效果是接近的。凸轮式制动器结构不是中心对称的，虽然两制动蹄作用于制动鼓的法向力的等效合力大小相等，但却不在一条直线上，因此法向力不平衡，属于非平衡式制动器。

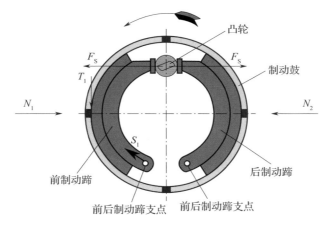

图 5-1-19　凸轮式制动器受力分析示意图

N_1、N_2—法向反力　T_1—切向反力　F_S—促动力　S_1—支点反力

总结：各类鼓式制动器各有利弊，对它们的制动效能、制动稳定性、使用车型、优点、缺点几个方面进行分析，其结果见表 5-1-1。

表 5-1-1　各类鼓式制动器特征汇总

制动器形式	制动效能	制动稳定性	使用车型	优点	缺点
领从蹄式	一般	中等	各种汽车	结构简单，稳定性好	制动效能一般
单向双领蹄式	较好	一般	中级轿车前轮	结构简单	倒车制动效能一般
双向双领蹄式	较好	较好	轻中型货车、部分轿车	结构对称布置，性能稳定	结构复杂
双从蹄式	最差	最好	—	制动稳定性好	前进时制动效能较低
单向自增力式	前行制动效能好	最差	轻、中型汽车前轮	前行制动效能好	倒车制动效能差，稳定性差
双向自增力式	最好	最差	轿车后轮	制动效能好	制动稳定性比较差

➡ 技能操作

一　盘式制动器的拆装、测量与检修

盘式制动器拆卸

（一）拆卸

1）打开车门，安装车内防护四件套。

2）打开发动机舱盖，安装翼子板布、进气格栅布，放置举升垫块（双柱举升机不需要放置）。

3）拧松车轮螺栓（注意对角拧松），举升车辆离开地面。

4）拆下车轮螺栓，拆下车轮（注意车轮应尽量放置在车轮架上），举升车辆至高位。

5）拆卸制动缸与滑动销联接螺栓，用工具撬动制动轮缸，压回制动轮缸活塞。

6）取下制动轮缸，并可靠放置（可用挂钩挂起），拆卸制动片。

7）拆卸制动轮缸支架的固定螺栓，取下制动轮缸支架，拆下制动盘。

（二）测量与检修

盘式制动器测量

1）清除制动片表面及沟槽处的脏物，可用抹布擦拭，砂纸打磨。

2）检查制动片有无异常损伤。

3）分解消声片与摩擦片，在消声片正反面涂上润滑脂。

4）将消声片与制动摩擦片组装在一起。

5）检查磨损指示器钢片有无变形、磨损、脏污；如有锈蚀和脏物，应清洁干净。

6）用钢板直尺或游标卡尺测量制动片的厚度（在制动片的左，中，右三处进行测量），制动摩擦片厚度参考值是14mm，磨损极限是7mm。

7）检查制动盘及其表面是否有脏物，可用抹布擦拭干净。

8）检查制动盘及其表面是否有锈蚀或刻痕，可使用砂纸打磨制动盘表面，注意，打磨时的痕迹可以是无方向性的，但打磨痕迹应相互垂直。

9）用游标卡尺或外径千分尺测量制动盘的厚度，可在距离制动盘外边缘5mm位置每隔120°，选取三处进行测量，然后取平均值。若要更为准确，可在距离制动盘外边缘5mm位置每隔90°，选取四处进行测量，最后取平均值。测量前，应对外径千分尺进行零位校准。（不同车型制动盘的标准厚度值不一样，有26mm、20mm、18mm、12mm、10mm；磨损极限值一般都是2mm；任意位置厚度差极限值一般是0.01mm）

10）安装车轮螺栓并紧固，用百分表测量制动盘的轴向圆跳动量，安装磁性表座，并用磁性表座固定百分表，测量时百分表的测杆应垂直于制动盘表面，测量点宜选取距离制动盘外边缘5mm位置，先将百分表校零，再用手（或用扭力扳手）转动制动盘，观察百分表指针的摆动，一般应不超过0.05mm，部分车型不超过0.06mm。

（三）制动间隙调整

制动过程中，制动片与制动盘间存在相对运动，两者均有不同程度的磨损，长期下去，制动器的间隙必然会增大，将导致制动时活塞的行程增加，制动器开始起作用的时间会滞后，进而导致制动性能下降。因此，制动器的间隙应随时调整。大多数汽车的制动间隙都可以自动调整。

桑塔纳轿车前轮制动器制动间隙的自动调整如图 5-1-20 所示。

矩形密封圈嵌在制动轮缸的矩形槽内，密封圈内圆与活塞外圆配合较紧，制动时活塞被压向制动盘，密封圈发生了弹性变形。解除制动时，密封圈要恢复原状，于是将活塞拉回原位。当制动盘与制动片磨损后，制动器的制动间隙会增大，若间隙大于活塞的设置行程 δ，活塞在制动液压力的作用下，克服密封圈的摩擦阻力而继续前移，直到实现完全制动为止。解除制动时，由于密封圈弹性变形量的限制，密封圈将活塞拉回的距离小于活塞前移的距离，则活塞与密封圈之间这一不可恢复的相对位移补偿了过量的间隙。

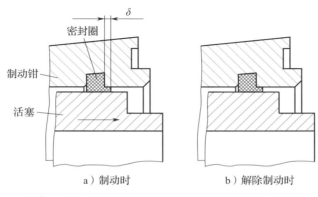

图 5-1-20　桑塔纳轿车前轮制动器制动间隙的自动调整

盘式制动器安装

（四）装配

1）安装制动盘，安装制动轮缸支架及其固定螺栓。

2）将扭力扳手调至 88N·m，紧固制动轮缸支架螺栓，安装制动片。

3）安装制动轮缸，安装制动轮缸与滑动销的连接螺栓。

4）拧紧螺栓，将扭力扳手调至 34N·m。

5）检查制动液液位，应在最小值（MIN）和最大值（MAX）之间，若超过 MAX 刻度线，应抽出部分制动液；若低于 MIN 刻度线，应添加部分制动液。

6）安装车轮，安装车轮螺母。

7）降下举升机至车轮仍处于离地状态，安装车轮及车轮螺母，然后降下举升机至车轮着地。

8）将扭力扳手调至 103N·m，用扭力扳手紧固车轮螺母。

（五）制动性能检测

进入驾驶室，踩下制动踏板，检查车轮制动效果。若制动性能良好，准备收回设备与工具；若制动性能不佳，则应继续拆卸制动器，测量并检修，或寻找其他原因。

二　盘式制动器故障诊断与排除

盘式制动器故障明细表见表 5-1-2。在实际汽车维修中，应杜绝"小病大修"现象，若单个制动片需更换，可排除制动器故障，则不能让车主为更换整个制动器的费用买单，诚实守信的职业道德应是每位汽修人员所必备的。

表 5-1-2　盘式制动器故障明细表

故障现象	故障原因	检修方法
制动不灵或失效	钳体与支架卡滞	检修或更换导向销
	制动片磨损严重	更换制动片
	制动盘磨损严重	更换制动盘
	制动轮缸活塞黏着	更换密封圈或活塞
制动拖滞	制动钳导向销润滑不足	加注润滑油或涂抹润滑脂
	制动钳和支承面的间隙不当	调整间隙
制动异响	制动盘轴向圆跳动过大	检查制动盘轴向圆跳动量，不在规定范围内则更换制动盘
	制动片磨损超过极限	更换制动片
	制动盘的表面硬度与制动摩擦片材质不配套	按该车型厂家的规定更换成套的制动盘和制动片
制动跑偏	制动钳或制动轮缸活塞黏着	更换制动钳或更换制动轮缸活塞
	制动片上有润滑脂之类的脏物或制动片变形	去除脏物或更换制动片
	制动钳与制动盘的连接处松动	按规定力矩紧固连接螺栓
制动摆振	制动盘轴向圆跳动量太大	打磨制动盘表面或更换制动盘
	制动片磨损超过极限	更换制动片

三　鼓式制动器的拆卸、测量与检修

（一）制动鼓拆卸

鼓式制动器制动鼓的拆卸如图 5-1-21 所示。

1）踩下制动踏板，释放驻车制动。

2）撬下轮毂盖，取下开口销和锁环，旋下螺母，取下止推垫圈和外圆锥滚子轴承内圈。

3）用螺丝刀插入制动鼓上的小孔，向上压楔形调节板，使制动蹄外径缩小后，再取下制动鼓。

4）从驻车制动器拉杆上摘下驻车制动器钢索，再用钳子压下弹簧座，并转动 90°后，取下定位销钉、弹簧座和弹簧。

5）从制动底板上取下制动蹄总成，并将其夹紧在台虎钳上。

6）依次拆下复位弹簧、楔形调整板的拉簧，从前制动蹄上摘下定位弹簧，取下推杆和楔形调整板。

7）最后旋下螺栓，从制动底板上取下制动轮缸。

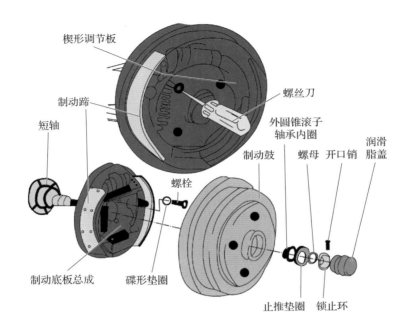

图 5-1-21 鼓式制动器制动鼓的拆卸

（二）测量与检修

1. 制动蹄衬片厚度的检查

测量前，应使用抹布或纸巾清除制动蹄上的脏物和油污。

制动蹄衬片厚度的检查示意图如图 5-1-22 所示，用游标卡尺测量制动蹄片的厚度，标准值为 5mm，使用极限为 2.5mm。其铆钉与摩擦片的表面深度不得小于 1mm，以免铆钉头刮伤制动鼓内表面。在未拆下车轮时，制动蹄摩擦片的厚度可从制动底板的观察孔中检查。

若制动蹄出现磨损超过极限、破损、断裂、油污严重、变形等情况，应及时更换。若制动蹄衬片出现中间厚、两边薄或一边厚、一边薄的现象，应酌情更换。

2. 制动鼓内孔磨损及尺寸的检查

检查制动鼓内孔有无烧损、刮痕、断裂、开裂、严重锈蚀，如有，则不能修磨，应更换新件。可用手由内向外，或由外向内，触摸制动鼓内孔表面，感触表面是否有凹陷或凸起的位置，如有，

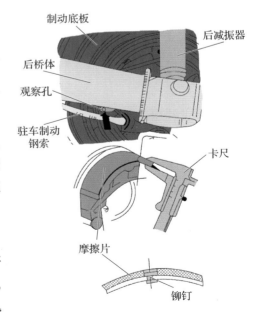

图 5-1-22 制动蹄衬片厚度的检查示意图

应进行修磨，如情况严重，无法修磨，则应更换制动鼓。

具体测量方法如图 5-1-23 所示，检查制动鼓内孔尺寸及圆度误差时，用游标卡尺 2 检查内孔尺寸，标准值为 $\phi 180mm$，使用极限为 $\phi 181mm$。用测量圆度工具测量制动鼓内孔的圆度误差，使用极限为 0.03mm，超过极限应更换新件。

3. 制动蹄衬片与制动鼓接触面积的检查

如图 5-1-24 所示，将制动鼓衬片表面打磨干净后，靠在制动鼓上，检查二者的接触面积，应不小于 60%，否则应继续打磨制动蹄衬片的表面。

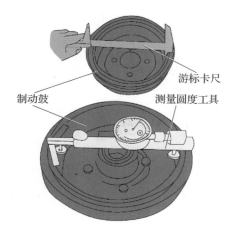

图 5-1-23　制动鼓内孔磨损及尺寸的检查　　　　图 5-1-24　制动蹄衬片与制动鼓的接触面积检查

4. 制动器定位弹簧及回位弹簧的检查

检查制动器拉力弹簧、上回位弹簧、下回位弹簧和楔形调整板调整拉簧的自由长度，若增长率达到 5%，则应更换新弹簧。此外，还要检查弹簧的弹力，应符合技术要求和标准，否则应更换。检查各弹簧有无断裂、开裂、破损情况，如有，应更换。

5. 制动底板的检查

清除制动底板上的脏物，制动底板不能有明显的变形或开裂，否则应校正或更换。

（三）调整与装配

1. 鼓式制动器调整

车轮制动器安装完毕后，为保证制动蹄摩擦片与制动鼓之间具有合适的间隙，应对其进行必要的调整。调整方法有人工调整法和自动调整法。桑塔纳轿车后轮鼓式制动器采用楔形调整板间隙自调装置，其工作原理如图 5-1-25 所示。楔形调整板的水平拉力弹簧使楔形调整板与推杆间产生摩擦力，以防止楔形调整板下移。而垂直调整拉簧则随时拉动楔形调整板下移。当制动蹄和制动鼓间隙正常时，楔形调整板静止于相应位置。当制动蹄与制动鼓间隙大于规定值时，蹄片张开的行程被加大，垂直的调整拉簧作用力 F_2 增大，当 $F_2 > F_1$，楔形调整板下移，楔形调整板的下移使得水平拉力弹簧的作用力也被加大，摩擦力 F_1 相应加大，则楔形调整板在新的位置静止。

放松制动后，制动蹄在回位弹簧的作用下收拢。由于推杆已变长，只能被顶靠在新的位置，从而保持规定的制动间隙值。此类自调装置属于一次性调准结构，前进或倒车制动均能自调。

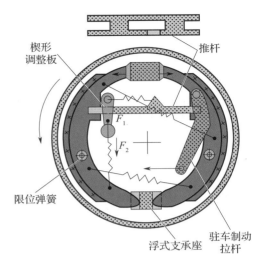

图 5-1-25　楔形调整板间隙自调装置的工作原理

F_1—水平拉力弹簧摩擦力

F_2—楔形调整板调整拉簧力

2. 鼓式制动器装配

（1）制动蹄装配（图 5-1-26）

1）在推杆两端涂上润滑脂，夹在台虎钳上，并装上拉力弹簧和前制动蹄。

2）在推杆与前制动蹄之间插进楔形调整板。

3）在驻车制动拉杆与后制动蹄之间涂上润滑脂后装在推杆的另一端。

4）安装上回位弹簧，把制动蹄总成的上端抵到制动底板的制动轮缸活塞上，制动蹄总成另一端装到下支承上。

5）安装下回位弹簧，在前制动蹄与楔形调整板之间装上楔形调整板调整拉簧。

6）从制动底板另一端装入夹紧销，装上带有弹簧座的限位弹簧，压下弹簧座并转90°，将夹紧销钩住，即可使制动蹄压靠在制动底板上。

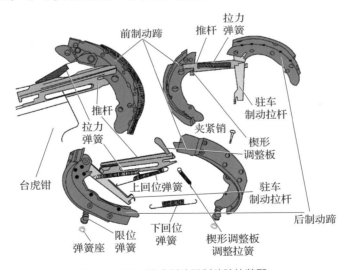

图 5-1-26　鼓式制动器制动蹄的装配

（2）制动底板和制度鼓的安装

1）将装好制动蹄的制动底板和短轴一起装到后桥体上。

2）装上碟形垫圈，使其大支承面朝向制动底板，旋上螺栓，力矩为 60N·m。

3）把驻车制动钢索连接到驻车制动拉杆。

4）装上制动鼓，若装入困难，可用螺丝刀向上撬动楔形调整板。

5）装上外圆锥滚子轴承内圈、止推垫圈，旋上螺母。

6）调整轴承的预紧力后装上锁止环和开口销。

最后，需要注意的是，全部零部件装配完成之后，需用力踏一次制动踏板，使制动蹄就位。

四　鼓式制动器故障诊断与排除

鼓式制动器故障具体的故障现象、故障原因、排故方法见表 5-1-3。

表 5-1-3　鼓式制动器故障分析明细表

故障大类	故障现象	故障原因	排故方法
制动不灵	制动踏板力不足	制动蹄不配套	更换制动蹄
		制动轮缸活塞卡滞	更换制动轮缸
		制动蹄上粘有润滑脂	清除脏物或更换新件
制动拖滞	制动太敏感	制动间隙调整不正确	手动调整制动间隙
		底板松动	检查和紧固底板
		制动蹄的摩擦材料松动	更换制动蹄
		制动鼓里灰尘和污物太多	清洁制动鼓
		制动鼓擦伤或变形	更换制动鼓
		制动蹄与制动鼓的接触方式不对	检查两者的接触方式
	制动踏板行程减小	制动蹄回位弹簧弹力降低	更换回位弹簧
		制动轮缸活塞卡滞	更换制动轮缸
制动异响	制动蹄张开或者收缩异响	制动蹄装配有问题	检查制动蹄装配情况
	回位弹簧异响	回位弹簧弹力降低	更换回位弹簧
	限位弹簧异响	限位弹簧弹力降低	更换限位弹簧
	制动蹄异响	制动蹄弯曲变形	更换制动蹄
	底板异响	底板松动或变形、底板支撑处有凹槽、底板垫块有凹槽	底板松动，紧固底板即可，其他情况更换底板
	制动鼓异响	制动鼓凸凹不平或开裂	更换制动鼓
	制动器整体异响	制动器装配不当	重新装配制动器
制动摆振	制动踏板抖动	制动鼓圆度不符合要求	更换制动鼓
	底板抖动	底板松动	检查和紧固底板
	制动鼓抖动	制动鼓呈锥形	更换制动鼓
制动打滑	一侧车轮打滑	驻车制动拉索未松开	调整驻车制动
		驻车制动调整不当	调整驻车制动
		一侧车轮制动器部件装配不当	重新装配制动器
		制动轮缸活塞卡住	更换制动轮缸
		制动轮缸活塞皮碗严重变形	更换制动轮缸
		一侧车轮制动间隙太小	调整制动间隙

学习情境二　液压制动系统检修

➡ 教学目标

知识目标：

1. 掌握液压制动系统的组成与布置形式
2. 掌握各种型号制动液的特点
3. 掌握制动液使用时的注意事项
4. 了解制动硬管与制动软管
5. 了解制动主缸与制动轮缸的结构与工作过程

能力目标：

1. 具备拆装制动主缸与制动轮缸的能力
2. 具备检修制动主缸与制动轮缸的能力
3. 具备检查与更换制动液的能力
4. 具备检查与拆装制动管路的能力
5. 具备液压制动系统故障诊断与排除的能力

素养目标：

1. 树立学生的环保意识
2. 培养学生"劳动最光荣，劳动最美丽"的劳动精神

➡ 情境引入

一辆理想 ONE 新能源轿车驶进汽车维修站，据初步检查发现，该车已行驶 20000km 以上，出现制动液液位低于最低刻度值和制动液泄漏等问题。作为维修人员，应掌握更换制动液与检修液压制动系统等技能，将检修合格的汽车交还车主。

➡ 知识学习

一　汽车液压制动系统

（一）定义与性能

液压制动系统由于其反应灵敏、制动柔和、结构简单、维修方便、节约能源等优点，广泛应用于轿车上。

液压制动系统利用制动液压油（制动液），将制动踏板力转换为油液的压力，通过制动液压管路传递至车轮制动器，再将油液压力转化为制动器的制动力，从而实现制动。但是其所能提供的制动力不大，而且制动液流动性差，高温时易产生气泡，如有空气进入系

统或制动液泄漏则会降低制动效能甚至导致制动系统失效。

（二）组成

液压制动系统的结构如图 5-2-1 所示。

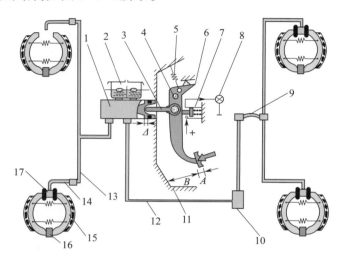

图 5-2-1　液压制动系统结构示意图

1—制动主缸　2—储液罐　3—推杆　4—支承销　5—复位弹簧　6—制动踏板　7—制动灯开关
8—指示灯　9—软管　10—比例阀　11—地板　12—后桥油管　13—前桥油管　14—软管
15—制动蹄　16—支承座　17—轮缸　Δ—自由间隙　A—自由行程　B—有效行程

（三）基本原理

液压制动系统的功能实现主要靠其传动装置，液压传递放大制动力的原理如图 5-2-2 所示。液压制动传动装置以帕斯卡定律为基础，在传力过程中对驾驶员的踏板力进行了增大变换，使传递到制动轮缸上的制动力大于踏板力。

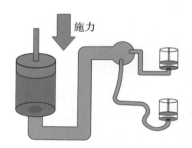

图 5-2-2　液压传递放大制动力的原理示意图

（四）布置形式

液压制动系统按制动管路的套数可分为单回路和双回路液压制动系统。考虑到安全性的要求，单回路液压制动系统已被淘汰，现液压制动都是双回路液压制动系统。双回路布置又分为前后独立式和交叉式两种形式。

1. 前后独立式双管路液压制动传动装置

前后独立式双管路液压制动传动装置如图 5-2-3 所示（前盘后鼓形式，实际上轿车多采用四轮盘式结构）。这种布置形式的特点是当其中一条管路失效时，另一条管路仍有一定的制动效能。但前后桥制动力分配的比值被破坏，制动效能低于原制动效能的 50%。

2. 交叉式双管路液压制动传动装置

交叉式双管路液压制动传动装置如图 5-2-4 所示（前盘后鼓形式，实际上轿车多采用四轮盘式结构）。这种布置形式的特点是当其中一条管路失效时，另一条管路对角地使用，前、后桥制动器均可保持一定的制动效能，前后桥制动力矩分配比值未变，制动效能为原制动效能的50%，相比前一种布置形式，其在一条管路失效时，能最大程度地保留制动效能。但是这种布置形式也有弊端，由于同一车桥左右车轮制动力不相等，因此汽车存在跑偏现象。多数汽车厂商采用加大主销内倾角的办法来减少制动跑偏现象的发生。

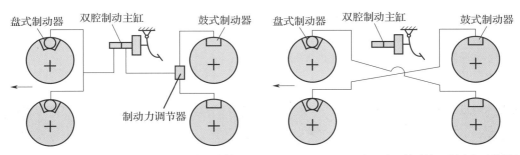

图 5-2-3　前后独立式双管路液压制动传动装置　　　图 5-2-4　交叉式双管路液压制动传动装置

（五）制动主缸

1. 组成

制动主缸又称制动总泵，其作用是将踏板输入的机械力转换成液压力。图 5-2-5 为典型串联式双腔制动主缸分解图。典型串联式双腔制动主缸主要由制动液储液罐、制动主缸壳体、第一活塞、第二活塞、回位弹簧等组成。第一、第二活塞及回位弹簧装于制动主缸壳体内，两活塞分别用密封件密封，第二活塞用限位销保证其正确位置。第一、第二活塞把制动主缸分成两个工作腔，每个工作腔都有通孔、出油孔及补偿孔。制动液储液罐分别与主缸的两个工作腔相通。第一活塞直接由推杆推动，第二活塞由第一活塞的液力推动。

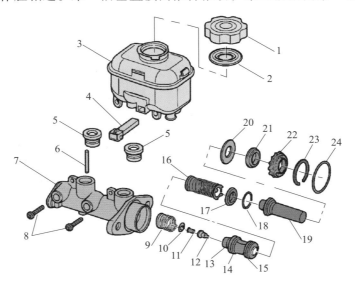

图 5-2-5　典型串联式双腔制动主缸分解图

1—储液罐盖　2—储液罐盖密封件　3—制动液储液罐　4—制动液液位开关　5—密封圈　6—限位销　7—制动主缸壳体
8—储液罐固定螺钉　9—回位弹簧　10—中心阀套　11—中心阀弹簧　12—中心阀柱塞和密封件　13—第二活塞
14—第二恢复型密封件　15—L型第一密封件　16—回位弹簧和夹持器　17—第一恢复型密封件　18—垫圈　19—第一活塞
20—第一活塞支撑垫圈　21—真空密封件　22—第一活塞导向衬套和O形密封圈　23—开口弹簧圈　24—O形密封圈

2．工作原理

（1）不制动时　如图 5-2-6 所示，两活塞在回位弹簧作用下复位，两工作腔与储液罐相通，制动液由储液罐进入主缸的工作腔内。

（2）正常状态下制动　如图 5-2-7 所示，踩下制动踏板，经推杆推动第一活塞左移，关闭补偿孔。第一工作腔油压力升高，油液一方面被压入第一制动回路，另一方面在油压作用下，推动第二活塞左移。第二工作腔油压也随之升高，制动液被压入第二制动回路，于是两制动管路在等压下对汽车实现制动。

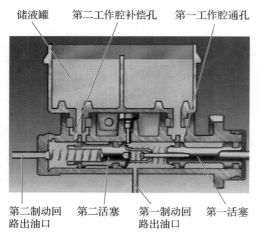

图 5-2-6　不制动时活塞所处位置

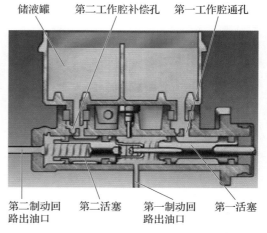

图 5-2-7　正常状态下制动时两活塞所处位置

（3）解除制动时　抬起制动踏板，第一、第二活塞在回位弹簧作用下复位，高压油液从制动回路流回制动主缸。此时如果活塞复位过快，工作腔容积将迅速增大，而制动回路中的制动油液受管路阻力的影响，来不及充分流回工作腔，从而使工作腔内油压快速下降，形成一定的真空度。此时制动主缸内的压力比储液罐中的压力低，储液罐中的油液一部分通过补偿孔进入工作腔，另一部分通过通孔、活塞内孔和皮碗返回工作腔。

（4）两制动回路独立工作时　如图 5-2-8 所示，假设第二制动回路 1 的油管损坏而漏油，则在踩下制动踏板时只有第一工作腔中能建立油压，第二工作腔中无压力。在压力差的作用下，第二活塞迅速左移直到其前端顶到制动主缸缸体上。此时第一工作腔中的油压就能随第一活塞的继续左移而升高到制动所需的压力值，第一制动回路 2 正常工作。

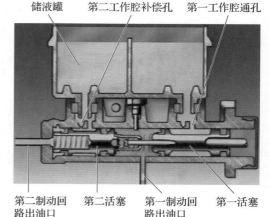

图 5-2-8　第二制动回路漏油时的制动情况

如图 5-2-9 所示，假设第一制动回路 2 的油管损坏而漏油，则在刚踩下制动踏板时，只有第一活塞左移，而不能推动第二活塞，因此第二工作腔油压不能建立。此时第一活塞迅速左移，直接顶触到第二活塞上，推动其向左移动，使第二工作腔建立起必要的工作油压而制动，第二制动回路 1 正常工作。

（六）制动轮缸

制动轮缸又称制动分泵（制动分缸），装在制动器中，是车轮制动力的直接来源。其功用是将制动液压力转变成机械力，推动制动蹄（鼓式）张开压紧制动鼓，或将制动摩擦片（盘式）压紧制动盘。制动轮缸主要由缸体、活塞、皮碗、弹簧、防尘罩和放气螺塞组成。常见的制动轮缸有双活塞式、单活塞式、阶梯式等。双活塞制动轮缸结构示意图如图 5-2-10 所示。

制动轮缸的缸体通常用螺钉固定在制动底板上，缸体位于两制动蹄之间，内装铝合金活塞，密封皮碗的刃口方向朝内，并由弹簧压靠在活塞上与其同步运动。活塞外端压有顶块并与制动蹄的上端相抵紧。在缸体的另一端有防尘罩，可防止尘土及泥土侵入。缸体上方装有放气螺塞，以便排出制动系统中的空气。制动时，制动轮缸受到制动回路液压作用，顶出活塞，使制动蹄张开。松开制动踏板后，液压消失，靠制动蹄回位弹簧的作用，使活塞回位。

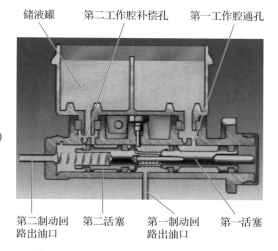

图 5-2-9 第一制动回路漏油时的制动情况

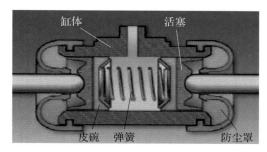

图 5-2-10 双活塞制动轮缸结构示意图

二 制动液

（一）制动液性能要求

制动液填充在整个液压制动系统中，其质量的好坏直接影响制动系统工作的可靠性。因此，制动液必须满足以下要求。

1）低温流动性良好，保证液压系统在严寒季节能正常工作。

2）高温下不易汽化，防止因制动器的高温使得制动液汽化而导致制动失效。

3）不会腐蚀液压系统的金属件。

4）能够良好地润滑液压系统中的运动部件。

5）吸湿性差而溶水性良好。

（二）制动液型号

制动液主要有 DOT3、DOT4、DOT5.1、DOT5 几种型号，如图 5-2-11 所示，其特征见表 5-2-1。干沸点是指制动液未吸收任何水分时的沸点，湿沸点是指制动液吸收了水分以后的沸点。制动液中一旦吸收了水分，制动性能就会降低，当水分达到一定量时，会导致制动不灵或制动失效。

图 5-2-11　不同型号的制动液

表 5-2-1　各种型号制动液的特征明细表

型号	DOT3	DOT4	DOT5.1	DOT5
干沸点 /℃	205	230	260	260
湿沸点 /℃	140	155	180	180
主要成分	低聚乙二醇或丙二醇	在 DOT3 基础上添加硼酸酯	非硅酮基、聚乙二醇	硅酮基
颜色	琥珀色	淡黄色	琥珀色	紫色
适用车型	紧凑型轿车	大多数轿车	重负载或高性能汽车	赛车

（三）制动液使用注意事项

1）定期更换汽车制动液。制动液使用一段时间后会因吸收水分、化学变化等原因使性能指标降低，从而影响行车安全，因此制动液应定期更换。

2）加强对制动液的保管。汽车制动液多由有机溶剂制成，易挥发、易燃，因此要远离火源，注意防火防潮，尤其注意防止雨淋日晒、吸水变质。

3）严禁混加制动液。由于不同种类的产品所使用的原料、添加剂和制造工艺不同，混合后会出现浑浊或沉淀现象，如不注意观察是很难发现的，这不仅会大大降低原制动液的制动性能，还会因沉淀颗粒堵塞管路而造成制动失灵的严重后果。

4）正确选择制动液型号。一般来说，按照车辆使用说明书的要求选择制动液型号是最可靠的，各汽车生产厂家在推荐制动液时都是经过充分论证和大量实车试验的。有的说明书在给出了标准使用型号外，还提供了代用的型号。

三　制动管路

液压制动系统的管路由金属管（也称为制动管、制动硬管）和软管（也称为制动软管）组成，它们都是高压管，其功能是运输制动液，如图 5-2-12、图 5-2-13 所示。

制动硬管是直接从制动主缸分出的管路，固定在车身或车架上，用于相对位置固定的两部件之间连接，其表面镀锌或镀锡，防止腐蚀或生锈，管的端部加工成喇叭口接头。

制动软管是连接制动硬管和制动轮缸的管路，可弯曲，以适应车身、车架、悬架的振动及位移。制动软管由多层复合材料制成，其两端设计有金属管接头，接头有多种形式，可以是内螺纹接头，也可以是外螺纹接头。

图 5-2-12　制动硬管

图 5-2-13　制动软管

➡ 技能操作

一　制动主缸的拆卸、检修与装配

（一）拆卸

1）打开储液罐，吸出所有的制动液。

2）拆下制动开关等附件。

3）将制动主缸夹在台虎钳上，用旋具顶住第一活塞，拆下弹簧挡圈，然后慢慢放松旋具，依次取出第一活塞组件。

4）旋下限位螺钉，用压缩空气吹出第二活塞后，依次取出第二活塞组件。

5）用清洗液对解体后的制动主缸内孔及活塞等零件进行清洗。

注意　主缸零件只能用清洁的制动液、酒精或规定的清洗剂清洗，不能用煤油、汽油或其他类似的溶剂清洗。清洗后的零件只能用压缩空气吹干，不能用毛巾擦拭。认真清洗主缸的补偿孔、通孔及活塞顶端四周的小孔，确保这些小孔畅通。

（二）检修

1）检查制动主缸缸体内孔和活塞表面，其表面不得有划伤和腐蚀。

2）用内径百分表测量主缸缸体内孔孔径 B。

3）用千分尺测量活塞的外径 C，并计算出内孔与活塞之间的配合间隙值 A，看是否符合限值要求，若超过极限值应更换。制动主缸缸体与活塞的检查如图 5-2-14 所示。

（三）装配

1）在制动主缸缸体的内孔、第二活塞、密封圈上涂上制动液，然后装入第二活塞。

2）此时弹簧的小端要朝向第二活塞，其密封圈的刃口方向如图 5-2-15 所示，然后旋入限位螺钉。

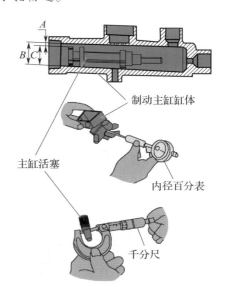

制动主缸缸体

主缸活塞

内径百分表

千分尺

图 5-2-14　制动主缸缸体与活塞的检查

A—活塞与缸体内孔配合间隙

B—缸体内孔直径　C—活塞外径

3）装入第一活塞组件时，其密封圈的刃口方向如图 5-2-15 所示。

4）装上止推垫圈、挡圈和防尘罩。

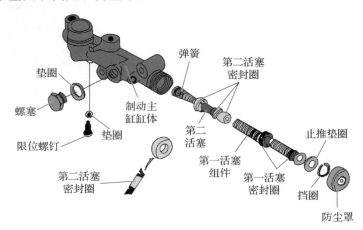

图 5-2-15　制动主缸的装配

二　制动轮缸的拆卸与检修

（一）盘式制动器制动轮缸（单活塞）的拆卸与检修

1. 拆卸

1）取下防护帽，用木块顶住活塞，以防止损坏活塞。

2）从制动钳缸体上的进油孔处用压缩空气将活塞从制动钳缸体里吹出。

3）用螺丝刀取出制动轮缸的密封圈，如图 5-2-16 所示。

2. 检修

1）用内径百分表测量制动轮缸内径。

2）用千分尺测量活塞的外径。

3）计算活塞与制动轮缸内孔的配合间隙，看是否符合限值要求，如图 5-2-17 所示。

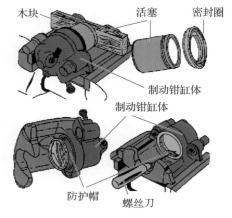

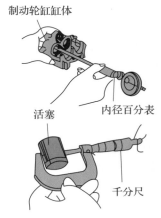

图 5-2-16　盘式制动器制动轮缸的拆卸　　　　图 5-2-17　盘式制动器制动钳体与活塞的检查

（二）鼓式制动器制动轮缸（双活塞）的拆卸与检修

1. 拆卸

1）从制动轮缸缸体上取下防尘罩，用压缩空气吹出活塞，取出弹簧。

2）从活塞上拆下密封圈，如图5-2-18所示。

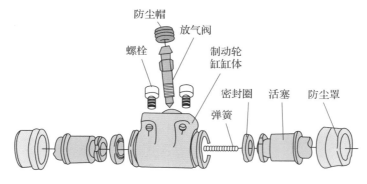

图5-2-18　鼓式制动器制动轮缸的分解

2. 检修

1）检查后制动轮缸缸体的内孔与活塞外圆表面的烧蚀、刮伤和磨损情况。

2）测量制动轮缸缸体的内孔孔径 B 和活塞的外径 C。

3）计算出活塞与内孔孔径 B 的配合间隙 A，看是否符合限值要求，如图5-2-19所示。

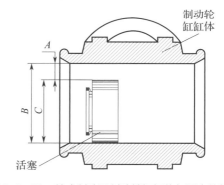

图5-2-19　鼓式制动器制动轮缸缸体与活塞的检查

A—活塞与缸体间隙　B—缸体内孔直径　C—活塞外径

三　制动轮缸的装配

（一）盘式制动器制动轮缸的装配

1）将防护帽按图5-2-20所示方向装到活塞上，并在活塞上涂上制动液。

2）如图5-2-21所示，把密封圈装到制动轮缸缸体上，在密封圈上涂上制动液，用螺丝刀和活塞将密封圈压入制动轮缸缸体的凹槽里。

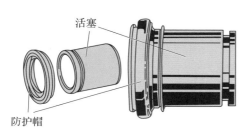

图5-2-20　安装盘式制动器制动轮缸活塞防护帽

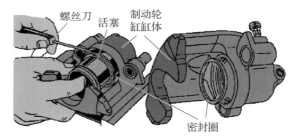

图5-2-21　安装盘式制动器制动轮缸缸体密封圈

3）如图 5-2-22 所示，在活塞上涂上制动液后，用活塞装配工具把活塞压进制动轮缸缸体内，这时密封圈应处在制动轮缸缸体的凹槽里，防护帽的外密封唇应弹入活塞的凹槽里。

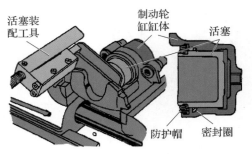

图 5-2-22 把活塞装入盘式制动器制动轮缸缸体

（二）鼓式制动器制动轮缸的装配

1）在密封圈上涂上制动液，并将其朝着制动轮缸缸体的方向装在活塞上。

2）将活塞涂上制动液后装入制动轮缸缸体。

3）将组装好的制动轮缸装到制动底板上，旋紧螺栓，其力矩为 10N·m。

四 制动管路的检查与拆装

（一）制动管路检查

检查制动硬管有无裂纹、损坏、严重锈蚀、脱落、弯曲变形、泄漏、脱落等情况，如有应更换。对于轻微的锈蚀，可以擦拭干净，继续使用。对于连接处有松动的情况，应及时紧固，无法紧固的，需要更换。

检查制动软管有无裂纹、损坏、鼓包、泄漏、脱落、老化、严重拉伸或压缩等情况，如有应更换。对于连接处有松动的情况，应及时紧固，无法紧固的，需要更换。

检查各管路连接处螺栓是否有损坏或严重锈蚀，如有应更换。检查夹紧座，是否有开裂或严重锈蚀，如有应更换。检查各管路连接处间隙是否合适，如果间隙过大或过小，应及时调整间隙。

（二）制动硬管拆装

不同位置的制动硬管并不相同，拆装和更换过程中一定要注意。

1. 拆卸

1）在拆卸旧的制动硬管之前要记住原始管路的走向。

2）在管接头被固定的状态下将接头两侧清理干净。

3）用扳手松开管接头，并封堵好各个开口，如果制动硬管连接在制动软管上，还应使用另一把扳手固定制动软管的管接头。

4）拆卸制动硬管夹紧座和制动硬管，并检查夹紧座和螺栓是否损坏或腐蚀，更换不能继续使用的部件。

5）拆下制动管的保护套并保留，下次可使用。

2. 装配

1）将保护套安装到制动管上。

2）把制动硬管安装在车身或车架上，套上固定用夹紧座。

3）使用扳手把制动硬管两端的管接头拧紧，拧紧夹紧座紧固螺栓。

4）对液压制动系统进行排气操作。

（三）制动软管拆装

不同位置的制动软管并不相同，在拆装和更换中，一定要注意。

1. 拆卸

1）清理管接头和周围的区域。

2）使用扳手卡住管接头上的转动端，用另一把扳手卡住管接头的另一半，防止损坏管接头，拆卸转动端。

3）使用钳子从安装托架上取下弹簧卡箍，把制动软管从托架和夹紧座上取下。

4）将制动软管从制动卡钳或制动轮缸上取下，把液压制动系统的各个开口处封堵好。

注意　如果管接头卡死，可以对卡死处进行加热，加热时应该打开液压系统的排气螺栓，防止制动软管爆裂。此外，要防止制动液接触明火，避免火灾。

2. 装配

1）把管接头装到卡钳或制动轮缸上。

2）沿着原管路路径把制动软管布置好，并保证制动软管在所有的悬架部件和车轮周围留出至少 1.9~2.5cm 的间隙，以便其有足够的活动空间。

3）使用两把扳手安装并拧紧制动软管另一端的管接头，如果使用了鼓形的管接头，拧紧螺栓到规定的力矩值。

4）检查制动软管是否被弯曲，并装上管接头弹簧卡箍和安装托架，对液压制动系统进行排气操作。

5）检查制动软管和管接头的泄漏情况及间隙。

由于制动管路上会有油污，而且其拆装与检查，都需要维修人员进入车底，有时还需要长时间弯着腰昂着头工作，十分辛苦。但它本身是一项光荣的劳动，同学们要具备劳动精神，劳动最伟大，劳动最美丽。

液压制动系统排气

五　液压制动系统排气

液压制动系统在使用过程中若发现进入了空气或是进行维修作业之后，都应对其进行排气操作，具体步骤如下：

1）排气时，将一根胶管接到制动轮缸排气螺塞上，胶管另一端插入一个玻璃瓶内。

2）对于有 ABS 的车型，应关闭点火开关，拆下 ABS 执行器插头或蓄电池接地线。

3）连续踩下制动踏板四五次，在踏板升高后踩下并保持不动。

4）拧松排气螺塞，制动液连同空气一起从胶管流入玻璃瓶内，待没有空气排出后，拧紧排气螺塞。

5）重复以上排气步骤几次，并不时向制动主缸储液罐中添加制动液，保持储液罐中制动液大于总容积的一半，直至将空气完全排出。

按由远到近的顺序对车轮逐个进行排气，注意轿车的排气顺序一般有两种。一种是"右后轮—左前轮—左后轮—右前轮"；另一种是"右后轮—左后轮—右前轮—左前轮"。

六　制动液的检查与更换

制动液检测　　制动液更换

（一）液位检查

观察制动储液罐，制动液的液位应位于制动储液罐 MAX 刻度线（上限）与 MIN 刻度线（下限）之间。

（二）质量检查

制动液一旦吸入了水分，制动效能就会下降，当水分达到一定的量时，就会导致制动不灵、制动失效。故需要对制动液的含水量进行检查，可使用制动液检测笔进行检测。使用时将检测笔的下端电极没入制动液中即可，一般检测笔上有五个指示灯，当有四个灯或五个灯点亮时，说明此时制动液的含水量已经超过了 3%，此时需要更换制动液。

（三）制动液的更换

汽车行驶 40000km 或超过两年应更换制动液。

1．更换前准备

1）最好是三人操作，一人负责放旧制动液，一人负责踩制动踏板，一人负责加注新制动液。若是两个人，则一人负责放旧制动液，一人负责踩制动踏板和加注新制动液。

2）换制动液前拔掉熔丝座上制动灯的熔丝，这样制动尾灯在踩制动踏板时不亮，避免制动尾灯频繁地亮起与熄灭，从而延长灯泡使用寿命。

3）准备一根长度 50cm、内径 6mm 左右的透明软塑料管。

4）准备一个有容量标记的透明塑料瓶，准备新的制动液，准备拆装工具。

2．更换步骤

1）用举升机将汽车举升至适当高度。

2）一人在汽车底盘下方，摘掉放油口上的橡胶防尘帽，将预备的透明软管两端分别装在放油口和废油收集瓶中。

3）用扳手逆时针拧松放油螺塞，同时车上的人反复踩制动踏板，此时制动液会从放油口中流出。

4）注意制动储液罐内的制动液液位，要随着液面的下降添加新制动液。

5）等放油口流出的制动液清澈后拧紧放油螺塞。

制动液中含有可能危害水生动植物的重金属，在制动液更换完成后，旧的制动液不能随意丢弃，应妥善处理，否则会污染环境，同学们要树立绿色环保的理念，爱护环境，人人有责。

七　液压制动系统故障诊断与排除

液压制动系统常见故障见表 5-2-2。

表 5-2-2　液压制动系统常见故障汇总

故障类型	故障现象	故障原因	排除故障方法
制动不灵	1. 汽车行车制动时，驾驶员感到制动力小，制动效果差 2. 汽车紧急制动时，制动距离长	1. 制动储液罐制动液不足或无制动液 2. 制动液变质或管路内积垢太多 3. 制动管路内进入空气，导致制动时有气阻 4. 制动主缸、轮缸、管路漏油或各部件连接处漏油 5. 制动主缸、轮缸的活塞、皮碗、缸壁磨损过度 6. 制动主缸、轮缸的皮碗老化或密封不良 7. 制动主缸的出油阀、回油阀不密封 8. 活塞复位弹簧预紧力太小 9. 制动鼓与制动蹄片的间隙不当 10. 制动鼓与制动蹄片接触面积太小 11. 制动蹄片沾有油污，制动蹄片铆钉松动 12. 制动鼓磨损、失圆、变形	1. 一脚踩下制动踏板，踏板到底且无反力；连续几次踩制动踏板都能踩到底，且感觉阻力很小，则应检查储液罐中的制动液液面高度是否符合要求，若液面低于"MIN"线，说明制动液液面过低，应添加制动液；检查制动踏板连动机构有无松脱 2. 连续踩制动踏板时，踏板高度仍过低，并且在第一脚制动后，感到主缸活塞未回位，踩下制动踏板即有制动主缸与活塞碰击的响声，则应检查主缸的活塞回位弹簧是否过软，主缸的皮碗是否破裂 3. 连续踩几次制动踏板时，踏板高度低而软，则应检查制动主缸的通孔或储液罐的通气孔是否有堵塞 4. 一脚踩下制动踏板时，踏板高度过低。连续几脚踩下制动踏板时，踏板高度稍有增高，并有弹性，则应检查系统内是否有气体 5. 一脚踩下制动踏板时，踏板高度较低。连续几脚踩制动踏板时，踏板高度随之增高且制动效能好转，则应检查制动踏板的自由行程及制动器的间隙 6. 维持制动踏板高度时，若制动踏板缓慢或迅速下降，则应检查制动管路是否破裂，管接头是否密封不良，主缸、轮缸皮碗或皮圈密封是否良好 7. 安装真空增压器或真空助力器的车辆，踩下制动踏板时，若踏板高度适当但太硬，且制动不灵，则应检查增压器或助力器的工作情况，检查制动系统油管是否有老化、凹瘪，制动液黏度是否太大 8. 踩制动踏板时，若踏板有向上反弹、顶脚的感觉，且制动力不足，则应检查增压器的辅助缸活塞磨损是否过度，辅助缸活塞、皮碗是否密封不良，辅助缸单向球阀是否密封不良 9. 路试车辆时，观察各车轮的制动情况。若个别车轮制动不良，则应检查该车轮的制动软管是否老化，摩擦片与制动鼓之间的间隙是否不当，摩擦片是否有硬化、油污、铆钉外露现象，制动鼓内壁是否磨损成沟槽，摩擦片与制动鼓的接触面积是否过小
制动失效	汽车行驶时，踩制动踏板车辆不减速，即使连续踩制动踏板也无明显减速作用	1. 制动踏板至制动主缸的连接松脱 2. 制动主缸储液罐中无制动液或严重缺液 3. 单回路液压制动系统制动管路断裂漏油或制动主缸皮碗破裂	1. 若制动踏板与制动主缸无连接感，说明制动踏板至制动主缸的连接松脱，应检查并修复 2. 若踩下制动踏板时，感到很轻或稍有阻力感，则应检查制动主缸储液罐内制动液是否充足。若制动主缸储液罐内无液或严重缺液，应添加制动液至规定位置。再次踩下制动踏板时，若仍没有阻力感，则应检查制动主缸至制动轮缸或金属油管有无断裂漏油 3. 踩下制动踏板时，虽然感到有一定的阻力，但踏板位置保持不住，明显下沉，则应检查制动主缸的推杆防尘套处是否有制动液泄漏。若有制动液泄漏，说明制动主缸皮碗破裂；若车轮制动鼓边缘有大量制动液，则应检查制动轮缸皮碗是否压翻、磨损是否严重

（续）

故障类型	故障现象	故障原因	排除故障方法
制动拖滞	抬起制动踏板后，全部或个别车轮的制动作用不能立即完全解除，从而影响了车辆的重新起步、加速行驶或滑行	1.制动踏板无自由行程，制动踏板拉杆系统不能回位 2.制动主缸回位弹簧折断或失效 3.制动主缸回油孔被污物堵塞，密封圈发胀或发黏与泵体卡死 4.通往制动轮缸的油管凹瘪或堵塞 5.制动盘摆差过大 6.前制动器密封圈损坏，造成活塞不能正常复位 7.前、后制动器制动轮缸密封圈发胀或发黏与轮缸缸体卡死 8.鼓式制动器制动蹄回位弹簧折断或过软 9.鼓式制动器制动蹄摩擦片破裂或铆钉松动 10.鼓式制动器制动鼓严重失圆	1.将汽车支起，在未踩制动踏板的情况下，用手转动车轮，若某一车轮转不动，说明该车轮制动器拖滞；若全部车轮转不动，说明全部车轮制动器拖滞 2.若为个别车轮制动器拖滞，首先旋松该制动器轮缸的排气螺塞，若制动液急速喷出，随即车轮能旋转自如，说明该轮制动管路堵塞，轮缸未能回油，应更换；若车轮仍转不动，则拆下车轮，解体检查制动器 3.对于盘式制动器 1）检查制动器的轴向圆跳动量，若误差过大，应磨削或更换 2）拆检制动轮缸，若轮缸活塞发卡或密封圈损坏，应更换 4.对于鼓式制动器 1）检查制动蹄摩擦片状况，若摩擦片破裂或铆钉松动，应更换摩擦片 2）检查制动器间隙自调装置，若有损坏，应更换 3）检查制动鼓状况，若制动鼓圆度误差过大，应镗削或更换，检查制动蹄回位弹簧，若有折断或弹力减弱，应更换 4）检查制动轮缸，若轮缸活塞发卡或密封圈损坏，应更换 5.若全部车轮制动器拖滞，则进行以下检查 1）检查制动踏板自由行程是否符合要求，若自由行程过小，应调整 2）检查制动踏板的回位情况，用力将制动踏板踩到底并迅速抬起，若踏板回位缓慢，说明制动踏板回位弹簧失效或踏板轴发卡，应更换或修复 3）检查制动主缸的工作情况。打开制动液储液罐盖，由一人连续踩制动踏板，另一人观察制动主缸的回油情况。若不回油，说明制动主缸回油孔堵塞，应清洗、疏通；若回油缓慢，说明制动液过脏或变质，应更换
制动跑偏	1.汽车行驶制动时，行驶方向发生偏斜	1.左右车轮轮胎气压、花纹或磨损程度不一致 2.左右车轮轮毂轴承松紧不一致，个别轴承破损 3.左右车轮的制动蹄摩擦衬片材料不一致或新旧程度不一致 4.左右车轮制动蹄摩擦片与制动鼓的接触面积、位置不一样或制动间隙不等 5.左右车轮轮缸的技术状况不一致，导致起作用的时间或张力大小不相等	1.若车辆正常行驶时也有跑偏现象，则首先检查左右车轮的轮胎气压、花纹和磨损程度是否一致，检查各减振器是否漏油或失效，检查悬架弹簧是否折断或弹力是否一致 2.支起车轮，用手转动和轴向推拉车轮轮胎。若一侧车轮有松旷或过紧的感觉，应重新调整轴承的预紧度；若转动车轮有发卡或异响，应检查该轮轮毂轴承是否破损或毁坏 3.对汽车进行路试。制动后，若汽车向一侧跑偏，则为另一侧的车轮制动不良

（续）

故障类型	故障现象	故障原因	排除故障方法
制动跑偏	2.紧急制动时，方向急转或车辆甩尾	6.左右车轮制动鼓的厚度、直径、工作中的变形程度和工作面的粗糙度不一致 7.单边制动管路凹瘪、阻塞或漏油；单边制动管路或轮缸内有气阻 8.单边制动蹄与支承销配合过紧或锈蚀。 9.一侧悬架弹簧折断或弹力过低 10.一侧减振器漏油或失效	1）首先对该车轮制动器进行放气，若无制动液喷出，说明该轮制动管路堵塞，应予以更换；若放出的制动液中有空气，说明该轮制动管路中混入空气，应予以排放 2）观察该轮制动器的间隙，若制动器间隙过大，说明制动蹄摩擦片磨损严重或制动自调装置失效，应更换 3）若上述检查正常，应拆检该轮制动器。检查制动盘或制动鼓是否磨损过度或有沟槽，若磨损过度，应更换；若有严重沟槽，应车销或镗削。检查制动蹄摩擦片是否有油污或水湿及磨损过度，若摩擦片有油污或水湿，应查明原因并清理，若摩擦片磨损过度，应更换。检查制动轮缸或制动钳活塞，若有漏油或发卡现象，应更换 4.若制动时，出现忽左忽右跑偏现象，则应检查前轮定位是否符合要求，若前轮定位不正确，应调整。检查转向传动机构是否松旷，若松旷，应紧固、调整或更换 5.若在制动时，车辆出现甩尾现象，应检查感载比例阀是否有故障

学习情境三　真空助力系统检修

➡ 教学目标

知识目标：

1. 掌握汽车真空助力系统分类
2. 掌握真空助力器结构组成
3. 掌握电动真空助力系统组成及工作原理
4. 掌握混合动力汽车制动助力系统结构及工作原理
5. 了解智能助力器

能力目标：

1. 具备测试真空助力器性能的能力
2. 具备拆装真空助力器的能力
3. 具备检修与拆装电动真空泵的能力

素养目标：

1. 培养学生养成规范操作的职业习惯
2. 培养学生的 6S 素养

➡️ 情境引入

　　一辆比亚迪秦新能源轿车驶进汽车维修站，据车主反映，该车踩制动踏板时没有制动助力，但汽车上电一切正常。后经检查发现，该车真空助力系统出现故障，作为维修人员，应掌握汽车真空助力系统检修技能，将检修合格的汽车交还车主。

➡️ 知识学习

　　汽车制动系统分为行车制动系统和驻车制动系统，其中行车制动系统的作用是保障汽车在行车过程中能及时减速甚至停车，并保障汽车在下长坡时车速稳定。

一　真空助力系统分类

　　新能源汽车行车制动系统与传统汽车行车制动系统基本一致，但在真空助力上有所区别。

　　（1）真空助力器　传统汽车利用发动机工作时进气道内真空实现助力，主要是通过真空助力器进行制动助力。

　　（2）电动真空泵或电动机　新能源汽车采用电动真空泵来实现真空助力，也有部分车型采用电动机实现助力。

　　（3）电动泵　一些混合动力汽车上没有真空助力器，是靠电动机带动电动泵来实现制动的。

汽车真空助力
制动系统

二　真空助力器

　　真空助力系统的核心部件是真空助力器，它利用进气歧管或真空泵产生的真空与大气压力的差值来增大推杆对制动主缸活塞的作用力，从而增大制动主缸内的液压压力，以实现助力作用。

　　真空助力器位于制动踏板和制动主缸之间，它有单膜片式和双膜片式两种结构，两种结构真空助力器的工作原理是相似的。真空助力器的所有部件都集成在一个总成里，主要由动力腔、控制阀及单向阀组成。动力腔向制动主缸活塞施加作用力，主要由前壳、后壳、膜片毂、膜片、膜片回位弹簧、橡胶反作用盘、推杆等组成，其中膜片将真空助力器分为前后两个腔，分别为真空腔和空气腔。控制阀控制动力腔施加给制动主缸活塞作用力的大小，主要由柱塞、真空阀、空气阀、阀杆等组成，这些部件都集成在膜片毂上。单向阀安装在真空助力器前壳上或真空软管中，它允许真空助力器中的空气单向进入进气歧管。当进气歧管的真空丧失时，单向阀可以保持真空助力器内有足够的真空，以提供两次以上的制动助力。图5-3-1所示为单膜片式真空助力器的结构示意图。

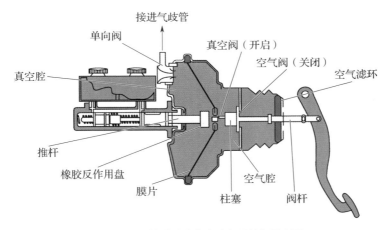

图 5-3-1 单膜片式真空助力器结构示意图

三 电动真空助力系统

新能源汽车的制动助力一般由电动真空助力系统完成，该系统的核心部件是电动真空泵。

（一）电动真空泵分类及结构

电动真空泵根据结构的不同可分为膜片式真空泵、叶片式真空泵和摇摆式真空泵。

1. 膜片式真空泵

膜片式真空泵利用特殊设计的膜片取代活塞，在电动机的作用下实现往复运动。在泵头的吸气端和排气端各设一个单向阀，在行程的前半程将气体吸入，并于后半程将气体排出，从而完成吸气至排气过程。通过改变行程的往复运动频率或每次往复运动的行程长度，以达到抽真空的目的。

2. 叶片式真空泵

叶片式真空泵的结构如图 5-3-2 所示，其主要由泵体、转轴、偏心转子和叶片组成。叶片式真空泵内的转子在电动机的带动下旋转，转子上嵌入的叶片在离心力的作用下紧贴在泵体内壁上，转子与叶片在旋转的过程中，左侧腔体空间逐渐增大，右侧腔体空间逐渐减小，工作原理如图 5-3-3 所示。空气由吸气侧吸入，从排气侧排出，以达到抽真空的目的。

3. 摇摆式真空泵

摇摆式真空泵主要由电动机、曲轴箱、连杆机构、活塞和气缸等组成。其工作原理如图 5-3-4 所示。工作时曲柄旋转，通过连杆带动活塞上下运动，从真空罐吸入口吸入空气，在排气行程中将吸入的气体通过排气口排出，如此往复循环运动，不断抽吸空气，以达到产生真空的目的。

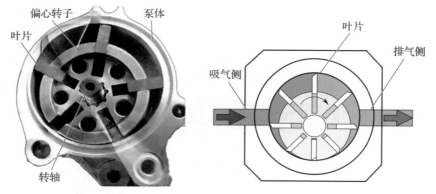

图 5-3-2　叶片式真空泵结构实物图　　图 5-3-3　叶片式真空泵工作原理示意图

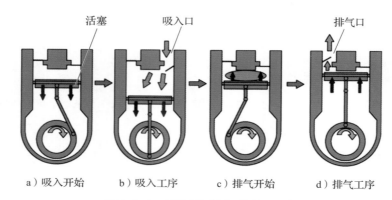

a）吸入开始　　b）吸入工序　　c）排气开始　　d）排气工序

图 5-3-4　摇摆式真空泵工作原理示意图

（二）电动真空助力系统工作原理

吉利 EV450 的电动真空助力系统主要由电动真空泵、真空压力传感器和真空助力器等组成。如图 5-3-5 所示，电动真空泵安装在前机舱内。

图 5-3-5　吉利 EV450 电动真空泵安装位置

如图 5-3-6 所示为吉利 EV450 电动真空泵工作电路图，电动真空泵的供电电压（12V）由辅助蓄电池经过 10A 熔丝 EF02 到电子稳定控制系统（ESC）控制单元端口 3，通过真空泵继电器 ER03 控制电动真空泵工作；电动真空泵的正极与真空泵继电器 ER03 和 20A 熔丝 EF05 的供电电路相同，电动真空泵的负极搭铁。真空泵是否工作受 ESC 控制模块控制，其控制是根据真空压力传感器送入的信号电压大小来决定。当满足真空泵启动条件后，ESC 控制模块控制真空泵继电器 ER03 工作，给电动真空泵供电，真空泵开始工作。

电动真空泵根据真空压力传感器反馈给 ESC 控制模块的真空度信号，控制真空泵的启动和停止时间。当真空度低于 50kPa 时，ESC 控制模块使真空泵启动；当真空度高于 75kPa 时，真空泵停止工作；当真空度低于 34kPa 时，系统警告。

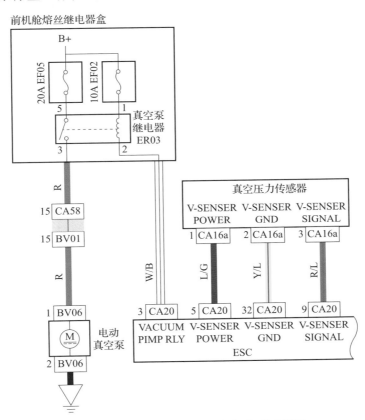

图 5-3-6 吉利 EV450 电动真空泵工作电路图

四 混合动力汽车制动助力系统

以丰田普锐斯混合动力汽车的第二代再生制动（THS-Ⅱ）系统为例，介绍混合动力汽车的制动系统。THS-Ⅱ系统属于电子控制制动（ECB）系统，其可根据驾驶员踩制动踏板的程度和所施加的力计算所需的制动力。然后，此系统施加需要的制动力（包括再生制动力和液压制动系统产生的制动力）并有效地吸收能量。

（一）THS-Ⅱ制动系统组成

THE-Ⅱ制动系统包括制动信号输入、电源和液压控制部分，取消了传统的真空助力器。正常制动时，主缸产生的液压力转换成液压信号，而不是直接作用在轮缸上，通过调整作用于轮缸制动执行器上液压源的液压来获得实际控制压力。THS-Ⅱ系统的组成如

图 5-3-7 所示，ECB-ECU 和制动防滑控制 ECU 集成在一起，并和液压制动系统 [包括带电子制动力分配系统（EBD）的 ABS、制动助力和车辆稳定控制系统] 一起对车辆制动进行综合控制。

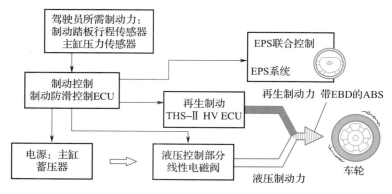

图 5-3-7　THS-Ⅱ 制动系统结构组成

（二）ECB 主要零部件

ECB 的主要零部件包括制动踏板行程传感器、制动灯开关、行程模拟器、制动防滑控制 ECU、制动执行器、制动主缸、备用电源装置等。如图 5-3-8 所示为丰田普锐斯混合动力汽车 ECB 主要零部件。

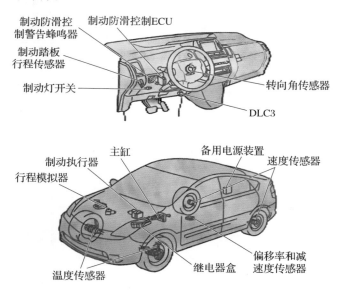

图 5-3-8　丰田普锐斯混合动力汽车 ECB 主要零部件位置示意图

1. 制动踏板行程传感器和制动灯开关

如图 5-3-9 所示，制动踏板行程传感器直接检测驾驶员踩下制动踏板的程度，并发送信号到制动防滑控制 ECU，信号采用反向冗余设计。该传感器包括触点式可变电阻器。制动灯开关的作用与传统汽车相同，可以控制制动灯及制动踏板动作信号。

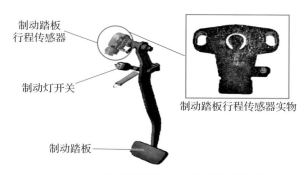

图 5-3-9 制动踏板行程传感器和制动灯开关

2. 行程模拟器

行程模拟器位于主缸和制动执行器之间，它根据制动中驾驶员踩制动踏板的力度产生踏板行程。行程模拟器包括弹簧系数不同的两种螺旋弹簧，具有对应于主缸压力两个阶段的踏板行程特征。

3. 制动防滑控制 ECU

汽车制动防滑控制系统是对防抱死制动系统和驱动防滑控制系统的统称。制动防滑控制 ECU 处理各种传感器信号和再生制动信号，以便控制再生制动、带电子制动力分配系统（EBD）的 ABS、车身稳定控制系统（VSC）+制动助力和正常制动。制动防滑控制 ECU 根据各传感器信号来判断车辆行驶状况，并控制制动执行器。

4. 制动执行器

制动执行器主要由液压源部分、液压控制部分、主缸压力传感器和轮缸压力传感器组成。液压源部分由泵、泵电动机、减压阀和蓄能器组成，液压源部分产生并存储压力，制动防滑控制 ECU 用于控制制动的液压。蓄能器压力传感器安装在制动执行器中。液压控制部分包括 2 个主缸切断电磁阀、4 个供压式电磁阀和 4 个减压电磁阀。主缸压力传感器和轮缸压力传感器都安装在制动执行器中。

5. 制动主缸

传统汽车制动主缸上的真空助力器被取消，采用了电动机液压助力。制动主缸仍采用双腔串联形式，一旦电动机液压助力失效，制动主缸的前腔和后腔将分别对汽车的左前轮和右前轮进行制动，所以这个主缸也称为前轮制动主缸。制动主缸如图 5-3-10 所示。

6. 备用电源装置

用备用电源以保证给制动系统稳定的供电，该装置包括 28 个电容器电池，用于储存车辆电源（12V）提供的电量。当车辆电源电压下降时，电容器电池中的电能将作为辅助电源向制动系统供电。关闭车辆电源开关后，高压系统停止工

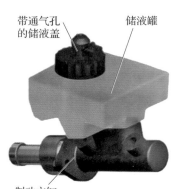

图 5-3-10 制动主缸示意图

作，存储在电容器电池中的电量放电。维修中车辆电源开关关闭后，备用电源装置就处于放电状态，但电容器中仍有一定的电压。在从车辆上拆下备用电源装置或将其打开检查内部之前，一定要检查它的剩余电压，如有必要需使其放电。

（三）混合动力汽车制动助力系统工作原理

电源开关（电源信号）打开后，蓄电池向控制器供电，控制器开始工作，此时电动机械制动系统（EMB）信号灯显示系统应正常工作。用户进行制动操作时，首先由电子踏板行程传感器探知用户的制动意图（踏板速度和行程），并把这一信息传给ECU。ECU汇集轮速传感器、踏板位置传感器等各路信号。根据车辆行驶状态计算出每个车轮的最大制动力，再发出指令给执行器（电动机）执行各车轮的制动。电动机械制动器能快速而精确地提供车轮所需制动力，从而保证最佳的整车减速度和车辆制动效果。

五 智能助力器

部分新能源汽车，如特斯拉轿车、蔚来轿车等，采用德国博世（BOSCH）公司研发的电动机械助力器——iBooster，也称智能助力器。iBooster适用于所有动力总成，它是不依靠真空源的机电伺服机构，体积小且质量轻，仅制动时消耗能量，因此方便节能。它利用电子技术，通过电动机直接驱动制动主缸实现制动，iBooster结构示意图如图5-3-11所示。智能助力器的助力原理和真空助力器类似，它利用传感器感知驾驶员踩下制动踏板的力度和速度，并将信号处理之后传给电控单元，电控单元控制助力电动机对应的转矩，在机电放大机构的驱动下，推动制动主缸工作，从而实现电控制动，响应速度更快并且能够精准地控制压力，采用电控方式制动后，可实现更多的智能控制功能。

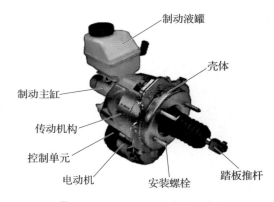

图 5-3-11　iBooster 结构示意图

➡️ 技能操作

一 真空助力器性能测试

（一）密封性能检查

起动发动机，运转1~2min后关闭发动机。以常用制动踏板力踩制动踏板若干次，每次踩踏板的间隔时间应在5s以上，若制动踏板高度一次比一次逐渐提高，则表明真空助力器密封不良。同时，应检查发动机真空供给情况，若发动机运转时，提供的真空度不正常，则表明真空助力器密封不良，应更换真空助力器。

（二）负荷密封性能检查

起动发动机，使发动机在怠速运转 1~2min 后，踏下制动踏板数次，并在踏板处于最低位置、保持踏板力不变的情况下，停止发动机运转。若发动机提供的真空度正常，而踏板高度在 30s 内无变化，则说明真空助力器密封性能良好。如制动踏板有明显的回升现象，则真空助力器有漏气故障。

二 真空助力器的拆装

拆卸真空助力器时，首先应拆卸蓄电池负极电缆、真空软管及单向阀等部件。然后拆卸制动主缸与真空助力器之间的紧固件，并移走制动主缸。进行此操作时注意不要损坏制动管路，若制动管路没有足够空间，则拆下制动管路并封堵所有开口。最后将助力器阀杆从制动踏板上松开，并从车辆内侧拆卸真空助力器紧固件，从发动机舱中取出真空助力器。真空助力器的安装按照与拆卸相反的顺序进行即可。

注意：禁止通过阀杆搬运真空助力器，以防止损坏真空助力器控制阀的密封件。

有些真空助力器的推杆或阀杆长度是可调节的，安装时需检查其长度并调节。若推杆太长，制动主缸的操作会不正常，造成制动器拖滞；若推杆太短，制动时会产生噪声，并导致制动距离偏长。阀杆的长度主要影响制动踏板的高度和行程。

三 电动真空泵检修

电动真空泵检修步骤如下：

1）安装车内外三件套。安装车内外三件套，进行电动真空泵检修前检查。

2）确认故障现象。起动车辆，踩下制动踏板，听是否有电动泵工作的声音，是否有真空泵排气声。

3）执行高压断电作业。关闭起动开关，断开蓄电池负极电缆，等待 5min 以上，断开直流母线，使用万用表测量电压，确保母线电压低于 50V。

4）利用故障诊断仪诊断故障。连接故障诊断仪，打开起动开关，进入车辆诊断系统，读取整车数据后，进入控制模块，读取故障码与数据流。车辆下电后，清除故障码，再次上电后，使用故障诊断仪再次读取故障码，判断电动真空泵状态，查看相关电路图，如图 5-3-12 所示，分析故障原因。

5）故障检测。一是检测电动真空泵供电电路；二是检测电动真空泵插接器的供电情况；三是检测电动真空泵继电器状况。

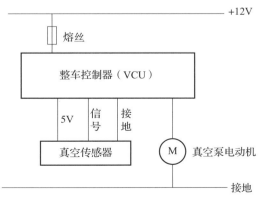

图 5-3-12　电动真空泵电路图

四　电动真空泵拆装

电动真空泵拆装步骤如下：

1）拧松蓄电池负极线固定螺栓，取下负极线，并对负极端子做好防护。

注意　拆卸蓄电池负极前，必须确保点火开关处于关闭状态。

2）拔出真空泵电动机插接器。

3）拔出真空罐真空管快速接头。

4）拔出真空泵真空管快速接头。

5）使用一字螺钉旋具脱开线束固定卡扣。

6）脱开真空罐真空管管路固定卡扣。

7）对角拆卸真空泵及真空罐总成固定螺栓。

注意　在拆卸真空泵及真空罐总成时，为防止真空泵及真空罐总成自由坠落发生意外，应用手扶住真空泵及真空罐总成，再拆卸真空泵及真空罐总成固定螺栓。

8）取下真空泵及真空罐总成，并将真空泵及真空罐总成在干净、干燥环境下存放。

电动真空泵的安装按照拆卸时的反向顺序进行即可。

所有工作任务完成之后，收回拆装与测量工具，整理工具，清洁工位。大家要养成规范操作工具、用完回收工具的习惯，并且及时清理工位，注重 6S 素养，这是汽修技工的基本职业素养。

学习情境四　电控制动系统检修

➡ 教学目标

知识目标：

1. 掌握 ABS 组成、分类及工作过程

2. 掌握 ABS 主要零部件组成及工作原理

3. 掌握 ASR 作用、组成及工作过程

4. 掌握 ESP 作用、组成及工作过程

5. 掌握 EBD 作用、组成及工作原理

能力目标：

1. 具备诊断与排除 ABS 常见故障的能力

2. 具备检修 ABS 故障灯的能力

3. 具备检修轮速传感器故障的能力

4. 具备诊断与排除 ASR、ESP 故障的能力

素养目标：

培养学生实事求是的工作态度

➡ 情境引入

一辆比亚迪汉 EV 轿车驶进汽车维修站，据车主反映，该车 ABS 警告灯常亮。后经检查发现，该车 ABS 出现故障，作为维修人员，应掌握汽车电控制动系统检修技能，将检修合格的汽车交还车主。

➡ 知识学习

汽车 ABS 系统　　　汽车自动紧急制动系统

一　ABS

（一）功用

汽车防抱死制动系统（Antilock Braking System，ABS）的作用是在制动过程中防止车轮被制动抱死，提高制动减速度、缩短制动距离，从而有效地提高汽车的方向稳定性和转向操纵能力，保证汽车的行驶安全。有无 ABS 制动时的效果对比如图 5-4-1 所示。

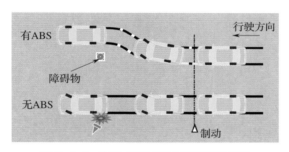

图 5-4-1　有无 ABS 制动时的效果对比图

（二）优点

1）减小制动距离，减少轮胎的磨损。

2）增大制动时汽车的方向稳定性和转向能力。

3）工作性能稳定可靠，具有故障自诊断功能。

（三）组成

如图 5-4-2、图 5-4-3 所示，ABS 通常由车轮速度传感器（简称为轮速传感器）、液压控制单元（液压调节器、制动压力调节器）、电控单元（ECU）、ABS 警告灯等组成，具体可分为防滑电子控制模块、制动执行器、组合仪表、停车灯开关、减速传感器（仅用于某些车型）、制动执行器、制动防抱死控制模块等七个部分。

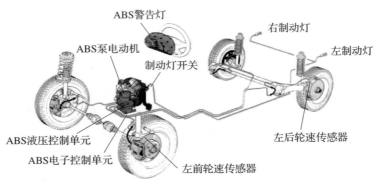

图 5-4-2   ABS 组成 1

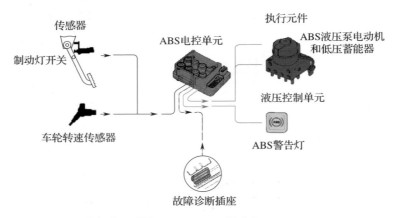

图 5-4-3   ABS 组成 2

（四）分类

1. 按控制方式

（1）预测控制方式   预先规定控制参数，设定相关数值，汽车行驶时，根据检测到的实际参数与设定值进行比较，对制动过程进行控制。

主要有车轮减速度、车轮加速度、车轮滑移率三个控制参数。据此，可将控制方式分为以车轮减速度为控制参数的控制方式，以车轮滑移率为控制参数的控制方式，以车轮减速度和车轮加速度为控制参数的控制方式，以车轮减速度、加速度以及滑移率为控制参数的控制方式。

（2）模仿控制方式   在控制过程中，记录前一控制周期的各种参数，再按照这些参数规定出下一个控制周期的控制条件，故其在控制时需要准确的、实时的汽车速度值。这种控制方式的 ABS 成本高，技术复杂，一般使用量较小。

2. 按控制通道及传感器数目

按控制通道数可分为四通道、三通道、二通道和单通道；按传感器数可分为四传感器和三传感器。

控制通道是指能够独立进行制动压力调节的制动管路。如果一个车轮的制动压力占用一个控制通道，可以进行单独调节，则称为独立控制。如果两个车轮的制动压力是一同调节的，则称为一同控制。

这里需要注意，一同控制又有两种方式。如果以保证附着系数较小车轮不发生抱死为原则进行制动压力调节，则称这两个车轮按低选原则一同控制；如果以保证附着系数较大车轮不发生抱死为原则进行制动压力调节，则称这两个车轮按高选原则一同控制。

（五）几种常用的 ABS

1. 双通道四传感器 ABS

双通道四传感器 ABS 如图 5-4-4 所示。

2. 三通道 ABS

三通道 ABS 如图 5-4-5 所示，一般采用两个前轮独立控制，两个后轮按低选原则一同控制的方式。前轮制动力在汽车总制动力中所占的比

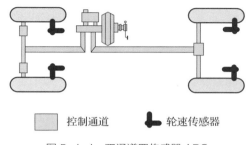

图 5-4-4　双通道四传感器 ABS

例较大（可达 70% 左右），可以充分利用两前轮的附着力。采用这种形式的汽车制动时方向稳定性较好，但制动效能较差，一般多应用于前轮驱动的轿车。

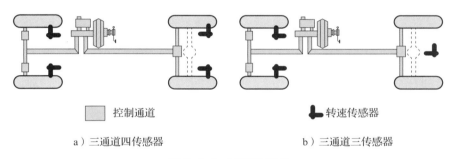

a）三通道四传感器　　　　　　　　　b）三通道三传感器

图 5-4-5　三通道 ABS

3. 四通道四传感器 ABS

四通道四传感器 ABS 如图 5-4-6 所示，每个车轮都有一个轮速传感器，且每个车轮的制动压力都是独立控制。采用这种形式的汽车制动时方向稳定性差，但制动效能较好。

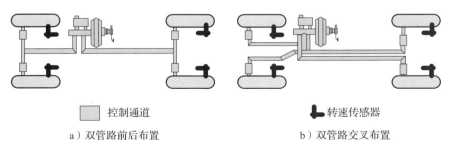

a）双管路前后布置　　　　　　　　　b）双管路交叉布置

图 5-4-6　四通道四传感器 ABS

（六）ABS 工作过程

汽车 ABS 的工作过程主要分为升压、保压、减压三个阶段，在制动主缸和制动轮缸之间串联一个电磁阀，由电磁阀的通断来控制油路的压力，如图 5-4-7 所示。

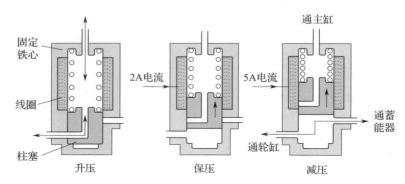

图 5-4-7　ABS 工作的三个阶段

有时为了表述的完整性，也可以将 ABS 的工作过程分为升压、保压、减压、增压四个阶段。下面对四个阶段进行详细说明。

（1）升压阶段　常规制动时 ABS 不工作，电磁线圈中无电流通过，电磁阀柱塞在回位弹簧的作用下处于"下端"位置，制动主缸与轮缸相通，制动主缸的制动液直接进入制动轮缸，制动轮缸压力随制动主缸压力的升高而升高，如图 5-4-8 所示。

（2）保压阶段　电子控制单元向电磁线圈输入一个较小的电流时（约为最大电流的一半），电磁线圈产生较小的电磁力，使柱塞处于"中间"位置，制动主缸与制动轮缸、回油孔等相互隔离，制动轮缸中的制动压力保持一定，如图 5-4-9 所示。

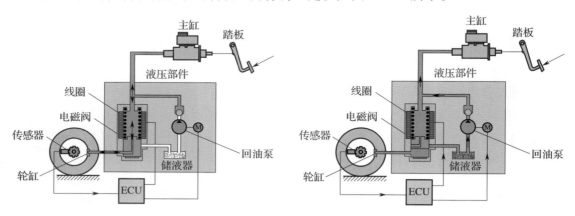

图 5-4-8　ABS 升压阶段工作示意图　　　　图 5-4-9　ABS 保压阶段工作示意图

（3）减压阶段　减压阶段，电子控制单元向电磁线圈输入较大电流，电磁线圈产生较大的电磁力，使柱塞处于"上端"位置，电磁阀柱塞将制动轮缸与回油通道或储液器接通，制动轮缸中的制动液经电磁阀流入储液器，制动轮缸压力下降。与此同时，电动机起动，带动液压泵工作，将流回储液器的制动液输送回制动主缸，为下一个制动周期做好准备，如图 5-4-10 所示。

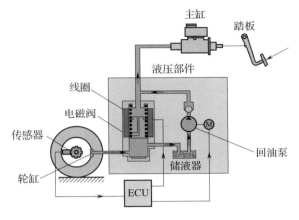

图 5-4-10 ABS 减压阶段工作示意图

（4）增压阶段 增压阶段，制动压力下降后，车轮的转速便会增加，若电子控制单元检测到车轮转速增加太快，便会切断通往电磁阀的电流，使得制动主缸与制动轮缸再次相通，制动主缸的制动液再次进入制动轮缸，汽车的制动力便会增加，车轮的转速便会下降。

实际汽车制动时，上述过程反复进行，直到解除制动为止。

（七）ABS 中的主要零部件

1. 制动压力调节器

制动压力调节器主要由电磁阀体、制动液储液罐、蓄能器、双腔制动主缸与液压助力器、电动泵等组成。它是 ABS 的执行机构，制动压力调节器根据 ABS-ECU 的指令，通过电磁阀的动作自动调节车轮制动器的制动压力，使车轮不被抱死，并处于理想滑移率的范围内。

根据压力传递介质的不同，制动压力调节器可分为气压式和液压式两种。根据工作原理不同，液压式制动压力调节器又可分为循环式和可变容积式两种。制动压力调节器串联在制动主缸与制动轮缸之间，通过液压控制阀直接或间接地控制制动轮缸的制动压力。多数汽车采用液压循环式制动压力调节器，如图 5-4-11 所示为桑塔纳轿车 ABS 制动压力调节器。

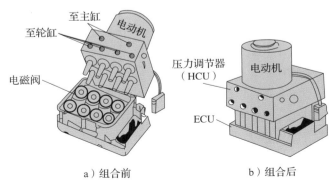

a）组合前 b）组合后

图 5-4-11 桑塔纳轿车 ABS 制动压力调节器

液压循环式制动压力调节器的主要组成部件包括电磁阀、电动液压泵、蓄能器、储液器、压力开关、压力变换器、差压开关。

（1）电磁阀　电磁阀是制动压力调节器的主要工作元件，电磁阀的位置由电磁线圈直接控制，而流过电磁线圈的电流受 ABS-ECU 的控制，一般都是独立电磁阀和三位三通电磁阀。

（2）电动液压泵　电动液压泵一般都是由偏心轮（偏心轴承）驱动的柱塞式液压泵，液压泵的偏心轮由电动机驱动。

在没有蓄能器的液压制动系统 ABS 中，电动液压泵由 ABS-ECU 控制，其作用是在"减压"时，将制动轮缸回流的制动液（在储液器内）泵送到制动主缸；在装有蓄能器的液压制动系统 ABS 中，电动液压泵由压力开关通过继电器控制，其作用是将制动轮缸回流的制动液（在储液器内）泵送到蓄能器。

（3）蓄能器　蓄能器也称为蓄压器。蓄能器串联在电动液压泵与电磁阀之间，用于储存高压制动液，以备在制动过程中增加制动压力时使用。

蓄能器有两种，一种是活塞弹簧式，一种是气囊式。活塞弹簧式蓄能器实际是一个内装活塞和弹簧的液压缸，来自液压泵的制动液进入蓄能器后，推动活塞压缩弹簧使油缸容积增大以暂时储存制动液，并靠弹簧的弹力保持制动液的压力。

气囊式蓄能器，其内部装有膜片，被分为两腔，膜片后部充入高压氮气，来自液压泵的制动液进入膜片前部油腔，进一步压缩高压氮气以暂时储存制动液，制动液压力与高压氮气压力相等。

在蓄能器与储液器之间通常会串联一个释放阀，当蓄能器内的压力超过规定值时，释放阀会打开，部分高压制动液流回储液器，以防整个系统压力过高。

（4）储液器　储液器位于电磁阀和回油泵之间，从制动轮缸来的制动液进入储液器，以暂时储存制动液，此时压力较低。储液器一般是活塞 - 弹簧式结构。

（5）压力开关　在装有蓄能器的液压制动系统 ABS 中，一定有压力开关，其作用是根据蓄能器的压力通过继电器控制电动液压泵工作。有些压力开关还兼有其他作用，即在蓄能器压力低于一定标准时，向 ABS-ECU 发出警报信号，使警告灯点亮、ABS 停止工作，这种压力开关又称为双作用压力开关。

（6）压力变换器　压力变换器的作用是向 ABS-ECU 提供与系统压力成正比的电压信号，ECU 对这些信号进行比较，以检测制动系统是否有故障。压力变换器包括助压变换器和第一压力变换器两种。助压变换器用于检测助压控制阀的压力，第一压力变换器用于检测制动主缸第一腔内的工作压力。

（7）差压开关　差压开关的作用是检测制动主缸第一腔和第二腔的压力差，当压力差达到一定值时，差压开关工作使第一压力变换器输出端接地，从而导致输出电压信号为 0。ABS-ECU 接收此信号后点亮警告灯，同时使 ABS 停止工作。

2. 轮速传感器

轮速传感器的作用是检测车轮的转速，将车轮的转速变为电信号，输送给 ABS-ECU，使 ABS-ECU 能准确判断制动时车轮是否抱死，从而能及时控制制动力的大小。轮速传感器在前后轮中的安装位置如图 5-4-12 所示。

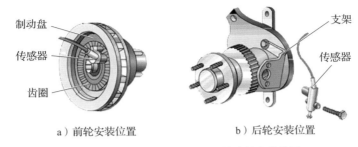

a）前轮安装位置　　　　　　b）后轮安装位置

图 5-4-12　轮速传感器在前后轮中的安装位置

轮速传感器有电磁式轮速传感器和霍尔式轮速传感器两种。

（1）电磁式轮速传感器　电磁式轮速传感器由传感头和齿圈两部分组成。传感头由永磁体、极轴、感应线圈等组成。根据极轴的结构不同，电磁式轮速传感器又分为凿式极轴轮速传感器、柱式极轴轮速传感器，传感头的外形如图 5-4-13 所示。传感头直接安装于齿圈的上方，极轴与永磁体相连，永磁体通过极轴延伸到齿圈，并与齿圈构成回路，感应线圈在极轴外面，齿圈固定在轮毂上随车轮一起转动。

为防止汽车的振动影响或干扰传感器信号，安装时，传感头与齿圈之间应留有约 1mm 的间隙。同时注意在安装前应向传感器加注润滑脂，以防止水、泥或灰尘等对传感器工作产生影响。

电磁式轮速传感器的优点是结构简单、成本低，但存在汽车低速行驶时信号微弱、汽车高速行驶时容易产生错误信号、抗电磁波干扰能力差等缺点。

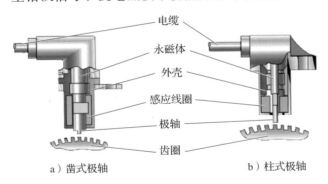

a）凿式极轴　　　　　　　　b）柱式极轴

图 5-4-13　电磁式轮速传感器

（2）霍尔式轮速传感器　霍尔式轮速传感器由传感头和齿圈组成。传感头由永磁体、霍尔元件和电子电路等组成，如图 5-4-14 所示。永磁体的磁力线穿过霍尔元件通向齿圈，齿圈位于图 5-4-14a 所示的位置时，穿过霍尔元件的磁力线分散，磁场相对较弱；当齿圈位于图 5-4-14b 所示的位置时，穿过霍尔元件的磁力线集中，磁场相对较强。随着齿圈的转动，穿过霍尔元件的磁力线密度发生变化，从而导致霍尔电压的变化，霍尔元件输出一个准正弦波电压，此电压信号由电子电路转换成标准的脉冲电压信号后输入 ABS-ECU。

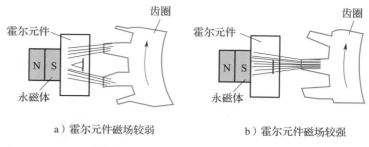

a）霍尔元件磁场较弱　　　　　　　　b）霍尔元件磁场较强

图 5-4-14　霍尔式轮速传感器示意图

霍尔式轮速传感器具有输出电压信号的强弱稳定、频率响应高、抗电磁波干扰能力强等优点。随着汽车对 ABS 的速度控制范围要求越来越高，电磁式轮速传感器已经很难适应这项需求，因此霍尔式轮速传感器在 ABS 中应用将会越来越广泛。

3. ABS-ECU

ABS-ECU 首先接收轮速传感器传来的信号，进行滤波整形放大，然后计算出制动滑动率，再通过判别处理，最后由其输出级将指令信号输出到制动压力调节器，执行制动压力调节的任务，即 ABS-ECU 具有对制动系统进行"控制"和"监测"的功能。

（1）控制功能　根据来自轮速传感器的信号判断车轮有无抱死的趋势，然后向 ABS 执行机构发出指令，通过制动压力调节器调节制动压力，防止各车轮抱死。

（2）监测功能　通过制动灯开关、压力开关及其接收的各种信号等来监测 ABS 工作是否正常，当 ABS-ECU 监测到系统工作不正常时，会自动停止系统工作并点亮 ABS 警告灯。

在正常情况下，发动机起动后，ABS 警告灯亮数秒后就应自动熄灭，否则说明 ABS 有故障。ABS-ECU 由输入级、数字控制器、输出级和稳压与保护装置四部分组成，它的基本输入信号是四个车轮上的轮速传感器传来的速度数据（还有制动信号等），输出信号是给液压调节器的控制信号、输出的自诊断信号和输出给 ABS 故障警告灯的信号等。ABS 的输入输出信号如图 5-4-15 所示。

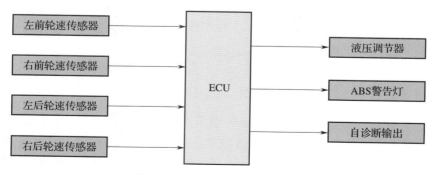

图 5-4-15　ABS 的输入输出信号

（3）ABS-ECU 的基本电路

1）输入整形放大电路。主要由一低通滤波器和用以抵制干扰并放大轮速信号的输入放大器组成，其功用是将轮速传感器输入的信号进行整形和放大后输入运算电路。

2）运算电路。ABS-ECU中一般设有两套运算电路，两套运算电路同时进行运算和传递数据，通过各自的运算结果相互比较、相互监测，确保可靠性。

3）电磁阀控制电路。电磁阀控制电路接收运算电路传来的电磁阀控制参数信号，控制功率晶体管向电磁阀的电磁线圈提供不同的控制电流，以控制电磁阀的工作位置。

4）安全保护电路。主要包括四个部分：稳压电源电路、电源监控电路、故障储存电路和继电器驱动电路。

5）稳压电源电路。将汽车蓄电池或发动机提供的12V或14V电源电压变为ABS-ECU内部所需的5V稳定电压。

6）故障储存电路。对ABS-ECU中输入整形放大电路、运算电路和电磁阀控制电路的信号进行监测，并以故障码的形式将其检测到的故障储存在存储器中，以便诊断故障时调取。

当故障储存电路检测到故障时，继电器驱动电路驱动相应的继电器，切断ABS电源电路，使ABS停止工作，制动系统进入常规制动模式，同时点亮ABS警告灯提示驾驶员ABS出现故障。

ABS真的有用吗，真的那么重要吗？有的车主反映，好像自己车上装配的ABS很少被使用。其实ABS是一套被动安全系统，需要它的时候，它会起作用，关键时刻能保命，我们看待问题应该秉持一种求真务实、实事求是的态度，要用数据说话，要看事实，而不能主观臆断，因为自己车上的ABS很少被使用过，就认为它可有可无。

二　ASR

（一）定义

驱动防滑控制系统的英文全称是Acceleration Slip Regulation，简称ASR，也称为牵引力控制系统（Traction Control System），简称TCS，是汽车的一种主动安全装置，是对ABS功能的重要补充。

（二）功用

1. 防止汽车驱动轮在加速时打滑

当汽车行驶在恶劣路面或复杂路面条件下，特别是下雨、下雪、结冰等摩擦力较小的特殊路面上，汽车加速时ASR能将车轮的滑转率控制在一定范围内，从而防止驱动轮在加速时出现打滑。

2. 提高汽车的行驶稳定性

行驶在易滑的路面上，没有ASR的汽车加速时容易出现驱动轮打滑，如图5-4-16所示。如果是后轮驱动的车辆容易甩尾，如果是前轮驱动的车辆容易方向失控。有ASR时，汽车在加速时就能够减少这种现象。

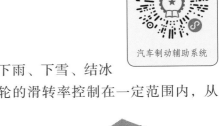

图5-4-16　汽车有无ASR的效果对比

汽车在转弯时，如果驱动轮打滑，会导致整个车辆向一侧偏移，若有 ASR 就会使车辆沿着正确的路线转向。

（三）结构组成

ASR 一般由传感器（主要包括轮速传感器、副节气门位置传感器、减速度传感器等）、ASR 电子控制单元、执行器（主要包括制动压力调节器、副节气门驱动装置等）三大部分组成。

通常轮速传感器、减速度传感器、制动压力调节器与 ABS 共用，而副节气门位置传感器、副节气门驱动装置是在发动机主节气门的结构上改进而成的。

（四）工作原理

ASR 的工作原理如图 5-4-17 所示，汽车行驶过程中，轮速传感器将驱动车轮的转速及非驱动车轮的转速转变为电信号输送给 ASR 控制单元，ASR 控制单元根据车轮转速计算驱动车轮的滑转率。

如果滑转率超出了目标范围，ASR 控制单元则综合各方面参数选择控制方式，首先通过控制发动机的输出功率，使其输出转矩减小，驱动轮驱动力随之下降。若驱动车轮的滑转率仍未降到设定的控制范围内，ASR-ECU 会控制制动压力调节装置，对驱动车轮施加一定的制动力，从而使驱动车轮的滑转率控制在目标范围之内。

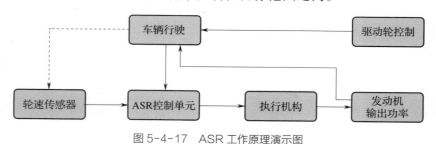

图 5-4-17　ASR 工作原理演示图

（五）工作过程

ASR 的工作过程主要由其制动压力调节器来控制执行，而制动压力调节器需要 ASR-ECU 的指令，对滑转车轮施加制动力和控制制动力的大小，使滑转车轮的滑转率控制在目标范围内。制动压力的能量来源是蓄能器，通过电磁阀来调节驱动车轮制动压力的大小。

ASR 制动压力调节器的结构形式有单独结构方式和组合结构方式两种，下面以组合结构方式为例，介绍 ASR 的工作过程。

组合结构方式是指 ASR 制动压力调节器与 ABS 制动压力调节器在结构上组合为一个整体，称 ABS/ASR 制动压力调节器，其结构如图 5-4-18 所示。ABS/ASR 制动压力调节器主要由控制从动轮制动压力的三位三通电磁阀、控制驱动轮制动压力的三位三通电磁阀 I、II 及 III，以及蓄能器、储液器、回油泵、压力开关等部件组成。

当压力开关检测到蓄能器压力较低时，给 ASR-ECU 提供信号，用来控制增压泵工作。

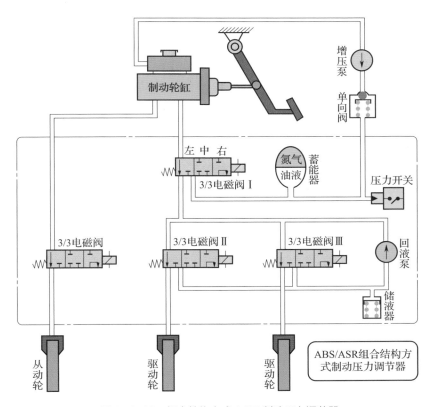

图 5-4-18 组合结构方式 ASR 制动压力调节器

（1）ASR 不起作用阶段 三位三通电磁阀Ⅰ不通电，电磁阀在左位。汽车在制动过程中如果车轮出现抱死，ABS 起作用，通过控制三位三通电磁阀Ⅱ和Ⅲ来调节制动压力。

（2）ASR 增压阶段 当驱动车轮出现滑转时，ASR 控制单元使三位三通电磁阀Ⅰ通最大电流，电磁阀在右位；三位三通电磁阀Ⅱ和电磁阀Ⅲ不通电，电磁阀处于左位；于是，蓄能器的高压制动液进入驱动车轮制动轮缸，制动压力增大。制动压力的调节是靠三位三通电磁阀Ⅱ和Ⅲ的工作来完成的。

（3）ASR 保压阶段 当需要保持驱动车轮的制动压力时，ASR 控制单元使三位三通电磁阀Ⅰ通小电流，电磁阀在中位，隔断了蓄能器及制动主缸的通路，驱动车轮制动轮缸的制动压力被控制保持不变。

（4）ASR 减压阶段 当需要减小驱动车轮的制动压力时，ASR 控制单元使三位三通电磁阀Ⅱ和Ⅲ通大电流，电磁阀Ⅱ和Ⅲ移至右位，将驱动车轮制动轮缸与储液室接通，于是制动压力下降。

汽车 ESP 系统　汽车坡道辅助系统

三 ESP

（一）定义

汽车电子稳定控制系统的英文全称是 Electronic Stability Program，简称 ESP。它是改善汽车行驶性能的一种控制系统，是 ABS 和 ASR 两种系统在功能上的延伸。

　　ESP 在不同的车型中有不同的名称，如宝马称其为 DSC（Dynamic Stability Control，即动态稳定性控制）；丰田、雷克萨斯称其为 VSC（Vehicle Stability Control，即汽车稳定性控制系统）；三菱称其为 ASC/AYC（Active Stability Control/Active Yaw Control，即主动稳定控制/主动横摆控制系统）；本田称其为 VSA（Vehicle Stability Assist，即车身稳定性辅助系统）；而沃尔沃汽车称其为 DSTC（Dynamic Stability And Traction Control，即动态循迹防滑控制系统）。

（二）功用

　　ESP 的作用是保持车辆在各种情况下的行驶稳定性，防止车辆行驶在不同的道路中因不同的附着力而产生车轮的打滑，具体体现在以下几个方面：

1. 实时监控

　　ESP 能以 25 次 /s 的高频率实时监控驾驶员的操控动作、路面反应、车辆运行工况，并及时向发动机管理系统和制动系统发出指令。

2. 主动干预

　　ABS 等安全技术主要是对驾驶者的动作起干预作用，但不能调控发动机。ESP 则可以通过主动调控发动机的转速，并调整每个车轮的驱动力和制动力，来修正汽车的过度转向和转向不足。

3. 通过 CAN 完善控制功能

　　ESP-ECU 与动力系统的 ECU 通过 CAN 互联，使其能更高速有效地发挥控制功能。自动变速器将即时的机械传动比、液力变矩器变矩比、挡位等信息传递给 ESP，以估算驱动轮上的驱动力。如后轮驱动的车辆易出现转向过度，致使后轮失控而甩尾，ESP 便会预先缓慢制动外侧前轮来稳定车辆。

4. 事先提醒

　　当驾驶员操作不当或路面异常时，ESP 会用警告灯或电子显示屏警示驾车者。ESP 是既能控制驱动轮又能控制从动轮的牵引力控制系统。当 ESP 识别出汽车行驶在低附着系数的路面时，它会禁止驾驶员挂抵挡。在这类路面上起步时，ESP 会告知传动系统事先挂入 2 挡，这不仅能确保行车安全，还能显著改善车辆起步的舒适性。

（三）工作过程

　　ESP 电子控制单元（ECU）通过转向盘转角传感器、轮速传感器确定驾驶员计划的行驶方向；通过纵向加速度传感器、横向加速度传感器及横摆角速度传感器的信息来计算车辆实际行驶方向。

　　当检测到车辆行驶轨迹与驾驶员需求不符时，ESP 就会利用牵引力控制系统向发动机控制模块（ECM）发送通信信号，请求减小发动机输出转矩。

　　若 ESP 依然检测到车轮侧向滑移，则根据"从外部作用于车辆上的各种力（如制动力、推动力或任意侧向力）皆会使车辆环绕其重心转动"的原理，通过对前后桥一个以上的车轮实施制动干预，及时减小转向不足或转向过度的风险，确保车辆恢复到稳定的行驶状态并遵循正确的行驶轨迹，安全行车。

（四）主要零部件

别克荣御 ESP 零件位置及组成如图 5-4-19 所示。其主要包括轮速传感器、横向偏摆率传感器、转向盘转角传感器、电子控制单元、液压调节器总成及警示装置等部件。

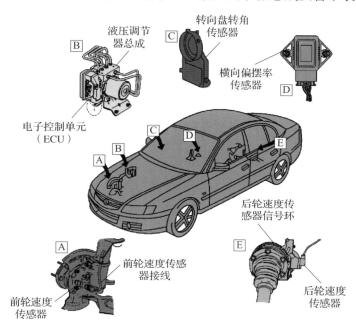

图 5-4-19　别克荣御电子稳定控制系统的零件位置及其组成

1. 横向偏摆率传感器

别克荣御 ESP 横向偏摆率传感器位于仪表板中央控制台的下部，用于检测汽车横摆率（即汽车绕垂直轴旋转的速度）。横向偏摆率传感器总成包括横摆率传感器和横向加速度传感器。横摆率传感器根据车辆绕其纵轴的旋转角度产生对应的输出电压信号；横向加速度传感器用于检测汽车的横向加速度，根据车轮侧向滑移量产生对应的输出电压信号。ESP电子控制单元利用横摆率传感器和横向加速度传感器，计算出车辆实际的运行姿态。

2. 转向盘转角传感器

转向盘转角传感器装于转向盘后侧，用于检测转向盘的转向角度，可根据转向盘的转动情况表示转向盘旋转角度的输出信号。

由于两个测量齿轮的齿数不同，故产生不同相位的两个转角信号，即能产生一个可表示 ±760°转向盘旋转角度的输出信号。ESP 电子控制单元通过对转向盘转角传感器和横向偏摆率传感器信号进行比较，确定车辆实际行驶轨迹与驾驶需求是否一致。

3. 液压控制装置

液压制动装置正常情况下执行制动助力功能，当车轮在加速或减速过程中出现滑转或滑移时，执行 TRC 或 ABS 功能。当汽车出现侧滑时，把受到控制的制动液压加到每个车轮上。

别克荣御电子稳定控制系统的液压控制装置采用前、后分离的四通道回路结构，每个车轮的液压制动回路都是隔离的，这样当某个制动回路出现泄漏时仍能继续制动。

4. 警示装置

警示装置主要指仪表盘上的 ESP 警告灯，别克荣御的 ESP 开关位于地板控制台上，该开关是一个瞬间接触开关，按一下 ESP 开关，电子稳定系统从接通转至关闭。

四 EBD

汽车 EBD 系统

（一）定义

汽车电子制动力分配系统的英文全称是 electronic control brake-force distribution，简称 EBD，又称为 EBV 或 EPBD。汽车的制动力分配方案在早期的汽车上就有应用，最初是采用机械控制的方式，限压阀、比例阀、感载比例阀就是该控制方式的产物。

（二）EBD 与 ABS 的联系

EBD 利用 ABS 的功能，无需另外布置其他元件，就可以实现汽车制动力分配的控制。EBD 与 ABS 都属于制动系统的范畴，这两个系统是独立的，尽管有许多共用的部件，但不会同时投入工作。一般汽车在减速制动时，ABS 不参与工作，但 EBD 会参与工作。

（三）作用

由于制动器制动力是固定分配的，汽车在转弯、路面摩擦系数不同、载荷不同时制动，都会使某个车轮先抱死，而 EBD 则能使四个车轮趋于同时抱死，使制动系统有效地利用地面制动力，从而更好地发挥 ABS 的作用。

（四）组成与工作原理

1. 组成

EBD 由轮速传感器、ECU 和制动压力调节器三部分组成，与 ABS 共用轮速传感器、制动压力调节器。

2. 工作原理

EBD 工作时，制动压力来自驾驶员，EBD 会监控四个车轮的转动，调节趋于抱死车轮制动器的制动力，避免该车轮先抱死，在 ABS 投入工作时，四个车轮趋于相同的抱死程度，充分地利用了地面制动力，如图 5-4-20 所示。

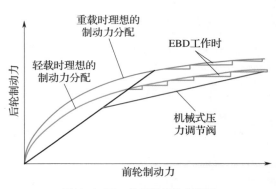

图 5-4-20 前后轮制动力分配

➡ **技能操作**

一　制订 ABS 故障检修方案

制定 ABS 故障检修方案，其流程如图 5-4-21 所示。

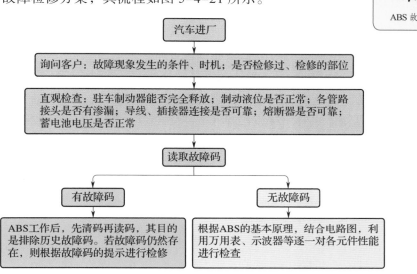

图 5-4-21　ABS 故障检修的流程

二　ABS 常规检查

1. 检查项目

1）解码器诊断：读取 ABS 故障码，读取数据流，用执行器进行测试。

2）线路检查：检查蓄电池电压、熔丝、继电器、各插头、各线路。

3）传感器检测：检测轮速传感器电阻、电压、安装及固定情况。

4）执行器检查：检查液压调节器、ABS 泵电动机工作情况。

5）控制器检查：检查电子控制装置、ABS 控制器工作情况。

2. 检查时的注意事项

1）点火开关接通后，不允许拆装电器连线，否则会对电子控制装置造成损害。

2）没有释放 ABS 压力之前，不允许打开释放阀或液压管路。

3）不能敲击轮速传感器的齿圈，安装时只能压装，否则会损坏齿圈或影响轮速信号的精度。

4）检测过程中，若轮速传感器的位置被移动，应检查传感头与齿圈之间的间隙是否符合原车规定。

5）安装通信设备时，避免天线靠近 ABS-ECU，ECU 放置在高温环境下的时间不能过长。

6）在维修装有蓄能器的 ABS 前，应在发动机熄火的情况下，踩放制动踏板 40~50 次，以释放蓄能器压力。

3．听取用户的反馈

根据用户的反馈：ABS 是否真的存在故障；在什么情况下、什么时候发生故障；诊断应该首先从哪儿开始。

用户的有些反馈可能属于 ABS 正常工作时情况，比如紧急制动时踏板颤动、在制动时或起动时电动液压泵和电磁阀发出声音等。

4．目测检查

目测检查可以确定 ABS 故障的根本原因。

1）检查储液器是否液面过低、液压装置是否外部泄漏和制动主缸工作是否正常，若发现问题可按需要添加制动液，确定制动液损失的原因并修理，然后将各元件安装到正确的位置。

2）检查驻车制动器是否完全放松和开关功能是否正常，视具体情况进行维修或调试。

3）检查熔丝是否熔断，排除熔丝烧坏的原因，并更换熔丝。

4）检查导线插接器是否破损或插接器是否松动，并按需要修理和接好各插接器。

三　ABS 故障灯诊断与排除

装有 ABS 的汽车在仪表盘上设有制动警告灯（红色）和 ABS 故障警告灯（黄色）。正常情况下，点火开关打开，ABS 故障警告灯和制动警告灯应闪亮约 2s，一旦发动机运转起来，驻车制动释放，两个警告灯应熄灭，否则说明 ABS 有故障。可根据两灯的闪亮规律，粗略地判断出系统发生故障的部位，具体见表 5-4-1。

表 5-4-1　ABS 故障灯诊断表

故障现象	故障原因	故障现象	故障原因
ABS 故障灯常亮	轮速传感器不起作用	ABS 故障灯不亮	制动开关失效
	液压控制单元接触不良		制动开关线路、插接器脱落
	电子控制单元接触不良		轮速传感器信号微弱
ABS 故障灯和制动警告灯点亮	两个以上轮速传感器出现故障		制动盘（鼓）严重变形
	电子控制单元出现故障	制动警告灯点亮	驻车制动器调整不当
	液压控制单元出现故障		制动轮缸漏油
ABS 故障灯间歇性点亮	电子控制单元插接器松动，制动轮缸工作不良		制动管路漏油
	车轮轮毂轴承松旷，制动管路中侵入空气		制动警告灯搭铁
	轮速传感器工作状况不良或受到干扰		

四　ABS 故障码诊断与排除

ABS 具有自诊断和失效保护功能，当点火开关处于"ON"位置时，电子控制单元将会自动地对自身、轮速传感器、制动压力调节器中的电器元件进行静态测试，若 ABS 电子控制单元发现系统中存在故障，则电子控制单元会以故障码的形式储存记忆故障情况，并持续点亮 ABS 警告灯。当汽车的速度达到一定值时，ABS 的电子控制单元还要对系统中的一些电器元件进行动态测试，如果发现系统中有故障存在，电子控制单元会以故障码的形式存储记忆故障情况。

诊断 ABS 故障时，按照设定的程序和方法可读取故障码。维修人员可根据故障码的含义确定故障的范围。

1. 人工读取故障码

人工读取故障码可通过 ABS 警告灯闪烁读取、电子控制单元盒上的二极管灯读取、自制的发光管灯读取、自动空调面板读取等几种方式，一般操作步骤如下：

1）将点火开关置于"OFF"位置，用跨接线跨接诊断插座中的相应端子。

2）将点火开关置于"ON"位置，以正确的方法计数警告灯或发光二极管的闪烁次数，从而确定故障码。

3）从维修手册中查找故障码所代表的故障情况，排除故障后，按规定程序清除故障码。

2. 仪器读取故障码

故障诊断仪可以从 ABS 电子控制单元存储器中读取故障码，同时还具有故障码翻译、检测步骤指导和基本判断参数提供等功能，表 5-4-2 中给出了故障诊断仪 V.A.G1552 所读取的一些 ABS 故障码。

表 5-4-2　ABS 故障码

V.A.G1552 显示屏显示	故障原因	排故方法
00668 汽车 30 号线终端电压信号超差	电压供应线路故障	检查电控单元供电线路
	连接插头故障	
	熔丝故障	检查熔丝
01276 ABS 液压泵（V64）信号超差	电动机与电控单元连接线路对正极或对地短路、断路	检查线路
	液压泵电动机故障	进行执行元件诊断
65535 电控单元	电控单元故障	更换电控单元
01044 电控单元编码不正确	25 针插头端子 6 和 22 之间断路或短路	检查线路、线束的插头
01130 ABS 工作信号超差	与外界干涉信号源发生电气干涉（高频发射）	检查所有线路连接对正极或对地是否短路，清除故障码
		车速大于 20km/h 时，进行紧急制动试车，再次查询故障码
00283：左前轮速传感（G47） 00290：左后轮速传感器（G46） 00285：右前轮速传感器（G45） 00287：右后轮速传感器（G44）	轮速传感器线路短路或断路，连接插头松动	检查轮速传感器与电控单元的线路、连接插头
	传感器和齿圈之间的间隙过大	检查传感器和齿圈的安装间隙

3. 故障码 01276 的排除

当车速超过 20km/h，此时若 ABS 电子控制单元监控到电动机不能正常工作，就会记录此故障码，下面详细介绍排故过程：

1）分析可能的原因：电源供应短路或搭铁、电动机线束松脱、电动机损坏。

2）故障诊断：如果蓄电池过度放电，电动机将无法驱动，所以在进行电动机驱动测试时，应先确认蓄电池电压是否正常。进行电动机驱动时车辆须在静止状态下，具体诊断步骤如图 5-4-22 所示。

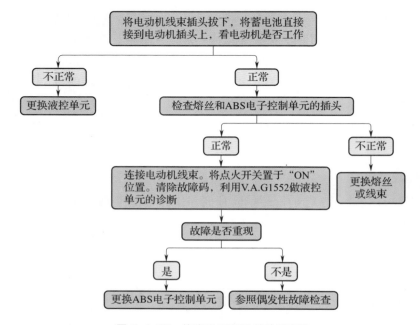

图 5-4-22　故障码 01276 的诊断步骤

五　轮速传感器故障诊断与排除

（一）间歇性故障

将车辆停稳，用故障诊断仪查看轮速数据，同时晃动线束及插接器，或踩住制动踏板，左右转动转向盘，特别是要在极限位置反复晃动转向盘。如果轮速数据出现跳变，说明轮速传感器线路存在虚接故障（注意此方法只对电磁式轮速传感器有效）。

（二）万用表测量

断开 ABS 控制单元，从 ABS 控制单元插接器的线束侧测量整个轮速传感器回路的电阻，如图 5-4-23 所示。正常情况下电阻为 1kΩ 左右，如果线路没有虚接，电阻是不会跳变的。在观察电阻值的同时，晃动该处线束或插接器，如果电阻值出现跳变，说明线路存在虚接。在晃动线路时，车轮不能动，否则会出现虚假的阻值变化。此外，还要测量线路与车身搭铁之间的电阻，检查是否有对搭铁短路的现象。

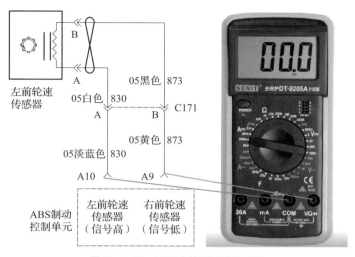

图 5-4-23　万用表检测轮速传感器

（三）信号检测

　　检测轮速传感器的输出信号是判断其好坏最有效的方法。磁电式轮速传感器可以使用电压表直接测量其输出信号电压是否处于正常范围，而霍尔式和磁阻式轮速传感器需要使用示波器来测量其信号波形。使用示波器检测时，应能显示出脉冲波形，如图 5-4-24 所示。如果无波形，则要检测轮速传感器的电压是否正常。如果波形不连续或不均匀，则有可能是轮速传感器损坏或者信号齿圈出现了断齿现象。

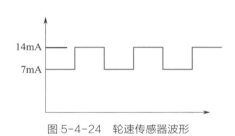

图 5-4-24　轮速传感器波形

六　ASR 与 ESP 故障诊断与排除

　　当检测到 ASR/ESP 系统有故障时，电子控制单元会存储故障码，并点亮 ASR/ESP 故障警告灯，同时 ASR/ESP 功能失效。

　　1. 检修注意事项

　　1）电控单元对过电压、静电非常敏感，为防止损坏，点火开关接通时不要插或拔电控单元上的连接器。

　　2）维修液压控制装置时，切记要首先进行泄压，然后再按规定进行修理。

　　2. 检修方法

　　1）目视检查，可以发现比较明显的故障，能够节省时间，提高维修效率。

　　2）检查管路，检查制动器有无拖滞现象。

　　3）检查所有继电器、熔丝是否完好，插接是否牢固。

　　4）检查电子控制单元和液压调节器总成，检查传感器及线路。

5）检查蓄电池电压是否在规定范围内。

3. 电子控制单元和液压总成的检查

应按技术标准对电控单元和液压调节器总成进行检修。电控单元出现故障后，制动系统保持常规制动，但 ABS/ASR/ESP 功能均失效。当电磁阀出现不可恢复故障，制动系统将会关闭，同时 ESP 功能失效。电控单元和液压总成集成为一体，在保修期内，不要拆解电控单元和液压总成。

4. 故障诊断与排除

连接故障诊断仪，进入电子制动控制模块读取故障码，该模块记忆了 3 个故障码，分别是：U0073—控制模块通信总线 A 关闭；U0074—控制模块通信总线 B 关闭；U0126—与转向盘转角传感器模块失去通信。从上述故障码的内容分析，故障应该是由网络通信问题导致的。检查电控模块线路，拆下冷却液补液罐，拔下 EBCM 导线侧插接器，检查 EBCM 的电源和搭铁情况，用工具将两侧的插接器端子清洁干净，重新连接牢固后试车。

学习情境五　驻车制动系统检修

➡ 教学目标

知识目标：

1. 掌握机械驻车制动系统作用、分类及组成
2. 掌握电子驻车制动系统的组成、功能及工作原理
3. 了解自动驻车制动系统

能力目标：

1. 具备检查、调整与检修机械驻车制动系统的能力
2. 具备检查与调整电子驻车制动系统的能力
3. 具备识读 EPB 电路图的能力
4. 具备检修 EPB 电动机故障的能力

素养目标：

培养学生的安全意识与责任

➡ 情境引入

一辆理想 ONE 轿车驶进汽车维修站，据车主反映，该车停于坡道时会自动溜车。后经检查发现，该车驻车制动系统已失效，作为维修人员，应掌握汽车驻车制动系统检修技能，将检修合格的汽车交还车主。

➡️ 知识学习

汽车驻车制动系统

一　机械驻车制动系统

（一）作用

1）保证汽车可靠地在平地或坡道上停车而不发生滑行。

2）保证汽车在坡道上安全起步。

3）在行车制动功能失效时，配合行车制动器进行紧急制动。

坡道溜车导致人员伤亡及财产损失的事故经常发生，威胁人身安全，应树立安全意识，尽可能减少驻车系统故障，防止溜车。

（二）类型

按安装位置，驻车制动可分为中央驻车制动和车轮驻车制动两种。按结构形式，可分为鼓式、盘式、弹簧式、带式、电子式五种。

（三）车轮制动式驻车制动系统

车轮制动式驻车制动系统通常由操纵杆、平衡杠杆、拉索、拉索调整接头、拉索支架、拉索固定夹、制动器等组成，如图 5-5-1 所示。车轮制动式驻车制动系统主要用于轿车。

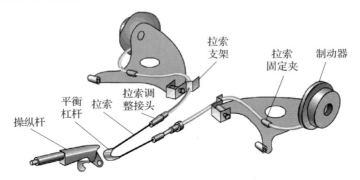

图 5-5-1　驻车制动系统的组成

（四）中央制动式驻车制动系统

中央制动式驻车制动系统主要用于货车。如图 5-5-2 所示为东风 EQ1090E 型汽车驻车制动装置，制动鼓通过螺栓与变速器输出轴的凸缘盘紧固在一起，制动底板固定在变速器输出轴轴承盖上，两制动蹄通过偏心支承销支承在制动底板上，其上端装有滚轮，在回位弹簧的作用下滚轮紧靠在凸轮的两侧，凸轮轴支承在制动底板的上部，轴外端与摆臂连接，摆臂的另一端与穿过压紧弹簧的拉杆相连，拉杆再通过摇臂、传动杆与驻车操纵杆相连。

驻车操纵杆上连有棘爪。驻车制动时，棘爪嵌入棘轮齿内，起锁止作用；解除制动时，按下驻车操纵杆上的按钮，使棘爪脱离棘轮齿，制动作用消失。

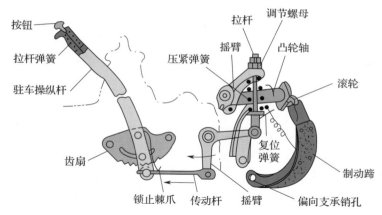

图 5-5-2　东风 EQ1090E 型汽车驻车制动装置

二　电子驻车制动系统

新能源汽车多数采用电子驻车制动系统（Electronic Parking Brake System，EPB）。

（一）EPB 组成

EPB 是由驻车制动控制电动机直接控制后轮制动卡钳来实现驻车制动的，其主要部件包括 EPB 开关、EPB 控制单元和 EPB 控制电动机，如图 5-5-3 所示。

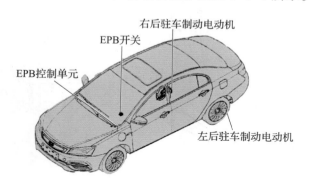

图 5-5-3　新能源汽车 EPB 组成

1. EPB 开关

如图 5-5-4 所示，EPB 开关（按钮）位于变速杆左侧控制面板上，向上拉动 EPB 开关时驻车制动锁止，向下按下 EPB 开关时驻车制动释放。

2. EPB 控制单元

EPB 控制单元安装在副仪表板内变速杆安装支架的车身底板上面，主要功能是接收 EPB 开关信息和 CAN 总线上的信息，通过对这些信息的处理和分析，对 EPB 控制电动机进行控制。

3. EPB 控制电动机

如图 5-5-5 所示，EPB 控制电动机分别安装于后轮的左右制动卡钳上，并且与后轮制动卡钳集成到一起，当部件出现故障后需更换带有 EPB 控制电动机的制动卡钳总成时，不能对 EPB 执行器进行单独更换。控制电动机在驻车制动期间工作，其内部没有相应的传感器检测制动片的夹紧力，而是通过啮合制动片时负荷的变化，引起电动机电流的变化，以此推算制动片的夹紧力，然后由 EPB 控制单元控制直流电动机的工作状态。

如果出现了驻车制动不能释放故障时，需要将 EPB 控制电动机的后盖板打开，然后使用一个专用的扳手旋转电动机内的推杆使制动卡钳释放。完成这项操作后，需要使用专用的 EPB 制动卡钳进行复位。

图 5-5-4　EPB 开关位置实物图

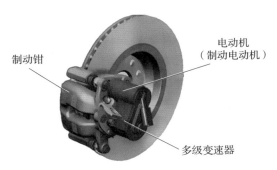

制动钳　电动机（制动电动机）　多级变速器

图 5-5-5　EPB 控制电动机安装位置示意图

（二）EPB 典型工况

1）挂入"P"位。车辆静止时，从任意档位切换至"P"位，车辆将自动驻车，此时自动驻车按钮红色指示灯亮起。

2）开启车门。当车辆处于静止状态时，打开驾驶员侧车门，车辆将自动驻车，此时自动驻车按钮红色指示灯亮起。

3）停车熄火。当车辆处于静止状态时，通过一键起动按钮熄火后，车辆将自动驻车，此时自动驻车按钮红色指示灯亮起。

4）坡道溜坡。在斜坡上驻车后，EPB 会根据坡度的不同，采取不同的力度驻车。如果出现溜坡，EPB 将用最大的夹紧力再次驻车，防止溜坡。

（三）EPB 功能

1. 静态驻车及解除

车辆在停止时，拉起 EPB 开关（无论起动开关是"ON"或"OFF"），EPB 开始工作，制动锁止车辆。释放驻车制动时，起动开关处于"ON"位时，踩下行车制动踏板，按下 EPB 开关，EPB 停止制动锁止。当然，如果车辆的前机舱盖和后行李舱盖以及 4 个车门都是"OFF"状态时，变速杆从"P"位移到"R"位或"D"位时，EPB 也会自动释放。

2. 动态应急制动

车辆在行驶过程中，驾驶员拉起 EPB 开关，EPB 控制单元收到开关信号后通过 CAN

总线要求 ESC 控制行车制动，如果行车制动系统或是 ESC 故障，将由 EPB 控制单元直接控制驻车制动系统工作（仅限于后轮）。EPB 动态制动控制是持续进行的，直到松开 EPB 开关为止。在动态制动工作期间，驻车制动警告灯将会一直闪烁。

3. 坡道驻车及辅助

坡道驻车时，EPB 会根据集成在液压电子控制模块中的纵向加速度传感器来测算坡度，从而计算出车辆在斜坡上由于重力而产生的下滑力，然后对后轮施加制动力平衡下滑力，进而实现坡道驻车。当车辆坡道起步时，EPB 坡道辅助功能会根据坡道角度、驱动电机转矩、加速踏板位置、挡位等信息计算释放时机。当车辆的牵引力大于下滑力时，自动释放驻车制动，从而实现辅助坡道起步。

（四）EPB 工作原理

EPB 的驻车功能主要由电子信号的传递来实现，通过自带 ECU 发出指令驱动卡钳进行相关动作。其主要信号交互由以下几方面组成：电子驻车制动控制单元、组合仪表 EPB 相关显示符号、EPB 开关按键、执行机构等。EPB 工作原理示意图如图 5-5-6 所示。

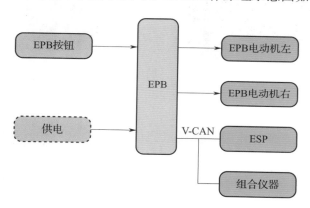

图 5-5-6　EPB 工作原理示意图

（五）自动驻车制动系统

自动驻车制动系统（Auto Hold）是 EPB 功能的延伸，目前配置 EPB 的新能源汽车，多数都具有 Auto Hold 功能。

1. 自动驻车制动系统激活条件

自动驻车制动功能由位于副仪表台中央控制面板上单独的开关操作，如图 5-5-7 所示。当按下自动驻车制动开关并且该功能被激活时，开关内的工作警告灯亮，此时便会起动相应的自动驻车功能。

激活自动驻车制动功能前必须保证：驾驶员侧车门关闭、驾驶员系好安全带并且发动机处于运转状态。其中，车门关闭和系好安全带是为了保证驾

图 5-5-7　自动驻车制动按键

驶员始终控制自动驻车制动功能，而不是偶然被起动；发动机运转则是为了保证电子控制系统有足够的动力产生，这样电子驻车制动系统电控单元在所有的状态下都能实现安全驻车。电子驻车制动系统电控单元还能够准确地感应车辆是否处在制动状态，只有车辆在静止时才能有效激活该功能，车辆行驶中或倒车时系统不起作用。

2. 自动驻车制动系统的工作过程

通过 ABS/ESP 控制单元作用，实现自动驻车制动车辆。自动驻车制动系统激活信息通过其所连接的电子驻车制动电控单元识别、确认，并经由 CAN 总线传递到电子稳定装置控制单元，借助总线网络上的协同运作实现自动驻车和动态起动辅助两大功能。而这两大功能实现的前提条件是电子稳定装置和电子驻车制动系统的有机结合。电子稳定装置主要负责停车时 4 个车轮的制动力矩；电子驻车制动系统保证在自动驻车制动相关功能关闭或失效后能以备用安全模式保障安全。

3. 自动驻车制动系统和电子驻车制动系统的不同点

电子驻车制动系统驻车制动的实现是通过按下驻车制动按钮且驻车制动被激活时，EPB 电控单元控制位于两后轮上的电子驻车制动电动机工作，并施加一定的制动力，此时位于驻车制动开关内的驻车制动警告灯亮。按下自动驻车制动开关并且激活该功能后，电子自动驻车制动功能便会全程自动控制车辆。也就是使车辆在集成两种不同的制动系统作用下自动停稳而且受控。通过采用 ESP 的功能电磁阀维持四个车轮的制动力，而不是通过两后轮的电子驻车制动装置电动机。因此，用自动驻车制动系统自动驻车时，对 EPB 电动机的工作状态进行检测，工作电流均为 0。暂时停车后，再继续前行，系统能够识别，制动会自动释放。熄火后会自动转换到电子驻车制动系统驻车制动，因此驾驶员无须使用停车制动。

➡️ **技能操作**

━ 机械驻车制动系统的检查、调整与检修

（一）驻车制动器蹄鼓间隙的调整

将拉杆上的锁紧螺母拧开，将操纵杆放松到最前端，拧动拉杆上的调整螺母。将调整螺母拧紧，蹄鼓间隙会减小；将调整螺母拧松，蹄鼓间隙会增大。注意：调整完毕后，还要将锁紧螺母锁紧。

（二）摇臂与凸轮相互位置的调整

若操纵杆自由行程偏大，可以调整摇臂与凸轮的相互位置。

（三）制动器的检查与调整

1. 驻车制动器的检查

汽车每行驶 15000km 后，应对驻车制动器进行性能检查，需满足以下几点要求：

1）汽车空载时，可在坡度为 20%、附着系数大于 0.7 的坡道上正、反两个方向保持固定不动，拉紧驻车制动器时，二挡无法起步。

2）驻车制动器操纵杆工作行程不能超过总行程的四分之三。

3）放下驻车制动操纵杆，处于空挡位置时，举升汽车，车轮应能用手转动且无摩擦声。

2. 驻车制动器的调整

1）拧松偏心支承轴的锁紧螺母，用扳手转动偏心支承轴。

2）当在摆臂末端用力转动摆臂张开凸轮时，两个制动蹄的中部同时与制动鼓接触。

3）用扳手固定偏心支承销，同时拧紧偏心支承销的锁紧螺母。

> **注意** 在拧紧锁紧螺母时，偏心支承销不得转动

3. 制动装置的调整与检修

（1）调整 松开驻车制动操纵杆，用力踩压制动踏板一至两次，然后将驻车制动操纵杆拉紧两至四个齿，转动拉杆上的调整螺母，直到用手不能转动后轮为止。当放松驻车制动操纵杆后，两后轮应能转动自如。

（2）检修 检查拉索的松紧度，如已松弛，应更换；检查其磨损情况，如磨损严重，应更换；检查其是否被卡住或打结，如有应更换或解除卡结。检查锁止机构中的棘爪和扇形齿，如有磨损或断齿情况，应及时更换。具体检修步骤如下：

1）安装车内防护四件套，打开发动机舱盖，安装两侧翼子板布和进气格栅布。

2）进入驾驶室，按下操纵杆前端的按钮，放松驻车制动器。

3）使用直板尺检查制动踏板自由行程，若小于规定值，应检查制动主缸、轮缸的活塞是否卡滞，制动器是否卡滞，若大于规定值，应检查制动蹄或制动片是否磨损过度。

4）将车辆举升至车轮最低点离地面 20~30cm 高度处。

5）检查各个车轮的转动情况，如某个车轮阻力过大，证明该车轮制动器复位不良，应拆卸后检修。

6）落下车辆，进入驾驶室，拉起驻车制动操纵杆，检查棘爪的锁止性能，观察此时在未按压前方按钮的情况下，操纵杆是否可以保持固定不动。

7）按下操纵杆的前端按钮时，操纵杆能迅速放下，证明前端按钮性能正常。

8）将车辆举升至车轮最低点离地面 20~30cm 高度处。

9）转动两后轮，若车轮旋转自如，证明驻车制动性能不良，需拆卸后检修。

（3）调整步骤

1）进入驾驶室，放下驻车制动操纵杆，拆下驻车制动杆的罩盖（一般位于扶手箱下方）。

2）取出隔音板，检查软轴走向是否正确，找到调整螺母。

3）使用扳手调整驻车制动器调整螺母。

4）拉起驻车制动操纵杆，将车辆举升至车轮最低点离地面 20~30cm 高度处。

5）转动两后轮，如车轮无法转动，说明驻车制动器调整到位，否则应重新调整。

6）安装时按照拆卸时的反向顺序，依次装好隔音板，驻车制动杆罩盖。

二　电子驻车制动系统的检查与调整

电子驻车制动系统的检查与调整步骤如下：

1）接上车载诊断系统（OBD）接口，连接故障诊断仪。

2）进入自诊断系统，进入车辆基本特性，选择制动电子装置，进入故障存储器选项，读取故障码，有故障码时，先清除故障码，如无法清除，则系统确实存在故障。

3）先选择执行元件诊断，再选择执行元件，如液压泵，左前／右前 ABS 进油阀、驻车制动器按钮的指示灯、驻车制动器电动机等，操作界面如图 5-5-8 所示。

图 5-5-8　执行元件诊断 - 选择执行元件操作界面

4）选择"测量技术"选项，进入引导性功能，如图 5-5-9 所示，选择"向前和往回调节驻车制动电机活塞"，最后按照提示操作，直到各执行元件正常，退出诊断仪。

图 5-5-9　选择"向前和往回调节驻车制动电机活塞"操作界面

三　EPB 电路图的识读

以吉利 EV450 型轿车为例，其 EPB 工作电路图如图 5-5-10 所示。EPB 控制单元由熔丝 IF23（10A）提供 IG1 电，接收安装在仪表板中部的 EPB 开关信号后，通过短时间给左后、右后卡钳电动机通电（双向电流），由熔丝 SF04（30A，左后卡钳电动机正）和 SF06（30A，右后卡钳电动机正）供电，经 G32 接地，卡钳电动机工作压紧或释放制动片，从而实现驻车制动或释放驻车制动。

以左后卡钳电动机为例，说明电动机工作回路：当按下 EPB 操作按钮时，蓄电池 - 熔丝 SF04（30A）–EPB 控制单元 – 插接器 IP27–29 端子 – 左后卡钳电动机 – 插接器 IP27–14 端子 –EPB 控制单元 – 插接器 IP27–30 端子 –G32，左后卡钳电动机执行释放驻车制动操作。当拉起 EPB 操作按钮时，蓄电池 – 熔丝 SF04（30A）–EPB 控制单元 – 插接器 IP27–14 端子 – 左后卡钳电动机 – 插接器 IP27–29 端子 –EPB 控制单元 – 插接器 IP27–30 端子 –G32，左后卡钳电动机执行驻车夹紧操作。

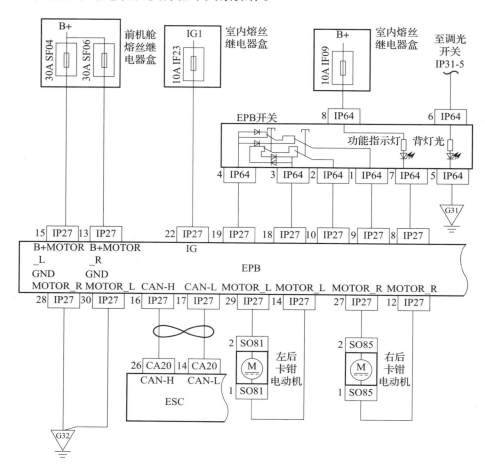

图 5-5-10　吉利 EV450 型轿车 EPB 工作电路图

四　EPB 电动机不工作故障检修

EPB 电动机不工作的故障主要是 EPB 执行器故障引起的，包括：C110060– 执行器电压异常；C11A477– 执行机构故障；C11A577– 执行机构故障 – 低压；C11A07C– 左执行器故障 – 运行超时；C11A37C– 右执行器故障 – 运行超时；C11A013– 左执行器故障 – 开路；C11A313– 右执行器故障 – 开路；C11A011– 左执行器故障 – 控制电路故障；C11A311– 右执行器故障 – 控制电路故障；C11A07E– 左执行器故障 – 场效应晶体管故障；C11A37E– 右执行器故障 – 场效应晶体管故障；C11A070– 左执行器故障 – 机构损坏；C11A370– 右执行器故障 – 机构损坏；C11A015– 左执行器故障 – 短路；C11A315– 右执行器故障 – 短路；

C11A07D– 左执行器故障 – 继电器；C11A37D– 右执行器故障 – 继电器；C11A063– 左执行器故障 – 晶体管；C11A363– 右执行器故障 – 晶体管；C11A054– 左执行器故障 – 标定错误；C11A354– 右执行器故障 – 标定错误。

学习情境六　制动能量回收系统检修

教学目标

知识目标：

1. 掌握制动能量回收系统的功能与组成
2. 掌握制动能量回收系统的工作过程与回收方法
3. 掌握混合动力汽车制动能量回收系统的工作过程
4. 了解制动能量回收系统的约束条件

能力目标：

1. 具备识读制动能量回收系统调节开关电路图的能力
2. 具备诊断与排除制动能量回收系统故障的能力

素养目标：

培养学生节约能源的社会意识与责任

情境引入

一辆比亚迪秦轿车驶进汽车维修站，据车主反映，该车的制动能量回收系统调节开关失灵。后经检查发现，该车制动能量回收系统存在故障，作为维修人员，应掌握汽车制动能量回收系统检修技能，将检修合格的汽车交还车主。

知识学习

一　制动能量回收系统

（一）功能

再生制动是电动汽车所独有的，即在减速制动（或者下坡）时将车辆的部分动能转化为电能，转化的电能储存在储存装置中，如各种蓄电池、超级电容和超高速飞轮，最终增加电动汽车的行驶里程。若储能器已被完全充满，再生制动则无法实现，所需制动力全部由常规液压制动系统提供。几乎所有的电动汽车都安装了再生制动系统，从而实现节约和回收部分制动能量，并为驾驶员提供常规的制动性能。制动能量回收系统提高了能源利用率，有利于节能与环保，应不断提高制动能量回收系统的工作效率。

（二）再生制动分析

当电动汽车减速、在公路上放松加速踏板或踩下制动踏板停车时，再生制动系统就会起动。正常减速时，再生制动的力矩通常保持在最大负荷状态；电动汽车高速行驶时，其驱动电机一般是在恒功率状态下运行，驱动力矩与驱动电机的转速或者车速成反比。因此，恒功率状态下驱动电机的转速越高，再生制动的能力就越低。另外，当踩下制动踏板时，驱动电机通常运行在低速状态。由于在低速时电动汽车的动能不足以为驱动电机提供能量来产生制动力矩，因而再生制动能力会随着车速降低而减小。

如图 5-6-1 所示，电动汽车的再生制动力矩通常不能像传统燃油车中的制动系统一样提供足够的制动减速度，所以在电动汽车中，再生制动和液压制动系统通常共同存在，称为混合制动。为尽可能回收能量，当再生制动已经达到了最大制动能力且仍不能满足制动要求时，液压制动才起作用。

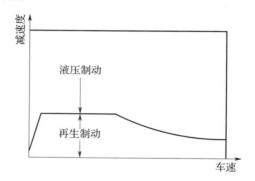

图 5-6-1　混合制动比例与减速度和车速的关系

（三）组成

电动汽车制动能量回收系统主要由两部分组成，即电机再生制动部分和传统液压摩擦部分。

再生制动部分主要包含驱动轮、动力分配装置（主减速器、变速器）、电机（既是电动机，也是发电机）、电机控制器（AC/DC 转换器、DC/DC 转换器）、能量储存系统（电池）和再生制动控制器（整车控制器、电池管理系统），如图 5-6-2 所示。由于电动汽车本身具有能量转换装置（电机）和储能装置（电池），所以无需增加任何机械装置，就可以实现制动能量回收功能。

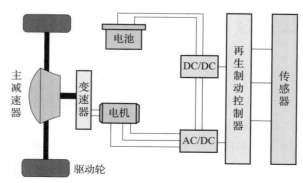

图 5-6-2　再生制动部分结构示意图

（四）工作过程

电池与电机是一对能量转换系统，车辆行驶时电池给电机提供电能，制动时电机起发电机的作用给电池供电。制动能量回收系统吸收电动汽车制动时产生的动能，借助电机作为发电机转化成电能为电池充电，电机产生反向转矩作用于传动轴生成电制动力。

当驾驶员松开加速踏板时，整车控制器根据制动踏板的开度、车辆行驶状态信息，以及动力蓄电池的状态信息，来分析某一时刻是否进行制动能量回收。例如，当动力蓄电池的温度太低时，不能进行制动能量回收。根据动力蓄电池的剩余电量，决定制动能量回收的程度。不同车型具有不同的控制策略。如果动力蓄电池的剩余电量较多，比如电量大于95%，就不能进行制动能量回收；如果动力蓄电池的电量很少，比如电量为5%时，就能够进行正常的制动能量回收；如果电池电量在两者之间，就会限制制动能量回收的最大充电电流。

当电动汽车减速时，车轮带动电机转动，电机作为交流发电机而产生电流，经过电机控制器将交流电整流升压为高压直流电，给动力蓄电池组充电，如图5-6-3所示。电动汽车控制器可通过各种传感器对动力蓄电池、驱动电机进行实时监控并及时反馈状态信息，并通过电功率表、转速表和温度表等仪表进行显示。

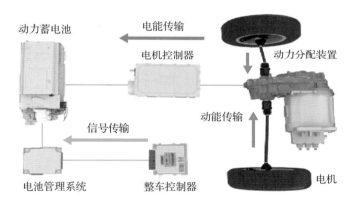

图 5-6-3 制动能量回收系统

（五）制动能量回收方法

根据储能机理不同，电动汽车制动能量回收的方法也不同，主要包括飞轮储能、液压储能和电化学储能三种。

（1）飞轮储能 飞轮储能是利用高速旋转的飞轮来储存和释放能量，其制动能量回收原理如图5-6-4所示，主要由飞轮、无级变速器构成，一般在公交汽车上使用。当汽车制动或减速时，先将汽车在制动或减速过程中的动能转换成飞轮高速旋转的动能；当汽车再次起动或加速时，高速旋转的飞轮又将存储的动能通过传动装置转化为汽车行驶的驱动力。

（2）液压储能 其制动能量回收原理如图5-6-5所示，主要由液压泵/液压马达、储能器组成，一般在工程机械或大型车辆上使用。它先将汽车在制动或减速过程中的动能转换成液压能，并将液压能储存在液压储能器中。当汽车再次起动或加速时，储能系统又将储能器中的液压能以机械能的形式反作用于汽车，以增加汽车的驱动力。

图 5-6-4　飞轮储能式制动能量回收原理图

图 5-6-5　液压储能式制动能量回收原理图

（3）电化学储能　其制动能量回收系统原理如图 5-6-6 所示，主要由发电机、电动机和蓄电池或超级电容组成，一般在电动汽车上使用。它先将汽车在制动或减速过程中的动能，通过发电机转化为电能并以化学能的形式储存在储能器中。当汽车再次起动或加速时，再将储能器中的化学能通过电动机转化为汽车行驶的动能。储能器可采用动力蓄电池或超级电容，由发电机 / 电动机实现机械能和电能之间的转换。系统还包括一个控制单元，用来控制动力蓄电池或超级电容的充放电状态，并保证动力蓄电池的剩余电量在规定的范围内。电动汽车一般采用这种形式实现再生制动能量回收，采用的办法是在制动或减速时将驱动电机转化为发电机。

图 5-6-6　电化学储能式制动能量回收原理图

二　混合动力汽车制动能量回收系统

混合动力汽车一般采用制动能量回收与液压制动协调控制的方式，以丰田混合动力汽车为例，其液压制动能量回收控制过程如图 5-6-7 所示。在电子控制制动器（ECB）中，制动踏板与车轮制动轮缸不是通过液压管路直接连接，而是通过电控单元（ECU）向液压能量供给源发出相应指令，使对应于制动能量回收制动强度的液压传递到相应车轮制动轮缸。因此，制动能量回收制动与液压制动之和达到与制动踏板行程量相对应的制动力值，从而改善驾驶员制动操作时的路感。

制动能量回收系统控制接收制动踏板力信号，液压控制信号经过制动主缸与行程模拟器进入液压控制机构，再经过制动液压调节传递到车轮制动轮缸上，如果系统发生故障，电磁切换阀开启，即液压又通过电磁切换阀切换，传递到车轮制动轮缸上。

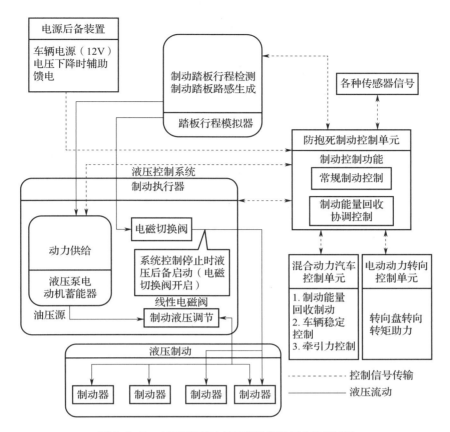

图 5-6-7　丰田混动汽车液压制动能量回收控制过程

三　纯电动汽车制动能量回收系统

（一）"再生－液压"混合制动系统结构与工作过程

如图 5-6-8 所示为一种并行"再生－液压"混合制动系统的结构，如图 5-6-9 所示为其工作过程。该系统在不改变原有液压机械摩擦制动系统的基础上，由电动机提供一定的制动力矩于前驱动轮，在不影响制动过程的条件下完成制动能量回收。在汽车需要减速时，制动踏板提供制动信号，电动泵使制动液增压产生所需的制动力，并将信号传递到整车控制器。整车控制器根据汽车运行状况及其他控制模块的状态，确定电动汽车上的再生制动力矩和前后轮上的液压制动力，决定是否进行制动能量回收，并分配能量回收制动力矩的大小，电机控制器再发出指令控制电能转换器中各功率开关的操作，实现电机的再生制动。在能量回收制动过程中，电机控制器在对电机实施能量回收制动控制的同时，还要与能量管理系统进行实时双向信息交流，在保证蓄电池安全充电的同时，实现好的制动能量回收效果。

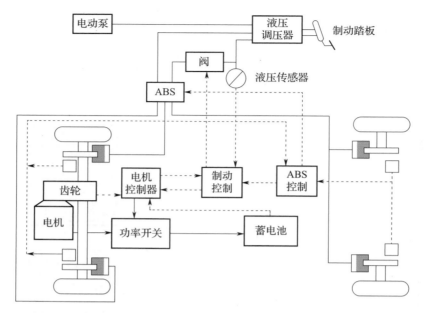

图 5-6-8 "再生－液压"混合制动系统结构示意图

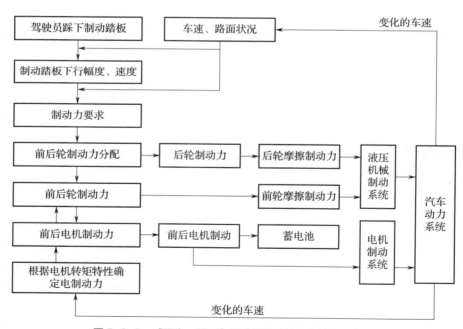

图 5-6-9 "再生－液压"混合制动系统工作过程示意图

（二）"再生－液压"混合制动比例分析

如图 5-6-10 所示为一种再生制动力矩与液压机械摩擦制动力矩之间的分配比例关系。对两种制动力矩比例调节的目的是保持最大再生制动力矩的同时为驾驶员提供与传统燃油车相同的制动感受。当制动踏板力较小时，只有再生制动力矩施加在驱动轮上，并且与制动踏板力成正比。而非驱动轮上的制动力由液压制动提供，液压制动力也与制动踏板力成正比。当制动踏板力超过一定值时，最大再生制动力矩全部加在驱动轮上。同时液压制动力矩也作用在驱动轮上以获得所需的制动力矩。因此最大再生制动力矩可以保持不变，以便能完全回收车辆的动能。

制动系统因制动造成的管路压力越高（或制动踏板踏下深度越深），说明经驾驶员判断需要的总制动力矩越大，此时非驱动轮的制动力矩一直增加，而驱动轮的制动力矩总和也在增加。当摩擦力矩持续增加，再生制动力矩不再增加，甚至减小时，需再生制动和 ABS 协调工作。

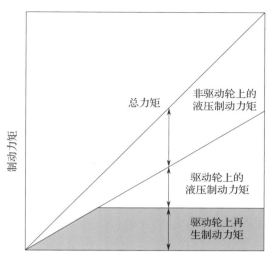

图 5-6-10　再生制动力矩与液压机械摩擦制动力矩的分配

（三）吉利 EV450 型轿车制动能量回收系统

吉利 EV450 型轿车制动能量回收系统集成在 ESC 中。在满足整车稳定的前提下，踩下制动踏板，进行驱动电机制动力矩输出控制，进而回收制动能量。吉利 EV450 型轿车制动能量回收系统可以通过装备在仪表中部的驾驶模式开关进行调节，如图 5-6-11 所示，调节等级分别为弱、中、强，并在仪表中显示当前等级。系统将根据驾驶员调整的制动能量回收程度等级，在减速制动、滑行等工况进行制动能量回收。系统默认为自动开启状态，当驾驶员需要减速踩制动踏板时，制动能量回收系统会控制驱动电机进行制动能量回收。驱动电机制动力矩与液压制动力矩直接叠加，在减速度 0.2g 时可达到 65% 的驱动电机制动比率，整车制动能量回收率约为 9%。系统监测到制动能量回收系统失效时，仪表上黄色 ESC 故障灯会点亮。

图 5-6-11　制动能量回收系统调节开关

四　制动能量回收系统约束条件

制动能量回收过程不仅受到车辆运行状态的限制，还受到制动安全和动力蓄电池充电安全等条件的限制，包括蓄电池 SOC、驱动电机的回馈能力和当前转速等。制动能量回收应满足一定的约束条件，并采取相应的控制策略。在制动能量回收过程中，主要约束条件如下：

1）动力蓄电池温度低于 5℃时能量不回收。

2）单体蓄电池电压在满电时能量不回收。

3）SOC 大于 95%、车速低于 30km/h 时没有能量回收功能。

4）能量回收及辅助制动力大小与车速和制动踏板行程相关。

5）满足制动安全的要求。

6）制动能量回收系统在工作过程中，应考虑驱动电机系统在发电过程中的工作特性和输出能力。因此，需要对制动能量回收过程中的电流大小进行限制，以保证驱动电机系统的安全运行。

➡ 技能操作

一 制动能量回收系统调节开关电路图识读

如图 5-6-12 所示为吉利 EV450 型轿车制动能量回收系统调节开关电路图。通过室内

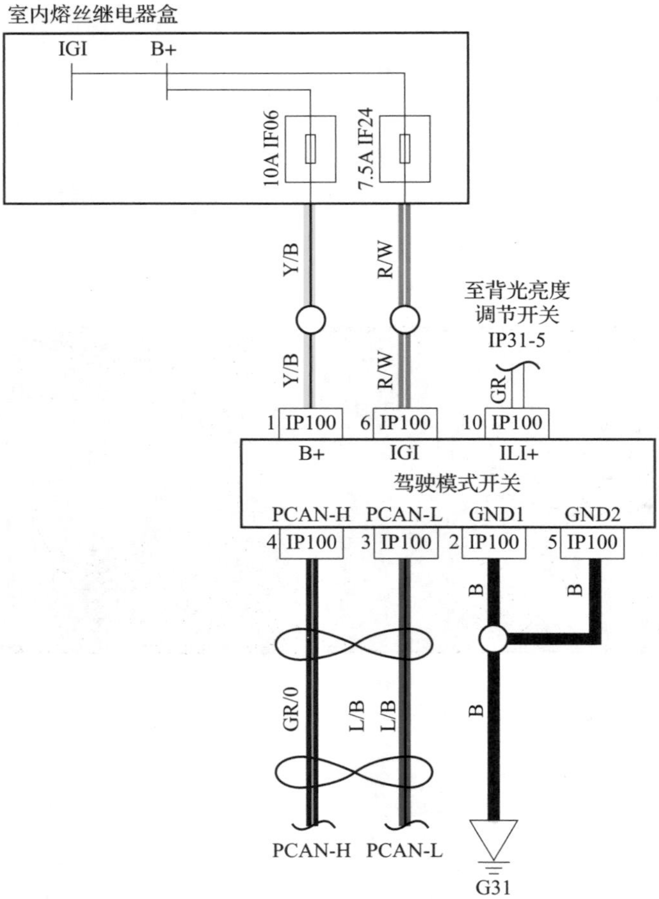

图 5-6-12　吉利 EV450 型轿车制动能量回收系统调节开关电路图

熔丝继电器盒内熔丝 IF06（10A）和 IF24（7.5A）对驾驶模式开关提供常电和 IG1 电，通过插接器 IP100 的 2 号和 5 号端子经 G31 搭铁，经插接器 IP100 的 10 号端子至背光亮度调节开关，驾驶模式调整信息和制动能量回收等级调整信息通过插接器 IP100 的 4 号和 3 号端子经 P-CAN 与电机控制器（MCU）、仪表、电池管理系统（BMS）等控制单元进行通信。

二　制动能量回收系统故障诊断与排除

1）确认故障现象。打开起动开关，操作制动能量回收操作按钮，观察车辆仪表是否可以正常显示，观察驾驶模式开关背景灯是否正常点亮。

2）执行高压断电作业。关闭起动开关，断开蓄电池负极，并可靠放置，等待 5min 以上。对高压电容器进行放电，断开直流母线，使用万用表测量电压，确保母线电压小于50V。

3）利用故障诊断仪诊断故障。测量蓄电池电压为正常后，连接故障诊断仪，打开起动开关进入车辆诊断系统。读取整车数据后，进入相关控制模块，读取故障码与数据流。车辆下电后，清除故障码，再次上电后，使用故障诊断仪再次读取故障码。判断驾驶模式开关状态，查看相关电路图，分析故障原因。

4）故障检测。一是检测驾驶模式开关熔丝线路；二是检测驾驶模式开关插接器线路；三是检测驾驶模式开关导通性。

学习场六
新能源汽车底盘线控技术及检修

学习情境一　　新能源汽车底盘线控技术认知

➡ 教学目标

知识目标：

1. 了解线控技术
2. 掌握新能源汽车底盘线控技术组成及应用

能力目标：

1. 具备识别底盘线控组件的能力
2. 具备测试新能源汽车底盘线控系统的能力

素养目标：

培养学生的中国梦精神

➡ 情境引入

2023 年 12 月 23 日，蔚来 ET9 正式发布亮相，该车采用底盘线控技术。作为新能源汽车底盘技术未来发展方向的底盘线控技术，其具体包含哪些内容？又是怎么发展起来的？

➡ 知识学习

一　线控技术

（一）产生背景

线控技术（X–By–Wire）源于美国国家航空航天局（National Aeronautics and Space Administration，NASA）1972 年推出的线控飞行技术（Fly–By–Wire）飞机。传统的汽车操纵方式：驾驶员踩制动/加速踏板、换档、打转向盘时，动作通过机械连接装置传递，操控执行机构动作。线控技术是将驾驶员的操作动作经过传感器转变成电信号来实现传递控制，替代传统机械系统或者液压系统，并由电信号直接控制执行机构以实现控制目的，线控技术基本原理如图 6-1-1 所示。

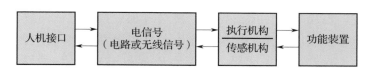

图 6-1-1　线控技术基本原理示意图

（二）核心技术组成

1. 传感器技术

汽车上传感器的种类非常丰富，主要有节气门位置传感器、空气流量传感器、冷却液温度传感器、氧传感器、压力传感器、车速传感器、转速传感器、踏板位置传感器、转向盘位置传感器、温度传感器等。

2. 容错控制技术

为了提高汽车可靠性和安全性，汽车线控系统必须采取容错控制，容错控制技术包括主动容错和被动容错。被动容错控制主要针对预先设定的故障类型发挥作用，对未知故障的控制效果欠佳。随着故障诊断技术的发展，主动容错控制发挥了越来越重要的作用。主动容错控制对发生的故障能够进行主动处理，在故障发生后根据故障情况对控制器的参数重新调整，甚至改变结构。容错控制原理：系统收集来自执行器、被控对象和传感器传来的故障信息，进行故障检测，然后把检测的结果传输到容错控制器，由容错控制器对控制系统进行修正，故障元件的功能由其他元件完全或部分代替，使系统具有基本性能或保持设定性能。容错控制原理图如图 6-1-2 所示。

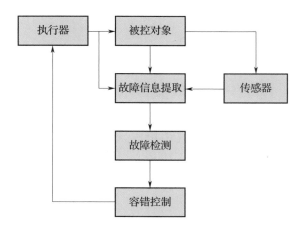

图 6-1-2　容错控制原理图

3. 汽车网络技术

汽车网络技术从 20 世纪 80 年代提出以来，已形成了多种网络标准。多种汽车网络标准侧重的功能有所不同。线控技术要求数据传输网络具有较高的传输速度、良好的实时性、稳定的可靠性，同时具有冗余功能。

4．汽车电源技术

在功率一定时，电压越高，电流越小，传输过程中损失的能量越小，电源系统越有效。随着汽车上电器数量的增多，汽车电源从 14V 供电系统向 42V 供电系统转化已经成为必然趋势。汽车 42V 电源实际上是由 36V 蓄电池和 42V 交流／直流发电机组成的，与传统 12V 供电系统相比，传输同样的功率只需 1/3 的电流，极大地降低了负载电流和能量损耗。另外 42V 系统可以将功率提升到 8kW，极大地提高了带负载的能力。

二　新能源汽车底盘线控技术

汽车线控底盘系统

（一）线控底盘的组成

新能源汽车线控底盘主要包括线控转向、线控制动、线控驱动、线控换档和线控悬架五大系统。

（二）底盘线控技术发展历程

第一阶段：1920—1980 年，汽车底盘以机械、液压助力为主。第二阶段，1980—2000 年，随着线控节气门、电控空气悬架的量产，汽车底盘逐步向电控化发展。第三阶段，2000—2013 年，随着电机技术的进步，以 EPS、电动泵、ESP 等电子电气组件为代表的电动底盘部件得到了快速应用和发展，底盘持续由机械化向电动化转变。第四阶段，2013 年以后，随着博世线控制动产品的量产，线控制动迎来了里程碑式突破。LDW、LKA、APA、AEB 等自动辅助驾驶系统也顺应整车智能化程度提升实现快速增长，离底盘线控化进程实现更进一步。国内车企正加速研发底盘线控技术，朝着"安全、自主、可控"的目标前进。

（三）底盘线控技术的特点

1）结构简单、轻便。取消了许多机械、液压、气压装置，降低了零部件的复杂性，简化了结构和生产工艺，结构紧凑、质量轻，提供了更大的设计空间，便于实现加速、转向、制动等过程的个性化驾驶特性。操作更加便捷、驾驶员控制更为精确。

2）响应速度快、工作效率高。用电子设备和线束取代机械、液压和气压传动装置，响应速度更快。

3）维护费用低。取消机械、液压和气压传动装置，减少磨损部件，简化维护，生产制造更加简单，节约生产成本和开发周期。

4）控制精确，安全性与舒适性好。不用直接操作机械部件，可以取消脚踏板、转向盘和转向柱等部件，节省了大量的空间，提高了行驶的安全性和舒适性，便于底盘布置，也有利于实现模块化的底盘设计。

5）节能环保。系统没有制动液、转向助力油等，无液体泄漏问题，减轻了汽车的整备质量，降低了汽车的能源消耗。

虽然线控系统的优点较多，但也存在不足之处。纯机械式控制虽然效率低，但可靠性高。线控技术虽然适用于自动驾驶，但也面临电子软件故障所带来的隐患。电子设备可靠性欠佳，电磁干扰、传感器失效、软件程序不稳定等因素易使系统发生故障，故需要自诊断、容错控制等技术。只有实现功能上的双重甚至多重冗余，才能保证在某一部件出现故障时仍可实现其基本功能，汽车仍然可以安全行驶。

三 新能源汽车底盘线控技术的应用

（一）线控转向系统

汽车的转向系统经历了机械转向系统、液压助力转向系统、电控液压助力转向系统、电动助力转向系统的发展过程，随着线控技术的发展，线控转向技术也逐渐出现在汽车的转向系统中。针对线控转向系统的研究，国外起步较早，如美国 Delphi 公司、天合（TRW）公司，日本三菱公司，德国博世公司、ZF 公司、宝马公司等著名汽车公司和汽车零部件厂家，都在研制各自的线控转向系统（SBW）。TRW 公司最早提出用控制信号代替转向盘和转向轮之间的机械连接。但受制于电子控制技术，直到 20 世纪 90 年代，线控转向技术才有较大进展。最早应用线控转向技术的量产车型是英菲尼迪 Q50。

（二）线控制动系统

线控制动系统（Brake By Wire，BBW）为实现自主停车提供了良好的硬件基础，是实现高级自动驾驶的关键部件之一。它将原有的制动踏板机械信号转变为电控信号，通过加速踏板位置传感器接收驾驶员的制动意图，产生制动电控信号并传递给控制系统和执行机构，然后根据一定的算法模拟踩踏感觉反馈给驾驶员。线控制动系统已广泛应用于赛车上。一级方程式赛车从 2014 年起就搭载了线控制动技术，现在技术已经非常成熟，确保赛车制动连贯且操纵灵活。除此之外，早期的宝马 M3 也采用过线控制动系统。该系统主要是在一些混合动力车型上搭载，例如丰田普锐斯，通用、福特和本田的混合动力汽车等。奥迪 E-tron 是首款采用线控制动技术的纯电动汽车，虽然仍然采用了电动液压制动，但技术上也有所突破。

（三）线控驱动系统

线控驱动系统（Drive By Wire，DBW）也称为线控节气门（Throttle By Wire），在传统燃油车和新能源汽车上已经属于标准配置，它是智能网联汽车实现的关键技术，为智能网联汽车实现自主行驶提供了良好的硬件基础。例如，定速巡航的基础辅助驾驶功能是线控节气门的基础应用，凡是具有定速巡航功能的车辆都配备有线控节气门。

（四）线控换档系统

线控换档系统（Shift By Wire，SBW）在燃油车时代就已成为成熟配置。它是将现有的档位与变速器之间的机械连接结构完全取消，通过电动执行机构控制变速器动作的电子系统。线控换档系统取代了传统的档位操作模式，通过旋钮、按键等新型交互件来电子控制车辆换档，为智能网联汽车实现速度控制提供了良好的硬件基础，也称为电子换档。在新能源汽车时代，与传统燃油车自动档相比，由于只有单速变速器，电动汽车使用线控换档更为简洁，特斯拉甚至推出了无换档操作装置。

（五）线控悬架系统

线控悬架系统（Suspension By Wire）也称为主动悬架系统，是智能网联汽车的重要组成部分，可实现缓冲振动、保持平稳行驶的功能，直接影响车辆操控性能以及驾乘感受。国内中高端定位和智能汽车属性的电动汽车品牌，基本都配置或选装了空气悬架，空气悬架也逐渐成为高端新能源品牌的基础配置之一。1980 年，博世公司成功研发了一款电磁主动悬架系统。1984 年，电控空气悬架开始出现，林肯汽车成为第一个采用可调整线控空气悬架系统的汽车。宝马汽车安装的"魔毯"悬架系统、凯迪拉克汽车安装的主动电磁悬架系统，以及自适应空气悬架系统，均属于线控悬架系统的不同形式。

➡ 技能操作

▊ 一 底盘线控驱动系统组件识别

线控节气门系统主要由加速踏板、踏板位置传感器、ECU、数据总线、伺服电动机和节气门执行机构组成，如图 6-1-3 所示。控制原理：踏板位移传感器安装在加速踏板内部，可以随时监测加速踏板的位置。当监测到加速踏板高度位置发生变化时，会瞬间将此信息传送至 ECU，ECU 对该信息及其他系统传来的数据信息进行运算处理，计算出一个控制信号，通过线路送到伺服电动机继电器，伺服电动机驱动节气门执行机构，从而实现节气门控制。

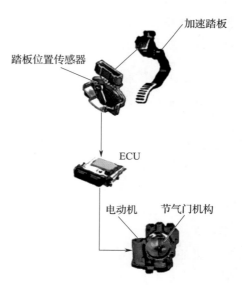

图 6-1-3　线控节气门结构组成示意图

▊ 二 底盘线控驱动系统功能测试

1）车辆防护。安装车轮挡块、车内外三件套，确认变速杆置于空档，驻车制动操纵杆拉起。打开前机舱盖，安装车外三件套。

2）起动汽车，使汽车处于怠速状态。

3）由于节气门在发动机内部不容易观察，所以通过故障诊断仪实时读取发动机的相关参数来验证节气门的改变。

4）将故障诊断仪连接到汽车诊断接口上，读取当前的发动机相关参数，记录到实训工单上。

5）学生轻踩加速踏板，使其处于一定位置后，再次读取相关参数并记录到实训工单上。

6）通过数据的对比来验证节气门的改变情况进而完成本次实训。

学习情境二　典型底盘线控系统检修

教学目标

知识目标：

1. 掌握线控转向系统的结构组成与工作原理
2. 掌握线控制动系统的结构组成与工作原理
3. 掌握线控驱动系统的结构组成与工作原理

能力目标：

1. 具备线控转向系统拆装的能力
2. 具备转向系统线控信号故障诊断与排除的能力
3. 具备制动系统线控信号故障诊断与排除的能力
4. 具备控制驱动电机工作和调整驱动转矩变化的能力

素养目标：

培养学生用唯物辩证法的发展观看待事物的变化

情境引入

"底盘线控"作为汽车智能底盘发展的必经之路，是对传统汽车底盘的电子化改造。在电信号替代传统底盘的机械信号后，汽车的操控可以实现"人机解耦"。典型底盘线控系统包括哪些？它们又是如何工作的？

知识学习

一　线控转向系统

（一）结构组成

线控转向系统是在 EPS 上发展起来的，相比于 EPS 具有冗余功能，并能获得比 EPS 更快的响应速度。对于 L3 及以上的自动驾驶汽车来说，部分功能会脱离驾驶员的操控，因此自动驾驶控制系统对于转向系统要求控制精确、可靠性高，只有线控转向可以满足要求，因此线控转向系统成为未来的发展趋势。

线控转向系统取消了传统的机械式转向装置，转向器与转向柱间无机械连接。线控转向系统主要由转向盘模块、转向执行模块和 ECU 三个主要部分以及自动防故障系统、电源系统等辅助模块组成，如图 6-2-1 所示。

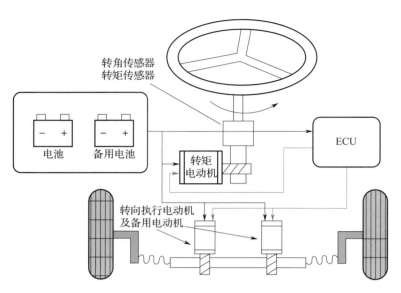

图 6-2-1 线控转向系统结构示意图

1. 转向盘模块

其包括转向盘、转向盘转角传感器、转矩电动机。其主要功能是将驾驶员的转向意图，通过测量转向盘转角转换成数字信号并传递给主控制器；同时接收 ECU 送来的力矩信号产生转向盘回正力矩，向驾驶员提供相应的路感信号。

2. 转向执行模块

其包括转角传感器、转向执行电动机、转向执行电动机控制器和前轮转向组件等，其主要功能是接受 ECU 的命令，控制转向执行电动机实现要求的前轮转角，完成驾驶员的转向意图。

3. ECU

ECU 对采集的信号进行分析处理，判别汽车的运动状态，向转矩电动机和转向执行电动机发送命令，控制两个电动机的工作，其中转向执行电动机完成车辆航向角的控制，转矩电动机模拟产生转向盘回正力矩以保障驾驶员驾驶感受。

4. 电源系统

其承担控制器、转向执行电动机以及其他车用电动机的供电任务，用以保证电网在大负荷下稳定工作。

5. 自动防故障系统

其保证在线控转向系统发生故障时，提供冗余式安全保障。它包括一系列监控和实施算法，针对不同的故障形式和等级做出相应处理，以求最大限度地保持汽车的正常行驶。当检测到 ECU、转向执行电动机等关键零部件发生故障时，故障处理 ECU 自动工作，首先发出指令使 ECU 和转向执行电动机完全失效，然后紧急起动备用电动机以保障车辆航向的安全控制。

（二）工作原理

当转向盘转动时，转向盘转矩传感器和转向角传感器将测量到的驾驶员转矩和转向盘的转角转变成电信号输入到电子控制单元（ECU）中，ECU 依据车速传感器和安装在转向传动机构上的角位移传感器的信号来控制转矩电动机的旋转方向，并根据转向力模拟生成反馈转矩，同时控制转向执行电动机的旋转方向、转矩大小和旋转角度，通过机械转向装置控制转向轮的转向位置，使汽车沿着驾驶员期望的轨迹行驶。

二　线控制动系统

根据工作原理的不同，线控制动系统分为电子液压制动系统（EHB）和电子机械制动系统（EMB）。

（一）电子液压制动系统

电子液压制动系统（Electronic Hydraulic Brake，EHB）是从传统的液压制动系统发展而来的。EHB 能通过软件集成如 ABS、ESP、TCS 等功能模块，从而进一步提高行车的安全性及舒适性。但与传统制动方式的不同点在于，EHB 以电子元件替代了原有的部分机械元件，将电子系统和液压系统相结合，由电子系统控制、液压系统提供动力，构成了一个机电液一体化系统。

EHB 主要由电子踏板、电子控制单元（ECU）、液压执行机构等部分组成。电子踏板是由制动踏板和制动踏板位置传感器组成的。制动踏板位置传感器用于检测踏板行程，然后将位移信号转化成电信号传给 ECU，实现踏板行程和制动力按比例调控，如图 6-2-2 所示。

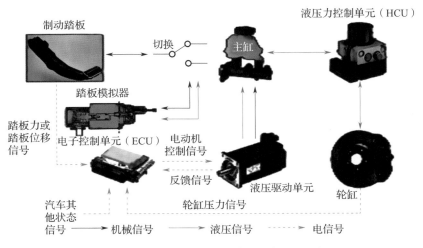

图 6-2-2　电子液压制动系统（EHB）结构示意图

当 EHB 正常工作时，制动踏板与制动器之间的液压连接断开，备用阀处于关闭状态。ECU 通过传感器信号判断驾驶员的制动意图，并通过电动机驱动液压泵进行制动。当EHB 发生故障时，备用阀打开，EHB 变成传统的液压系统。制动踏板输入信号后驱动制动主缸中的制动液通过备用阀流入连接各个车轮制动器的制动轮缸，此时进入常规的液压系统制动模式，作为车辆制动的必要安全保障。当制动器涉水后，EHB 可以通过适当的制动动作，恢复制动器的干燥，保持制动器的工作性能。

（二）电子机械制动系统

电子机械制动系统（Electronic Mechanical Brake，EMB）基于一种全新的设计理念，完全摒弃了传统制动系统的制动液及液压管路等部件，由电动机驱动产生制动力，每个车轮上安装一个可以独立工作的电子机械制动器，也称为分布式、干式制动系统。

EMB 主要由电子机械制动器、ECU 和传感器等组成，如图 6-2-3 所示。EMB 的结构极为简单紧凑，制动系统的布置、装配和维修都非常方便。由于减少了一些制动零部件，大大减轻了系统的重量。更为显著的优点是随着制动液的取消，使汽车底盘的使用、工作及维修环境都得到了很大程度的改善。

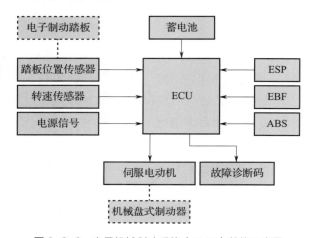

图 6-2-3　电子机械制动系统（EMB）结构示意图

当电子控制单元接收到制动指令后，向 EMB 伺服电动机发出驱动指令，驱动电动机通过减速机构和运动转换机构来推动制动块产生制动力。EMB 制动能力的大小取决于车载电源网络。

EMB 工作时，制动控制单元（ECU）接收制动踏板传来的踏板行程信号，同时 ECU 计算出踩制动踏板的速度信号并结合车辆速度、加速度等其他电信号，明确汽车行驶状态，分析各个车轮上的制动需求，计算出各个车轮的最佳制动力矩大小后输出对应的控制信号，分别控制各车轮上的电子机械制动器中工作电动机的电流和转角，通过电子机械制动器中的减速增矩以及运动方向转换，将电动机的转矩转换为制动块的夹紧力，从而产生足够的制动摩擦力矩。

三 线控驱动系统

线控驱动系统分为传统汽车线控驱动和电动汽车线控驱动两种类型。配备自适应巡航控制系统（ACC）、牵引力防滑控制系统（TCS）和自动泊车（APA）功能的车上都标配了线控节气门系统。

线控节气门系统主要由加速踏板、加速踏板位置传感器、ECU、数据总线、伺服电动机和加速踏板执行机构组成。该系统取消了加速踏板和节气门之间的机械结构，通过加速踏板位置传感器检测加速踏板的绝对位移。发动机 ECU 计算得到最佳的节气门开度后，输出指令驱动电动机控制节气门保持最佳开度。线控驱动系统原理示意图如图 6-2-4 所示。

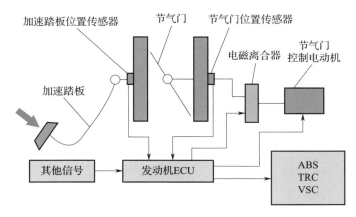

图 6-2-4　线控驱动系统原理示意图

　　由于电动汽车整车控制器（VCU）的主要功能是通过接收车速信号、加速度信号以及加速踏板位移信号，实现转矩需求的计算，然后发送转矩指令给电机控制单元，进行电机转矩的控制，从而通过整车控制器（VCU）的速度控制接口来实现线控驱动控制，并具有制动能量回收功能。当驾驶员减小踏板力时，系统认为驾驶员具有减速的需求，此时通过VCU 发送指令。在没有踩制动踏板的情况下，车辆实现制动能量回收。唯物辩证法认为，发展的实质是事物的前进与上升，是新事物的产生和旧事物的灭亡。随着线控底盘技术的发展，线控底盘的装车量与传统底盘的装车量必然会发生变化。

➡ 技能操作

一　线控转向系统检修

（一）线控转向系统拆卸

1）将 D-kit 套件安全停放至水平地面。

2）检查驻车制动是否可靠。

3）将挡块放置在未拆卸轮胎的前后。

4）检查千斤顶是否正常保压和迅速泄压。

5）将千斤顶放在车辆底部规定的支撑位置，并操作千斤顶使需要拆卸的轮胎悬空，轮胎底部距水平地面 50mm 左右。

6）使用棘轮或硬质连杆与 19mm 套头配合，按照对角（1-3-2-4）的顺序将轮胎螺母拧松（一两圈）。

7）使用棘轮扳手快速拧下轮胎螺栓。

8）取下轮胎。

9）拆除转向子系统线束。

10）用 13m 套头将转向轴与子系统分离。

11）使用六角扳手拆卸 6 颗固定螺栓，将转向子系统与安装台分离。

12）拆卸转向节锥形固定螺栓，左右分别拆两颗。

13）拆卸 4 颗转向机固定螺栓。

14）取下转向机，并放置在零件车上。

（二）线控转向系统安装

1）取下转向机，安装 4 颗转向机固定螺栓。

2）安装转向节锥形固定螺栓，左右分别两颗。

3）使用六角扳手固定 6 颗固定螺栓，将转向子系统与安装台紧固。

4）用 13mm 套头将转向轴与子系统固定。

5）安装转向子系统线束。

6）使用棘轮扳手快速安装轮胎螺栓。

7）使用棘轮或硬质连杆与 19m 套头配合，按照对角（1-3-2-4）的顺序将轮胎螺母拧紧（一两圈）。

（三）转向系统线控信号故障诊断与排除

1）向左、向右操作摇杆，车轮无动作。转动转向盘，转向机构正常，则说明转向执行机构初步判断无故障。

2）向左、向右操作摇杆，转向角命令值无显示、转向角实际值无显示，波形无显示。

3）使用数字式万用表，校准表并调至直流电压挡。

4）黑表笔放置于 GND 搭铁点，红表笔放置于故障测量板摇杆电源线测量点，同时推动摇杆，电压变化范围正常是 5V。

5）黑表笔放置于 GND 搭铁点，红表笔放置于故障测量板摇杆电源线另一测量点，同时推动摇杆，电压变化范围正常是 5V。

6）经过测量摇杆电源线正常。

7）黑表笔放置于 GND 搭铁点，红表笔放置于故障测量板摇杆信号线测量点，同时推动摇杆，电压变化范围正常是 0~5V。

8）黑表笔放置于 GND 搭铁点，红表笔放置于故障测量板摇杆信号线另一测量点，同时推动摇杆，电压变化范围不正常显示为 "0"。

9）初步判断为摇杆信号线断路故障，使用跨接线进行验证。

10）推动摇杆实现左、右转向，仪表转向角目标值和实际值正常，波形正常。

11）故障排除，现场设备、工具恢复。

二 线控制动系统检修

（一）制动系统线控信号故障诊断与排除

1）切换档位开关至 "D" 位，档位指示不正常，推动加速摇杆，车轮不运转，向下拉动摇杆进行制动，加速踏板开度和制动开度目标值无效。

2）切换档位开关至"R"位，档位指示不正常，推动加速摇杆，车轮不运转，向下拉动摇杆进行制动，加速踏板开度和制动开度目标值无效。

3）分析系统原理图。

4）使用数字式万用表，校准表并调至直流电压档。

5）黑表笔放置于 GND 搭铁点，红表笔放置于故障测量板摇杆电源线测量点，同时将档位开关切换至"D"位，"D"位指示灯不亮，推动摇杆电压变化范围正常是 5V。

6）黑表笔放置于 GND 搭铁点，红表笔放置于故障测量板摇杆电源线另一测量点，同时将档位开关切换至"D"位，"D"位指示灯不亮，推动摇杆电压变化范围正常是 5V。

7）经过测量摇杆电源线正常。

8）黑表笔放置于 GND 搭铁点，红表笔放置于故障测量板摇杆信号线测量点，同时将档位开关切换至"D"位，"D"位指示灯不亮，推动摇杆，电压显示在 0~5V 范围变化，正常。

9）黑表笔放置于 GND 搭铁点，红表笔放置于故障测量板摇杆信号线另一测量点，同时将档位开关切换至"D"位，"D"位指示灯不亮，推动摇杆，电压显示为"0"。

10）初步判断为摇杆信号线断路故障，使用跨接线进行验证。

11）切换档位开关至"D"位，档位指示正常，推动摇杆，车轮运转正常。加速踏板开度波形目标值正常，有效值正常。制动减速过程中，车轮逐渐减速，制动波形目标值正常，有效值正常。

12）切换档位开关至"R"位，档位指示正常，推动摇杆，车轮运转正常。加速踏板开度波形目标值正常，有效值正常。制动减速过程中，车轮逐渐减速，制动波形目标值正常，有效值正常。

13）故障排除，现场设备、工具恢复。

（二）EHB 使能信号故障诊断与排除

1）切换档位开关至"D"位，档位指示正常，推动加速摇杆，车轮运转，向下拉动摇杆进行制动，制动开度目标值正常，有效值不显示。

2）切换档位开关至"R"位，档位指示正常，推动加速摇杆，车轮运转，向下拉动摇杆进行制动，制动开度目标值正常，有效值不显示。

3）使用数字式万用表，校准表并调至直流电压挡。

4）分析系统原理图。

5）黑表笔放置于 GND 搭铁点，红表笔放置于故障测量板 EHB 使能信号线测量点，电压正常。

6）黑表笔放置于 GND 搭铁点，红表笔放置于故障测量板 EHB 使能信号线另一测量点，电压显示为"0V"。

7）初步判断为 EHB 使能信号线断路故障，使用跨接线进行验证。

8）切换档位开关至"D"位，档位指示正常，推动摇杆，车轮运转正常。加速踏板开度波形目标值正常，有效值正常。制动减速过程中，车轮逐渐减速，制动波形目标值正常，有效值正常。

9）切换档位开关至"R"位，档位指示正常，推动摇杆，车轮运转正常。加速踏板开度波形目标值正常，有效值正常。制动减速过程中，车轮逐渐减速，制动波形目标值正常，有效值正常。

10）故障排除，现场设备，工具恢复。

三　线控驱动系统检修

（一）控制驱动电机工作

1）下拉控制摇杆进入制动状态。

2）将档位切换至"D"位。

3）松开控制摇杆使其恢复到中位。

4）上推控制摇杆，驱动电机进入前进状态。

5）缓慢下拉控制摇杆，对驱动车轮进行制动。

6）将档位切换至"N"位。

7）下拉控制摇杆进入制动状态。

8）将档位切换至"R"位。

9）松开控制摇杆使其恢复到中位。

10）上推控制摇杆，驱动电机进入后退状态。

11）缓慢下拉控制摇杆，对驱动车轮进行制动。

12）将档位切换至"N"位。

（二）调整驱动转矩变化

1）检查操作软件是否有故障提示，仪表指示、电量信息等是否正常。

2）控制摇杆施加制动力并将档位切换至"D"位。

3）将摇杆猛推到底观察车速、加速踏板有效值等参数的变化情况。

4）在一体机操作面板上更改加速踏板最大值与加速踏板上升率最大值，重复上一步骤，观察命令数值和实际数值。

5）打开操作面板上的设置模式。

6）在一体机操作面板上更改加速踏板最大值后退出设置模式，重复步骤2），观察加速踏板有效值和车速较更改之前的变化情况。

7）在操作界面打开设置模式，更改加速踏板上升率最大值后退出设置模式，重复步骤5）和步骤6），观察加速踏板有效值和车速较更改之前的变化情况。

8）完成全部操作流程并记录数据。

参 考 文 献

［1］谢伟钢，黄成. 汽车底盘构造与维修［M］. 北京：机械工业出版社，2022.

［2］陈雷，章磊，许栋. 汽车底盘结构拆装与检修［M］. 北京：机械工业出版社，2023.

［3］王军，崔爽. 新能源汽车底盘技术［M］. 北京：北京理工大学出版社，2023.

［4］袁牧，杨效军，王斌. 新能源汽车底盘技术［M］. 北京：机械工业出版社，2023.

［5］王旭斌，王顺利. 新能源汽车底盘构造与检修［M］. 北京：高等教育出版社，2021.

［6］王桂金，李建文，艾卫东. 新能源汽车技术［M］. 上海：上海交通大学出版社，
2018.

［7］赵振宁，王慧怡. 新能源汽车底盘电控系统原理与检修［M］. 北京：北京理工大学
出版社，2019.

［8］杨智勇，金艳秋，翟静. 汽车底盘电控系统原理与检修一体化教程［M］. 北京：机
械工业出版社，2022.